データ分析の
教科書

最前線のコンサルタントがマクロミルで培った知識と実践方法

エイトハンドレッド・渋谷智之 ————— 著

本書内容に関するお問い合わせについて

このたびは翔泳社の書籍をお買い上げいただき、誠にありがとうございます。弊社では、読者の皆様からのお問い合わせに適切に対応させていただくため、以下のガイドラインへのご協力をお願い致しております。下記項目をお読みいただき、手順に従ってお問い合わせください。

●ご質問される前に

弊社Webサイトの「正誤表」をご参照ください。これまでに判明した正誤や追加情報を掲載しています。

  正誤表　https://www.shoeisha.co.jp/book/errata/

●ご質問方法

弊社Webサイトの「書籍に関するお問い合わせ」をご利用ください。

  書籍に関するお問い合わせ　https://www.shoeisha.co.jp/book/qa/

インターネットをご利用でない場合は、FAX または郵便にて、下記 "翔泳社 愛読者サービスセンター" までお問い合わせください。
電話でのご質問は、お受けしておりません。

●回答について

回答は、ご質問いただいた手段によってご返事申し上げます。ご質問の内容によっては、回答に数日ないしはそれ以上の期間を要する場合があります。

●ご質問に際してのご注意

本書の対象を超えるもの、記述個所を特定されないもの、また読者固有の環境に起因するご質問等にはお答えできませんので、予めご了承ください。

●郵便物送付先およびFAX番号

　　送付先住所　　〒160-0006　東京都新宿区舟町5
　　FAX番号　　　03-5362-3818
　　宛先　　　　　（株）翔泳社 愛読者サービスセンター

はじめに

◉ データ分析の「思考法」と「型」をインストール

　本書は、既刊『データ利活用の教科書 データと20年向き合ってきたマクロミルならではの成功法則』の姉妹書です。

　既刊は、「データ利活用に必要なビジネス知識・スキルを整理した基本書」として執筆しました。特に、「課題の設定」に重点を置き、マーケティング、ロジカル・シンキング、問題解決ステップなども広く取り上げました。そのため、データ分析に関する内容は、「第9章 データ分析」「第10章 レポーティング＆プレゼン」に留まっていました。

　既刊の出版後、ありがたいことに「データ分析の研修をしてほしい」といった要望をいただき、第9章と第10章を切り口とする「データ分析研修」を実施する機会が増えました。研修を通じて「データ分析を体系的に教わる機会がなかった」「ビジネスの課題設定にも活用できるほど汎用性が高い」「示唆を導く頭の使い方が参考になった」などの意見をいただきました。

　データ分析は「手段」です。データ分析を使いこなすには、問いの設定、データからの考察などの「思考法」と「型」を身につけることが大事だと感じています。一方で、データ分析の書籍は、分析手法や統計解析、ツール関連が大半を占めています。思考法を含めて、体系的に網羅された書籍はあまり見かけません。その状況はもったいないと感じ、本書の執筆に至りました。

◉ 本書は「レポーティングを中心としたデータ分析の実践書」

　DX時代のデータ活用は、（1）レポーティングを中心とした「意思決定支援」、（2）業務システムの生産性向上を目的とする「モデル構築・業務自動化」に分かれます。AI・機械学習などのデータサイエンスは、後者に該当します。一方、多くのビジネスマンに求められるのは、前者のデータ分析です。具体的には、ExcelやBIツール、統計ツールなどを用いて、ビジネス推進に向けたインテリジェンスを抽出するためのデータ分析です。本書は、レポーティングを中心としたデータ分析の実践書です。

　筆者は、マーケティングリサーチ企業のマクロミルのグループ会社であるエイトハンドレッドに所属しています。以前は、マクロミルにおいて、日用

3

消費財・耐久財・サービスなど幅広い業種にて、マーケティング課題の整理・リサーチ企画・設計・分析・レポーティングを一気通貫で対応していました。現在は、行動データの分析も行いますが、データ分析の「思考法」と「型」は、ほぼ同じであると感じています。

　本書は、筆者が試行錯誤の中で蓄積してきたデータ分析のノウハウを詰め込んだ書籍です。分析依頼者とのディスカッション、結果の読み方などのブラックボックス化しやすい領域もできる限り言語化しています。

◉ 本書の構成

　本書は全10章構成です。第1章でDX時代のデータ活用を説明した後、第2章で「データ分析の5つのステップ」の概要を説明します。

　第3章～第9章は、データ分析の各ステップについて説明します。

　第3章では、データ分析の設計にあたる「【STEP1&2】解くべき問い（イシュー）の明確化・分析ストーリー作成」について説明します。このステップは、幅広いビジネス知識が必要になるため、多くのデータ分析者が「データ分析で一番難しい」と感じることが多いです。そのため、第4章、第5章で「データ分析に必要なビジネス知識」を取り上げています。

　第6章では、「【STEP3】データ収集・前処理」について説明します。紙面の制約上、データの前処理を説明します。1次データの収集で、Webアンケートを実施する際は、既刊『Webアンケート調査 設計・分析の教科書 第一線のコンサルタントがマクロミルで培った実践方法』を参照ください。

　第7章～第9章では、【STEP4】以降の「データ解釈・洞察、統計解析・多変量解析、レポーティング＆プレゼン」について説明します。比較視点、分析手法、示唆を抽出する頭の使い方、レポート構成などを理解しましょう。

　第10章では、もう1つのデータ活用である「モデル構築・業務自動化」について、AI・機械学習の基礎的な部分を説明していきます。データ分析に携わる者として、基本的な考え方を理解しておきましょう。

　データ分析を実施する際の手引書として活用していただき、皆様のビジネスの成長に貢献できれば幸いです。

2024年2月　株式会社エイトハンドレッド　渋谷智之

目次

はじめに ……………………………………………………………………………… 3

第 1 章
DX 時代のデータ利活用　　　　　　　　　　　　　　　19

| 1.1 | 「デジタルツイン」がもたらす新たな社会 ……………… 20 |

急速に進むデジタル化の波 ……………………………………………… 20
2つの空間が同居する「デジタルツイン」の出現 ………………… 22
DX とは蓄積されたデータを活用して競争優位を目指す動き ……………… 22

| 1.2 | データドリブンで意思決定することの重要性 …………… 24 |

データリテラシーと業績指標は「正の相関」がある ……………… 24

| 1.3 | DX 時代のデータ利活用の方向性 …………………………… 26 |

DX 時代のデータ利活用は2種類に分かれる ……………………… 26

COLUMN　大きな社会変化に伴う「データ活用人材のミスマッチ」 ……………… 30

第 2 章

「データ分析」ステップの全体像 31

2.1	残念なデータ分析事例	32
	「残念なデータ分析」に陥りやすいパターン	32

2.2	データ分析の定義・価値	38
	データ分析は「意思決定に役立たないと意味がない」	38

2.3	データ分析で意識すべきこと	40
	「何と比較するか」で意思決定が変わる	40

2.4	データ分析のステップ	42
	データ分析の「5つのステップ」	42

COLUMN　データ分析者の「タイプ」と「あるべき姿」 44

第3章

【STEP1&2】解くべき問いの明確化・
　　　　　分析ストーリー作成　　45

3.1　【STEP1】解くべき「問い（イシュー）」を明確化する ……… 46

　　データ分析の出発点は「解くべき問い（イシュー）の明確化」 ……………… 46
　　「解くべき問いの明確化」のステップ ……………………………………………… 48
　　（1）分析依頼者との認識合わせをスムーズにする「事前準備」……… 48
　　（2）ディスカッションによる「データ分析のスコープの合意」……………… 50
　　（3）「問い（イシュー）」を明確化して関係者の合意を得る ……………… 54

3.2　分析依頼者とのディスカッションの質を上げる ……………… 58

　　ポイントを押さえて「発言するのが怖い」を脱却する ……………………… 58

3.3　【STEP2】「問い」を分解し、分析ストーリーを描く（1）…… 64

　　大きな問い（イシュー）は、答えが出せるまで分解する ……………………… 64
　　切り口をもとにサブイシューに分解する ……………………………………………… 66

3.4　【STEP2】「問い」を分解し、分析ストーリーを描く（2）…… 70

　　サブイシューをもとに「分析ストーリー」を描く ……………………………… 70
　　分析ストーリーは何度も修正していく ……………………………………………… 74

COLUMN　データ分析のタイプをもとに、
　　　　　「問い（イシュー）」の抜け漏れを防ぐ ……………………………… 76

第4章
データ分析に必要なビジネス知識（前半） 77

4.1 ロジカル・シンキング（縦の論理・横の論理）································ 78

「ロジカル・シンキング」と「データ分析」の関係 ························· 78

ロジカルとは「話が縦方向と横方向につながっている状態」··········· 80

2つの「So What?」を使い分けて、データ分析の質を高める ·········· 82

縦の論理がおかしいときは「お互いの前提を揃える」················· 82

MECE×ロジックツリーをもとに「視野の壁を打ち破る」··········· 84

横の論理がおかしいときは「言葉のレベル感」を確認する ········· 84

4.2 ロジカル・シンキング（帰納法・演繹法）······························ 86

目の前の事象から新しいものを想像する「帰納法」··············· 86

既存の知識・ルールを活用する「演繹法」···························· 88

4.3 問題解決ステップ（問題解決ステップ、問題の特定）··········· 90

「問題解決ステップ」と「データ分析」の関係 ····················· 90

問題解決のステップ ··· 92

【WHERE】問題の特定ステップ ··· 94

（1）問題解決のスコープを決める ································· 94

（2）問題を適切に絞り込む ··· 96

（3）論拠をつけて問題を特定する ································· 98

4.4 問題解決ステップ（原因の深掘り、打ち手の考察）············· 100

【WHY】原因の深掘り ·· 100

【HOW】打ち手の考察 ·· 104

問題解決ステップとリサーチ手法 ····································· 106

COLUMN　データ分析は流れ作業？「終わりから始める」ことの重要性 ·········· 108

第5章
データ分析に必要なビジネス知識（後半）　109

| 5.1 | マーケティング（全体像） ··· 110 |

マーケティングとは「売れ続ける仕組みづくり」················· 110
「マーケティング」と「データ分析」の関係 ························ 110
マーケティングとは「パーセプションを巡る争い」·············· 112
マーケティングの基本プロセス ··· 112

| 5.2 | マーケティング（市場環境分析） ···································· 114 |

自社を取り巻く「市場環境」を分析する ···························· 114

| 5.3 | マーケティング（消費者理解） ······································ 118 |

マーケティングは「消費者理解に始まり、消費者理解に終わる」 ·········· 118
マーケティングは「顧客ニーズの理解が出発点」·················· 118
消費者の「購買意思決定プロセス／評価方法」を理解する ········· 122
消費者は「非合理な意思決定」をとる（行動経済学）·············· 126

| 5.4 | マーケティング（STP） ··· 128 |

STPをもとに「ターゲット×提供価値」を決める ················· 128
セグメンテーションで「同質なニーズのグループに分ける」········· 128
ターゲティングで「ユーザーになってほしい相手を決める」········· 130
ポジショニングで「自社が獲得すべき独自の役割を決める」········· 130

5.5 **マーケティング（マーケティング・ミックスの開発）** ············ 132

マーケティング・ミックスは「一貫性」を意識する ································· 132

価値の伝え方次第で、売れ行きが変わる ··· 132

5.6 **マーケティング（商品の育成）** ································· 136

人間の一生と同じく、製品にもライフサイクルがある ················· 136

市場に浸透するには「キャズム」を超えることが必要 ················· 136

上市後のマーケティングで測定すべきは「顧客化」················· 138

マーケティングでコントロールすべき「3つの瞬間」················· 138

既存顧客との関係性を強化する ··· 140

新規顧客を獲得する ··· 144

5.7 **仮説思考（全体像）** ··· 148

「仮説思考」と「データ分析」の関係 ································· 148

良い仮説とは「ビジネスを良い方向に動かす仮説」················· 150

仮説は「現状→今後」「結論→理由」などセットで考える ················· 152

「探索型データ分析」で、仮説を反証・精緻化していく ················· 152

仮説をもとに「サブイシューに分解する」································· 154

5.8 **仮説思考（データ分析で有益なフレーム・考え方）** ··············· 156

フレームを使ってサブイシューに分解する ································· 156

COLUMN　データ分析のスキルを高めたい！ どうしたらいい？ ···························· 166

第 6 章

【STEP3】データ収集・前処理 167

6.1 ビジネスで活用されるデータの種類 ⋯⋯⋯⋯⋯⋯⋯⋯⋯⋯⋯⋯ 168

ビジネスで活用されるデータの種類の拡大 ⋯⋯⋯⋯⋯⋯⋯⋯⋯ 168

データの種類を理解する ⋯⋯⋯⋯⋯⋯⋯⋯⋯⋯⋯⋯⋯⋯⋯⋯⋯ 170

「オープンデータ」の利活用の推進 ⋯⋯⋯⋯⋯⋯⋯⋯⋯⋯⋯⋯ 174

6.2 データの事前チェック・前処理・加工 ⋯⋯⋯⋯⋯⋯⋯⋯⋯⋯ 176

分析に適したデータ形式を理解する ⋯⋯⋯⋯⋯⋯⋯⋯⋯⋯⋯ 176

データの事前チェック・前処理・加工のステップ ⋯⋯⋯⋯⋯ 178

6.3 データの前処理（データクレンジング）⋯⋯⋯⋯⋯⋯⋯⋯⋯ 180

「欠損値」の発生メカニズム ⋯⋯⋯⋯⋯⋯⋯⋯⋯⋯⋯⋯⋯⋯⋯ 180

「外れ値（異常値）」の処理 ⋯⋯⋯⋯⋯⋯⋯⋯⋯⋯⋯⋯⋯⋯⋯ 184

その他の前処理（表記ゆれの統一、データ方向の修正）⋯⋯⋯ 184

6.4 データ加工 ⋯⋯⋯⋯⋯⋯⋯⋯⋯⋯⋯⋯⋯⋯⋯⋯⋯⋯⋯⋯⋯⋯ 186

データ分析しやすい状態に「データ加工」する ⋯⋯⋯⋯⋯⋯ 186

COLUMN 「定量情報」と「定性情報」を上手に組み合わせよう ⋯⋯⋯⋯⋯⋯ 190

第 7 章

【STEP4】データの比較を通じた 解釈・考察

7.1 **データは比較することで価値が高まる** ················· 192

分析とは「比較を通じて、意味合いを抽出すること」················· 192
いくつの変数を同時に分析するかで、比較視点が変わる ················· 192
データの比較・解釈・考察には「クロス集計」の理解が必要不可欠 ······· 194

7.2 **クロス集計を理解する（基本）** ················· 196

クロス集計の基本的な用語・読み方を理解する ················· 196
クロス集計は「2つの活用パターン」を押さえる ················· 198

7.3 **クロス集計を理解する（応用）** ················· 202

クロス集計を実施する際の留意点 ················· 202
クロス集計で「差をつけたい」と思ったときに…… ················· 210

7.4 **比較で意識すべき 5 つの視点（大きさ・インパクト）** ·········· 212

5つの視点を意識してデータを比較する ················· 212
「大きさ（インパクト）」をもとに、優先順位をつける ················· 212

7.5 **比較で意識すべき 5 つの視点（差異・ギャップ）** ··············· 214

ビジネスの問題点・課題・打ち手のヒントは
「ギャップ」に潜むことが多い ················· 214

7.6 比較で意識すべき5つの視点（時系列・トレンド） ················ 218

過去データの分析から将来を予測できる唯一の比較方法 ····················· 218

7.7 比較で意識すべき5つの視点（分布・バラツキ） ················ 222

「均質化の程度」「グループ分け」の示唆が得られる ························· 222

7.8 比較で意識すべき5つの視点（相関・パターン） ················ 224

2つの変数の関係から「パターン」「外れ値」「変曲点」を見つける ······· 224
相関関係 ≠ 因果関係 ··· 226

7.9 自由回答の分析方法 ·································· 230

自由回答は「定量化＋定性情報」で傾向を把握する ························· 230

7.10 シナリオ分析（What-If分析、ソルバー機能） ················ 232

シミュレーションを通じて、アクションの最適化を図る ··················· 232

7.11 データを解釈・考察するポイント ·················· 234

「事実→解釈・洞察→行動・提案」をセットで考える ························· 234
（1）何に答えを出すべきかを疑問形で明確にする ··························· 236
（2）目的を意識し、「観察のSo What?」を積み上げる ··················· 238
（3）観察のSo What?をもとに「洞察のSo What?」をする ··················· 246
（4）洞察のSo What?を踏まえて、「行動・提案」を考える ··················· 249

第 8 章

【STEP4】 データ分析の幅を広げる 「統計解析」 251

8.1　統計解析の全体像 ································· 252

統計解析は「記述統計」と「推測統計」から構成される ················· 252

8.2　記述統計（代表値、散布度） ····················· 254

データ分析の出発点は「分布を描く」 ·························· 254
分布の中心的な傾向を捉える「代表値」 ······················· 254
データの「ばらつき（散布度）」を知ることの重要性 ················· 256
Excelで「基本統計量」を計算する ·························· 260

8.3　記述統計（相関、回帰） ······················· 262

2つの変数の関係性を示す「相関係数」 ······················· 262
2つの変数の関係をモデル式で表す「回帰」 ····················· 266

8.4　3つ以上の変数の関係性を分析する「多変量解析」 ··········· 268

多変量解析の定義・活用シーン ···························· 268

8.5　因子分析、主成分分析（変数の分類・縮約） ············· 270

変数を分解する「因子分析」、合成する「主成分分析」 ················ 270
【因子分析】商品・サービスへの態度の背後に潜む要因を探る ············· 270

8.6	**クラスター分析（変数の分類・縮約）** ········· 276
	類似度が高いグループに分類する解析手法 ··········· 276

8.7	**コレスポンデンス分析、MDS（変数の分類・縮約）** ······· 280
	2次元に縮約する
	「コレスポンデンス分析」「MDS（多次元尺度構成法）」 ········· 280

8.8	**重回帰分析（予測・キードライバーの発見）** ······· 282
	目的変数に影響を与える説明変数を明らかにする解析手法 ········· 282
	目的変数が質的データのときは「ロジスティック回帰分析」を用いる ··· 288

8.9	**決定木分析（予測・キードライバーの発見）** ······· 290
	多様なデータから、目的変数に影響を与える要因を探る手法 ········· 290

8.10	**コンジョイント分析（予測・キードライバーの発見）** ······· 292
	トレードオフを加味した選好度がわかる解析手法 ··········· 292

8.11	**知っておくと便利な分析手法** ········· 296
	当たり前品質、魅力的品質を判別する「Better-Worse分析」 ········· 296
	商品・サービスに対する「価格観」がわかる「PRICE2」 ········· 296
	一緒に売れる商品を分析する「アソシエーション分析」 ········· 298
	ブランド選好に影響する要因を抽出する「選好回帰分析」 ········· 298
	複雑なロジックや仮説をパス図で表現する「共分散構造分析」 ········· 300
	文章データから特徴を抽出する「テキストマイニング」 ········· 300

| 8.12 | 推測統計（全体像、統計的推定） | 302 |

得られたデータから母集団の状況を推測する ⋯⋯⋯⋯⋯⋯⋯⋯⋯⋯ 302

統計的推定には「点推定」と「区間推定」がある ⋯⋯⋯⋯⋯⋯⋯⋯ 304

| 8.13 | 有意差検定（仮説検定） | 306 |

検定は「データ解釈の主観性を押さえる手段」⋯⋯⋯⋯⋯⋯⋯⋯⋯⋯ 306

「何を検定したいか」で、検定手法が変わる ⋯⋯⋯⋯⋯⋯⋯⋯⋯⋯⋯ 308

| 8.14 | 統計的因果推論（正しく効果を測る） | 314 |

「正しく効果を測る」ことの難しさ ⋯⋯⋯⋯⋯⋯⋯⋯⋯⋯⋯⋯⋯⋯⋯ 314

COLUMN　「たかが推敲、されど推敲」。自分を批判的に捉える ⋯⋯⋯⋯⋯⋯⋯ 320

第9章
【STEP5】 レポーティング＆プレゼン　321

| 9.1 | 良いレポートの条件とは？ | 322 |

レポート・プレゼンでよくある風景

「情報を詰め込みすぎて伝わらない」⋯⋯⋯⋯⋯⋯⋯⋯⋯⋯⋯⋯⋯⋯ 322

| 9.2 | レポートの構成 | 324 |

「分析概要」「サマリー」「エグゼクティブサマリー」の3本柱 ⋯⋯⋯ 324

9.3	レポートの作成（与件整理、ストーリーライン）	326

レポートの作成ステップ 326
「与件整理」の書き方次第で、その後の精度が決まる 326
「結論」を考えて、「ストーリーライン」を固める 328

9.4	レポートの作成（グラフ・図解作成）	330

メッセージによって、採用するグラフの種類が変わる 330
4つの「図解パターン」を使いこなす 336

9.5	レポートの作成（サマリー作成）	338

サマリーページの「構成要素」を理解する 338
「メッセージ（結論：Top Line）」の書き方 340

9.6	レポートの作成（エグゼクティブサマリー、推敲）	342

エグゼクティブサマリーは「分析目的・課題に対する結論」 342
レポートが完成したら、「推敲」の時間は必ず作る 346

9.7	「プレゼン」で結果をわかりやすく伝える	348

プレゼンは「明確な主張」と「わかりやすい説明」が大事 348

COLUMN　プレゼンは「事前準備がすべて」 350

第 10 章

AI・機械学習の基礎理解　351

10.1　AI（人工知能）の基礎概念 ································· 352

機械学習は、AI（人工知能）の１領域 ·················· 352

現在は「第３次AIブーム」。深層学習手法の発展が契機 ·········· 354

10.2　機械学習の基礎概念 ································· 356

「教師あり学習」「教師なし学習」「強化学習」の３つに分かれる ·········· 356

「機械学習」と「多変量解析」の関係 ·················· 358

10.3　教師あり学習のモデル構築・性能評価 ··········· 360

「教師あり学習」のモデル構築（アルゴリズム） ·········· 360

「過学習」「不均衡データ」に対処して汎化性能を高める ·········· 362

教師あり学習のモデル性能評価 ·················· 364

10.4　深層学習（ディープラーニング）の基礎概念 ··········· 366

深層学習（ディープラーニング）の仕組み ·········· 366

深層学習（ディープラーニング）を支えるアルゴリズム ·········· 368

おわりに ································· 370

参考文献 ································· 371

索引 ································· 374

第 1 章

DX 時代の
データ利活用

IoT の進展により、社会のデジタル化が急速に進んでいます。それに伴い、データをもとに意思決定していくデータドリブン経営の重要性が叫ばれています。その一方で、データ利活用に取り組むものの、うまく活用できていないと感じる企業が多いのも事実です。その要因の一つとして、DX 時代のデータ利活用には 2 種類あることを理解していないことが大きいと感じています。本章では、DX 時代のデータ利活用の方向性・種類について説明していきます。

「デジタルツイン」がもたらす新たな社会

急速に進むデジタル化の波

　2000年以降、社会のデジタル化が急速に進んでいます。1998年のGoogle設立、2007年の初代iPhone発売などを契機に、インターネットの常時接続が普及し、2011年には、第4次産業革命が提唱されました。

　第4次産業革命とは、IoT（モノのインターネット）やAI（人工知能）、ビッグデータを用いた製造業の技術革新のことを言います。IoTを通じて、パソコンやスマホだけでなく、住宅や家電、自動車、ビル、工場、医療・ヘルスケアなどの情報がリアルタイムに収集されています（図1.1.1）。

　また、海外よりも遅れていたキャッシュレス化の推進により、2022年の日本国内のキャッシュレス決済比率は36.0%に上昇しています（図1.1.2）[1]。

　様々な行動がデジタルデータとして蓄積されることで、データ量が爆発的に増加する「データ爆発」と呼ばれる現象が生じています。

● 新型コロナウイルス感染症拡大で進んだ「生活のデジタルシフト」

　2019年末からの新型コロナウイルス感染症拡大は、「10年分の大転換が10カ月で起きた」と言われるほど、生活のデジタルシフトを進展させました。図1.1.3に、（1）生活領域、（2）購買行動、（3）ビジネス活動、（4）社会インフラにおけるデジタルシフトの例を掲載しています。

　生活領域では「オンラインフード宅配」「オンラインゲーム」「オンライン授業」など、自宅で過ごせるサービスが普及しました。

　購買行動では、オンラインとオフラインを統合した「OMO」だけでなく、「バーチャル試着サービス」などの接客のオンライン化も進みました。

　ビジネス活動では、「テレワーク」「遠隔会議システム」「ウェビナー」「ペーパーレス化」などの新しい働き方が生まれています。

　社会システムでは「高速通信（5G）」「クラウド」をベースに、「行政サービスのデジタル化」「無人自動車の実証実験」などが進んでいます。

▶ 図1.1.1 様々なモノがインターネットにつながる社会

出典：経済産業省「我が国のキャッシュレス決済額及び比率の推移」（2022年）＊1

▶ 図1.1.2 キャッシュレス化の進展

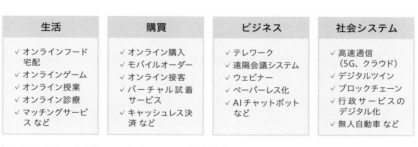

▶ 図1.1.3 新型コロナウイルス感染症拡大で進む生活のデジタルシフト

2つの空間が同居する「デジタルツイン」の出現

　社会のデジタル化の進展により、「デジタルツイン」と呼ばれる世界が出現しています。デジタルツインとは「インターネットに接続した機器などを活用して現実（フィジカル）空間の情報を取得し、仮想（サイバー）空間内に現実空間の環境を再現すること」を言います（図1.1.4の左側）。

　デジタルツインの出現により、仮想空間に蓄積されたデータを分析し、現実空間の消費者の行動に影響を及ぼすサイクルが生まれています。身近な例では、インターネットの行動履歴から、興味・好みが類似したユーザーのデータを分析して、レコメンド商品を提案する協調フィルタリングなどがあります。コンピュータ自身が学習する機械学習を通じて、人間では限界があった複雑な作業・判断が遂行できるようになっています。

　安宅和人氏は、著書『シン・ニホン AI×データ時代における日本の再生と人材育成』[2]において、全ての産業がデータ×AI化され、図1.1.5のような「データ×AI利活用の基本ループ」が生じると説明しています。サービスの価値が上がることで、ユーザー数とデータ量が増加して状況把握が進み、アルゴリズムの性能、打ち手の質が上がるようなサイクルが無限に続くと述べています。デジタルツインの登場が、AIの進化に貢献しています。

DXとは蓄積されたデータを活用して
競争優位を目指す動き

　仮想空間に蓄積されたデータをもとに、ビジネスモデルを変革し、競争優位を確立していく動きがDXです（図1.1.4の右側）。

　DXは、スウェーデン・ウメオ大学のエリック・ストルターマン教授らが2004年に提唱した概念です。同教授は、DXを「デジタル技術が、全ての人々の生活をあらゆる面でより良い方向に変化させる」[3]と定義しています。

　日本では、経済産業省が2018年に発表した『DX推進ガイドライン』[4]において、DXを「企業がビジネス環境の激しい変化に対応し、データとデジタル技術を活用して、顧客や社会のニーズを基に、製品やサービス、ビジネスモデルを変革するとともに、業務そのものや、組織、プロセス、企業文化・風土を変革し、競争上の優位性を確立すること」と定義しています。

　つまり、DXとは、仮想空間に蓄積されたデータとデジタル技術を使って、ビジネスモデルや企業文化を変革して競争優位を確立していくことを意味しています。

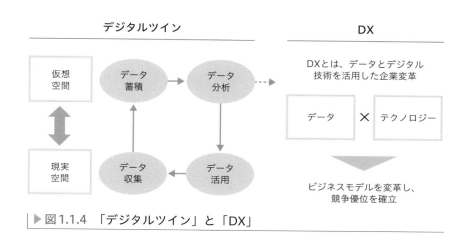

▶ 図1.1.4　「デジタルツイン」と「DX」

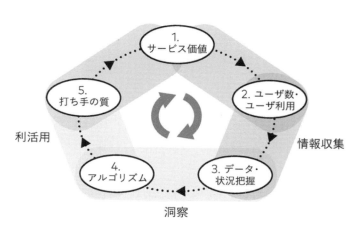

出典：安宅和人『シン・ニホン AI×データ時代における日本の再生と人材育成』ニューズピックス（2020）＊2

▶ 図1.1.5　データ×AI利活用の基本ループ

1.2 データドリブンで 意思決定することの重要性

データリテラシーと業績指標は「正の相関」がある

「データは21世紀の石油」の言葉に象徴されるように、企業は収集・蓄積したデータを分析し、ビジネスに活用していくことが求められています。データドリブンで意思決定している企業は業績が高いことを示す調査結果も示されています。

Erik Brynjolfssonらの論文（2011年）[*5]では、「データドリブンで意思決定している企業は、それ以外の企業よりも生産性が5〜6%高い。資産活用、ROI、市場価値でも同じような関係が見られる」と指摘しています。

クリックテック・ジャパンは、2018年に企業のデータリテラシーに関する研究である「データリテラシー指数」[*6]を発表しています。同社では、企業のデータリテラシーについて、企業で働く様々なレベルの人が、意思決定のためにデータを読み取り、分析・活用する能力と、そのデータ知識を組織全体に伝え生かす能力の両方を意味するとしています。

具体的には、データリテラシーを、図1.2.1に示す「データリテラシースキル（人的資本）」「データ主導型意思決定」「データ分散（幅広い部署でのデータ活用）」の3つの観点から数値化しています。そして、データリテラシーは、企業価値の向上に加えて、粗利益や資産収益率、配当などの業績指標と正の相関が見られると報告しています。

◉ ビジネスの成果獲得には「データ分析のスキル」が不可欠

ガートナージャパンが発表した「日本におけるデータ利活用の現状に関する調査結果」[*7]によると、「組織においてデータ利活用への意識や関心は高いものの、それによるビジネス成果は年々増えているとは言えない状況が見て取れます」と指摘しています。

調査の中で、「ビジネス成果獲得に貢献した要因や取り組み」を聴取しており、「活用できるデータの種類・量・品質」「データ分析のスキル」「ビジネス

部門の理解や協力」が上位となっています（図1.2.2）。

　データが収集・蓄積しやすい環境が整備されている現在、それをビジネスの成長に結び付けられるデータ分析のスキルが求められています。

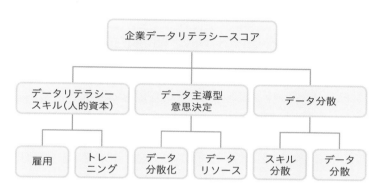

出典：クリックテック・ジャパン、IHS Markit『データ リテラシー指標』（2018）＊6

▶ 図1.2.1　企業データリテラシーの構成要素

ビジネス成果獲得に貢献した要因や取り組み
貢献度の高いもの上位3つを選択

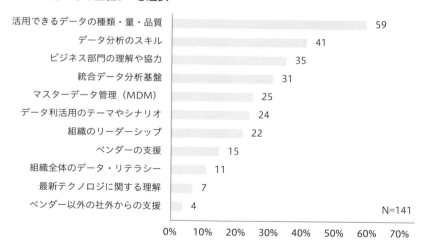

出典：Gartner(ITデマンド・リサーチ)／調査 2020年11月　ID：740569＊7

▶ 図1.2.2　ビジネス成果獲得に貢献した要因や取り組み

1.3 DX時代の データ利活用の方向性

DX時代のデータ利活用は2種類に分かれる

　DX時代におけるデータ利活用は、（1）レポーティングを中心とする「意思決定支援」、（2）業務システムの生産性向上を目的とする「モデル構築・業務自動化」に分類されます（図1.3.1）。

　前者は、ExcelやBIツール、統計解析などを用いて、ビジネス推進に向けたインテリジェンスの抽出が主な目的になります。現状把握、原因仮説や因果関係の探索、施策案の評価、施策の効果検証など、様々な目的でデータ分析が実施されています。主にデータアナリストと呼ばれる職種が該当します。

　後者は、AIや機械学習をもとにモデルを構築し、業務システムに組み込むことで、業務の生産性を高めることが主な目的になります。過去のデータをもとに見込み顧客のターゲティングを行うなど、過去から未来を予測する手法とも言えます。DX推進で語られるのは、こちらのデータ活用が中心で、主にデータサイエンティストと呼ばれる職種が該当します。

● それぞれのデータ活用で、分析アプローチが異なる

　図1.3.2に、各データ活用における分析アプローチを掲載しています。

　意思決定支援では「PPDACサイクル」が基本です。PPDACサイクルとは、データに基づいた問題解決ステップです。最初に、データ分析で解決する問題を明確化し、仮説を立てます。その後、仮説検証のためのデータ分析計画を立案し、データを収集します。収集したデータを加工・分析し、意味合いを抽出することで、問題に対する結論を導いていきます。分析結果はレポートなどの形式で納品され、それをもとに施策を検討していきます。

　モデル構築・業務自動化では「CRISP-DM」が基本です。CRISP-DMは、機械学習など学習モデルの構築を想定したサイクルです。「ビジネス課題の理解」から始まり、「データの理解」「データの準備」「モデル構築」「評価」と進んでいきます。モデル構築段階におけるデータ不足の発覚、モデル精度

の改善に向けたチューニングなどの「手戻り」が発生するのが一般的です。それを加味してループ状になっています。運用に耐えうるモデルを構築した後は、業務システムに実装して展開していきます。

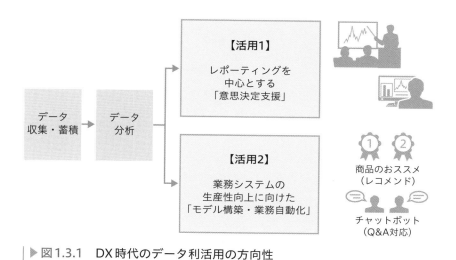

▶ 図1.3.1　DX時代のデータ利活用の方向性

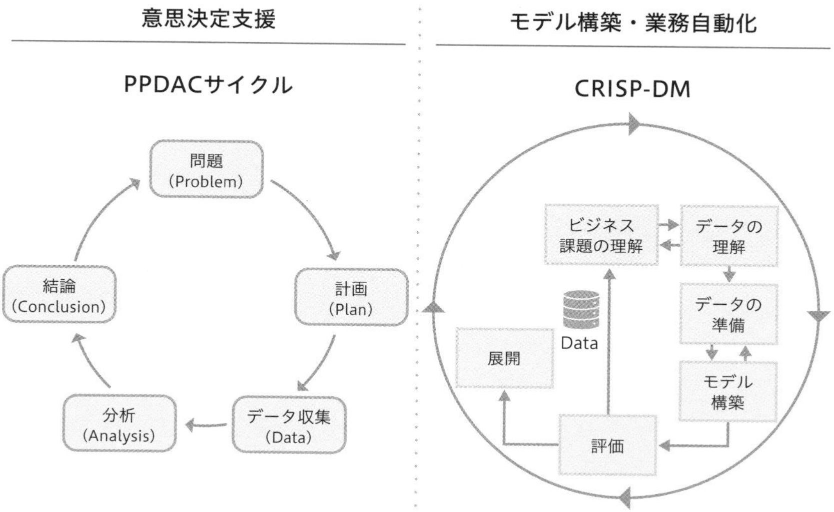

▶ 図1.3.2　データ活用ごとの分析アプローチ

● 全員がデータサイエンティストになる必要はない

　データ利活用を進めるためには、自部門もしくは個人が実施するデータ分析がどちらを目的とするかを明確にすることが重要です。

　図1.3.3に、データ活用の人材ピラミッドを掲載しています。データアナリストや現場スタッフには、「意思決定支援」のデータ分析が求められます。ビジネスでは「Aが原因でBが起こる」といった因果関係がわかることが重要です。ビジネス課題に対して、自分でデータを加工・分析して、「どの変数を変えると、結果がどう変わる」といった試行錯誤ができることが必要です。組織の大半の人に求められるスキルであり、ビジネス力、データサイエンス力が重視されます。

　一方、ビジネスモデルの変革や業務効率化には、データサイエンティストによる「モデル構築・業務自動化」が必要になります。業務システムに実装・運用するため、データエンジニアリング力も求められます。データサイエンス協会が発表する「データサイエンティスト スキルチェックリスト」は、こちらのデータ活用を想定して作成されています。

● まずは「意思決定支援に必要なデータ分析」のスキルを身につけよう

　データサイエンティストを獲得・育成しても、現場でミスマッチが生じているといった声をよく聞きます。それはデータ活用に求められる考え方・スキルが異なるためです。組織全体のデータリテラシーを高めるためには、意思決定支援に関するデータ分析のスキル獲得・実践が重要です。

　これは「エクセル経営」で有名なワークマンの全員参加型のデータ活用経営に近い考え方です。エクセル経営を推進した土屋哲雄氏は、著書『ワークマン式「しない経営」4000億円の空白市場を切り拓いた秘密』*8において、「私が目指したのは、全員参加型のデータ活用経営」「エクセルを使うと、興味のあるデータを自分で加工して分析できる。分析ソフトの定型分析だけを見ていると、頭の働きが固定化され、同じ発想しか出てこない」と述べており、図1.3.4に示す数値目標を設定し、データサイエンティストに依存することなく、全社員向けのデータ分析講習を実施しています。

　本書では、PPDACサイクルを踏まえたデータ分析のステップについて主に説明していきます。ただし、課題によっては「モデル構築・業務自動化」

が適しており、基礎的な知識、活用イメージを理解しておく必要があります。そのため、第10章において概要を取り上げています。

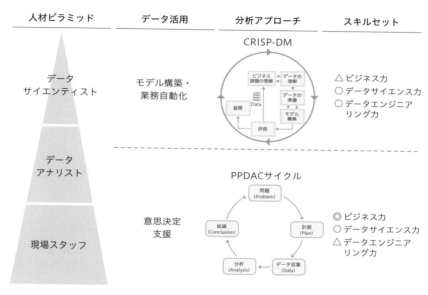

▶図1.3.3　データ活用の人材ピラミッド

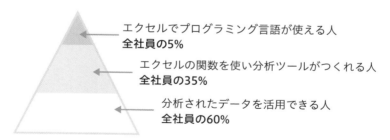

エクセルでプログラミング言語が使える人
全社員の5%

エクセルの関数を使い分析ツールがつくれる人
全社員の35%

分析されたデータを活用できる人
全社員の60%

出典：土屋哲雄『ワークマン式「しない経営」4000億円の空白市場を切り拓いた秘密』ダイヤモンド社（2020）＊8

▶図1.3.4　ワークマンのエクセル経営の努力目標

大きな社会変化に伴う
「データ活用人材のミスマッチ」

多くの企業で、データ利活用の推進部門の立ち上げ、データ活用人材の育成に取り組んでいます。その一方で、企業担当者とお話しすると、思うような成果が出ていないと伺うことが多いです。

具体的には、「データサイエンティスト育成講座を受講させたが、現場における活用場面がない、現場ニーズとミスマッチが生じている」「SQL、Pythonなどを習得したが、データ抽出作業にとどまっている」「データサイエンス協会のデータサイエンティスト スキルチェックリストをもとにスキル定義したが、うまく活用できない」などのケースが散見されます。なぜ、このような現象が生じているのでしょうか？

「Society 5.0」は目指すべき未来社会であり、現実も直視しよう

第1章で説明したデジタルツインは、わが国が目指す未来社会の姿である「Society 5.0」*9につながります。Society 5.0とは「サイバー空間（仮想空間）とフィジカル空間（現実空間）を高度に融合させたシステムにより、経済発展と社会的課題の解決を両立する、人間中心の社会（Society）」を言います。

Society 5.0の実現に向けて、政府はデジタル社会の読み・書き・そろばん的な素養として「数理・データサイエンス・AI」*10を位置づけました。これに連動し、データサイエンティスト協会では「データサイエンティスト検定」を実施しています。この「未来社会への動き」と「現実社会で求められるスキル」のギャップが、データ活用人材のミスマッチにつながっていると、筆者は感じています。

「意思決定支援」と「モデル構築・業務自動化」を分けて人材を定義する

第1章において、DX時代におけるデータ利活用は、（1）レポーティングを中心とする「意思決定支援」、（2）業務システムの生産性向上を目的とする「モデル構築・業務自動化」に分類されると説明しました。

企業担当者とお話しすると、2つのデータ活用を混同している方が一定数存在します。これを混同して人材育成しても、思うような成果が出にくいです。組織や個人にとって必要なデータ活用を見定め、それに必要なスキルを定義することが、データ活用人材育成の出発点です。本書をもとに、意思決定支援のデータ分析のスキル定義を検討いただければ幸いです。

第 2 章

「データ分析」
ステップの全体像

本章では、レポーティングを中心とした「意思決定支援」におけるデータ分析の定義やステップについて説明していきます。データ分析は、意思決定に役立たないと意味がありません。データ分析を意思決定に活用していくには、（1）分析設計（インプット）が大事である、（2）データ分析を通じて「データ」を「情報」に変換する、（3）終わりから逆算して考える、（4）「データによる論理」と「KKD」を組み合わせて考えることの重要性を理解しましょう。

2.1 残念なデータ分析事例

「残念なデータ分析」に陥りやすいパターン

　本章から、レポーティングを中心とする「意思決定支援」におけるデータ分析について説明していきます。データ分析をもとに適切な意思決定をしても、自社のリソース不足や行動の徹底不足、競合の対抗行動、成果が出るまでの時間などから、想定する成果に結びつかない場合があります。ただし、成功確率を下げるデータ分析も存在します。本節では、よくある残念なデータ分析事例を取り上げます（図2.1.1）。

◉ <事例1>データ分析が「意思決定に結びついていない」

　1つ目は、データ分析が「ビジネスの意思決定に結びついていない」事例です（図2.1.2）。

　分析依頼者は、ゲームアプリを昨年上市したマーケティング担当者です。アプリの利用者数を増やすべく、データ分析者に分析を依頼しました。

　データ分析者は、データ分析を行い、「日本全体のゲームアプリの利用人口、性別・年代構成」「自社アプリ利用者の性別・年代構成」などの概況を報告しました。報告を聞いた分析依頼者は「まだ獲得余地がある」と判断し、獲得に向けたヒントを得たく、「ゲームアプリの利用者を増やすにはどうしたらいい？」と問いかけました。実務でよくあるシーンです。

　この質問に対して、データ分析者は「そこまではわからないです」と回答しました。心の中では「データ集計するのが自分の仕事で、そこを考えるのがあなたの仕事ですよね」と思っています。一方、分析依頼者は「今後に向けたヒントがないのであれば、データ分析した価値があったのか」と思いつつ、「わかった。施策はこちらで考えるよ」と返答して終了しました。

　アクションのヒントが得られない場合、分析結果はお蔵入りになることが多いです。ビジネスの意思決定に繋がらないと、データ分析としては不十分であるという事例です。

①	データ分析が「意思決定に結び付いていない」
②	「最新のデータ分析手法を使う」ことに固執する
③	「自分が欲しい結果だけ」を見て満足する
④	「構造化せずにデータ分析」し、依頼者の発言に右往左往する
⑤	「闇雲にデータを見える化」して、相手を混乱させる

▶ 図 2.1.1　残念なデータ分析事例

分析依頼者

データ
分析者

昨年上市したゲームアプリの利用者数を
増やしたいな。データ分析をお願いしていい?

データ分析しました!
ゲームアプリを利用する人は2800万人で、
男性が65%、女性が35%の構成比になっています!

なるほど、まだ獲得余地がありそうだな。
ゲームアプリの利用者数を増やすには、どうしたらいいかな?

いや、そこまではわからないです……
(それを考えるのが、あなたの仕事でしょ?)

(ヒントが得られないならば、データ分析した意味ないよね……)
わかった。施策はこちらで考えるよ。

分析結果はお蔵入りに……

▶ 図 2.1.2　データ分析が「意思決定に結びついていない」

● <事例2>「最新のデータ分析手法を使う」ことに固執する

2つ目は、「最新の分析手法を使う」ことに固執する事例です（図2.1.3）。

データ分析者は、女性向け化粧品の通販会社に所属しています。自社が保有する100万人のデータベースから購入者をタイプ分類できないかと、最新の分析手法を活用してデータ分析を実施しました。

そして、分析依頼者に「この分析手法によると、☆☆の結果が高く、□□のスコアが低く…」と細かく報告し始めます。分析依頼者は、途中で苛立ちを覚えて、「細かい数値は後でいいから、結論を早く教えて」と遮ります。

その質問に対して、データ分析者は「結論は××です」と伝えました。結論を聞いた分析依頼者は「それは分析しなくてもわかっているよ。他に活用できる部分はないの？」と返します。それに対して、データ分析者は「今回は○○分析をやることに価値があるのです」と反論しました。分析依頼者は「シンプルな分析でいいから、ビジネスに活用できることを知りたいんだよ」と伝えて報告は終わりました。

最新の分析手法を活用したい気持ちはわかりますが、目的と手段をはき違えてはいけないという事例です。ビジネスの意思決定に役立てば、古典的な分析手法でも十分ということを理解しておきましょう。

● <事例3>「自分が欲しい結果だけ」を見て満足する

3つ目は、「自分が欲しい結果だけ」を見て満足する事例です（図2.1.4）。

分析依頼者は、小売業の販売促進担当です。最近発売したPB商品の拡販を狙うべく、「20代向けの販売を強化したほうがいい」との仮説を持っています。そこで、データ分析者に「PB商品が20代に売れていることをPOSデータで検証してほしい」と依頼しました。

データ分析者が年代別のPB商品購入率を確認したところ、20代の売れ行きは少しだけ良い結果でした。むしろ、日中の40～50代の売れ行きが良いことを発見しました。ただ、分析依頼者が、20代向けの販促の準備を進めていたため、「20代の売れ行きがいいです」とだけ報告しました。分析依頼者は「自分の仮説は合っていた」と喜び、販促企画を推進しました。

「データ分析＝仮説検証」と言われることが多いですが、何か損している感じがしませんか？ 仮説検証を間違った考え方で捉えている事例です。

データ分析者

弊社が保有する100万人のデータベースを使って、
最新の分析手法である〇〇分析を行いました。
具体的に、☆☆の結果が高く、□□のスコアが低く…

分析
依頼者

細かい数値は後からでいいから、結論を早く教えて

今回の結論は×××です

それは分析しなくてもわかってるよ。
それがわかっても、意思決定に使えないな。
他に活用できる部分はないの？

今回は〇〇分析を実施することに価値があり…

それは手段だよね？
シンプルな分析でいいから、ビジネスに
活用できることを知りたいんだよ

▶ 図2.1.3 「最新のデータ分析手法を使う」ことに固執する

分析依頼者

20代向けに「〇〇」の販売を強化したほうがいいな。
POSデータから上記の仮説を検証してくれ！

データ
分析者

年代別に、〇〇の売れ行きを分析しよう。
20代の売れ行きがやや良いぐらいだけど、まあいいか

データ分析しました！
全体と比べて、20代の売れ行きが良いです。
（日中の40 〜 50代の売れ行きがいいけど、黙っておこう）

よし！ 仮説通りだ。
20代向けに「〇〇」の販売を強化しよう！

✓ 「データ分析＝仮説検証」と言われることが多いですが、
何か損している感じがしませんか？

▶ 図2.1.4 「自分が欲しい結果だけ」を見て満足する

◉ <事例4>「構造化せずにデータ分析」し、依頼者の発言に右往左往する

4つ目は、「構造化せずにデータ分析」し、分析依頼者の発言に右往左往する事例です（図2.1.5）。データ分析の経験が浅い方に多く見られます。

分析依頼者が、健康食品のプロモーション戦略を検討するために、データ分析者に「健康食品の購入者を理解したいので、2次データで分析してほしい」と依頼しました。データ分析者はデータ分析を行い、「購入者は男性が多く、成分よりもパッケージに記載されている効用に惹かれて購入しています」と報告しました。

報告を聞いた分析依頼者は、「ちなみに、健康食品を購入するきっかけは何が多いの？」と質問したところ、データ分析者は「そこは分析していなかったので、すぐ分析します」と答えます。分析依頼者がさらに「購入者は特定ブランドだけ使っている？ 複数商品を併用している？」と質問したところ、データ分析者は「そこは考えてもいなかったです」と回答しました。分析依頼者は呆れ気味に「切り口を構造的に考えてデータ分析している？ 思いつきでやっていない？ これだとキリがないよ」と伝えました。

データ分析の経験が浅いと、思いついた順にデータ分析する傾向がありますが、それでは分析依頼者の信頼を失ってしまうという事例です。

◉ <事例5>「闇雲にデータを見える化」して、相手を混乱させる

5つ目は、「闇雲にデータを見える化」して、相手を混乱させる事例です（図2.1.6）。BIツールが思うような成果に結びついていない代表例です。

DXの必要性を感じた経営者が、事業企画部に「自社もDXだ！ 社内に蓄積されたデータを活用して成果を出してくれ」と指示しました。事業企画部はシステム部と連携して社内データを統合し、BIツールベンダーに「見える化」を依頼しました。BIツールベンダーは「多くの実績があるので大丈夫です」と話し、100を超えるグラフを作成しました。

BIツールの説明会を開催したものの、現場からは「情報が多すぎて、どこを見たらいいかわからない」「KPIと連動していないので使えない」などと評判が悪く、数カ月後には、ほぼ活用されない状態に陥りました。

提供する情報量と利用者の注意力はトレードオフの関係です。利用者が必要な情報だけに絞ることが重要であるという事例です。

分析依頼者

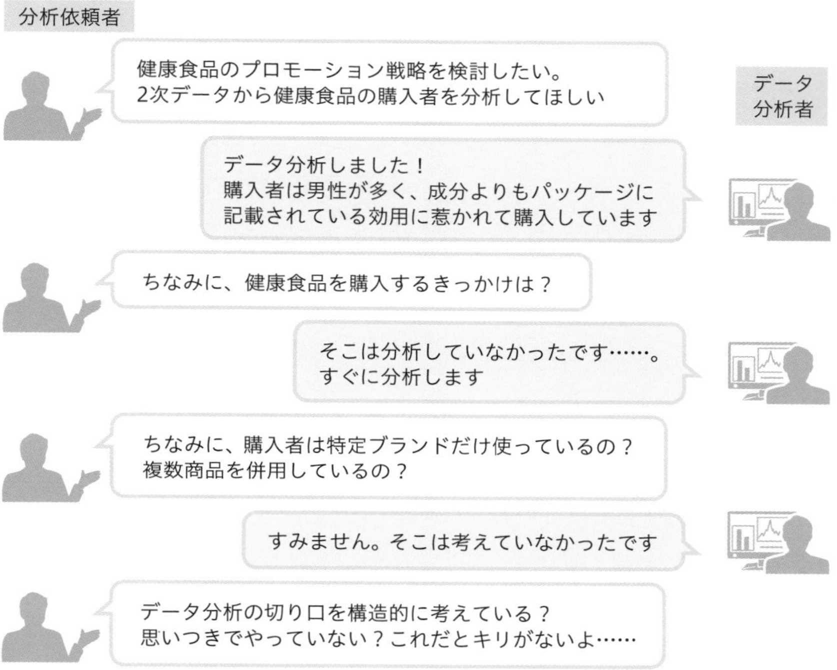

健康食品のプロモーション戦略を検討したい。
2次データから健康食品の購入者を分析してほしい

データ分析しました！
購入者は男性が多く、成分よりもパッケージに
記載されている効用に惹かれて購入しています

ちなみに、健康食品を購入するきっかけは？

そこは分析していなかったです……。
すぐに分析します

ちなみに、購入者は特定ブランドだけ使っているの？
複数商品を併用しているの？

すみません。そこは考えていなかったです

データ分析の切り口を構造的に考えている？
思いつきでやっていない？これだとキリがないよ……

▶ 図2.1.5 「構造化せずにデータ分析」し、依頼者の発言に右往左往する

自社もDXだ！ 時代に遅れるな！
社内に蓄積されたデータを活用して成果を出してくれ！

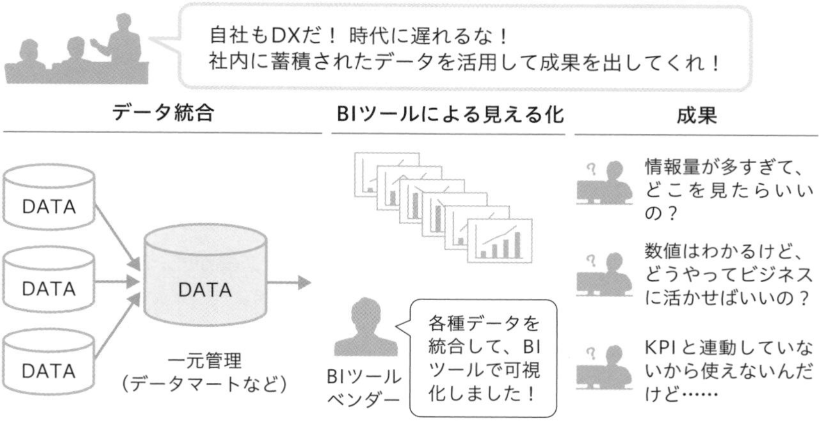

データ統合	BIツールによる見える化	成果

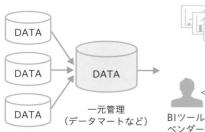

一元管理
（データマートなど）

各種データを
統合して、BI
ツールで可視
化しました！

BIツール
ベンダー

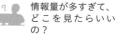
情報量が多すぎて、
どこを見たらいい
の？

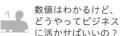
数値はわかるけど、
どうやってビジネス
に活かせばいいの？

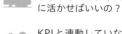
KPIと連動していな
いから使えないんだ
けど……

▶ 図2.1.6 「闇雲にデータを見える化」して、相手を混乱させる

37

2.2 データ分析の定義・価値

データ分析は「意思決定に役立たないと意味がない」

データ分析とは「ビジネス課題を解決するために、データから正しい知識を得て、ビジネスの意思決定に活用すること」を言います。どれだけデータ分析して正しい知識を得たとしても、ビジネスの意思決定に役立たなければ、データ分析の価値は下がってしまいます。

河本薫氏は、著書『会社を変える分析の力』[*1]において、「(略)データ分析の成果は、報告書の厚みでも、高度な分析手法でも、データの規模でもありません。何がわかったか、それは意思決定にどう役立つのか、それだけなのです。もちろん、分析手法やデータの説明は、結果の正しい解釈には必要です。しかし、それらは結果を解釈するための脇役的な存在に過ぎません」と述べています。

◉ データ分析の価値=「意思決定の重要度」×「意思決定の改善度」

データ分析の価値は、「意思決定の重要度(インパクト)」と「データ分析による意思決定の改善度(確率向上)」から決まります(図2.2.1)。

データ分析は、データ分析を実施することで、データ分析せずに意思決定したときよりも成功確率が高まることが大事です(=横軸)。かつ、データ分析によってビジネスへのインパクトが大きい(=縦軸)ことが理想です。右下の領域は、コスパを勘案してデータ分析する案件を選別していきます。

上記は、ディシジョンツリーと呼ばれる定量分析にも通じる考え方です。図2.2.2に、新サービスの上市にあたり、データ分析を実施した際のディシジョンツリーを掲載しています。ディシジョンツリーとは、期待値(成功・失敗時の想定売上高)とその状況が起こる確率を考慮して意思決定を行う分析手法です。事前に1,000万円を投資してデータ分析することで、データ分析しなかったときよりも期待利得が大きくなっています。そして、期待利得の大きさから意思決定の重要度を判断していきます。

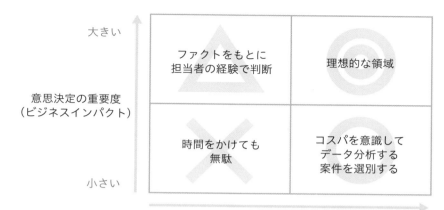

▶ 図2.2.1　データ分析の価値を決める要素

　新サービスを上市しようと思っているが、データ分析って必要かな？

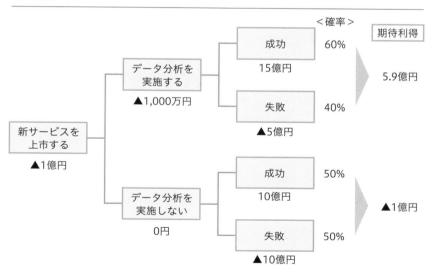

※期待利得（5.9億円）＝（15億円×0.6＋▲5億円×0.4）−1億円−1,000万円

▶ 図2.2.2　データ分析を通じて「ビジネスの確実性を高める」

データ分析で意識すべきこと

「何と比較するか」で意思決定が変わる

データ分析の数値は、比較対象があって初めて「高い・低い」「良い・悪い」などの判断が可能となります。自社利用者の満足度が80％の場合、競合の満足度が60％だと「高い」、90％だと「低い」となります。

また、「何と比較するかで、その後の意思決定が変わる」点にも注意が必要です（図2.3.1）。現状を「自社の新規利用者数が前年比30％増加した」に置いた場合、比較対象（1）と比べると「今回の施策を継続しよう」、比較対象（2）と比べると「原因仮説を考えるPJTを立ち上げよう」といった、方向性が全く異なる意思決定になる可能性が高いです。

◉「分析手法」よりも「分析設計（インプット）」を重視する

上記で説明した「何と比較するか」は、データ分析の「設計段階」において検討すべき事項です。これを表現した統計学の言葉に「GIGO（Garbage In Garbage Out）」があります（図2.3.2）。ゴミを入れれば、ゴミが出てくるという意味です。インプットするデータがゴミならば、どんなに素晴らしい解析をしても、出てくる結果はゴミです。

データ分析を成功させるには、統計解析や分析手法だけでなく、インプット（分析設計）に関する知識・スキルを高めることが重要です。

◉データ分析を通じて「データ」を「情報」に変換する

データ分析は、「データ（インフォメーション）」を「情報（インテリジェンス）」に変換するプロセスです。両者の違いを認識することが大事です。

データとは「一定の形式に沿って集められた数字の羅列」のことを言います。商談データ（商談数、引き合い数、受注数）などが代表例で、データを見ているだけでは、アクションを考えることが難しい点が特徴です。

一方、情報とは「人間が使いやすい形に加工・要約したもの」を言います。

「月2回、同業種の事例を紹介すると、大型案件を受注しやすくなる」など、アクションを起こすことができる（発想が広がる）データです。なお、データ分析を通じて「わかった情報」が「活用できる情報」であるかどうかは、活用する現場で異なる点に注意が必要です。

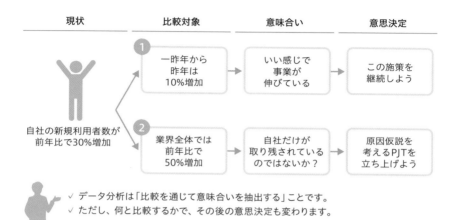

現状	比較対象	意味合い	意思決定

① 一昨年から昨年は10%増加 → いい感じで事業が伸びている → この施策を継続しよう

② 業界全体では前年比で50%増加 → 自社だけが取り残されているのではないか？ → 原因仮説を考えるPJTを立ち上げよう

自社の新規利用者数が前年比で30%増加

✓ データ分析は「比較を通じて意味合いを抽出する」ことです。
✓ ただし、何と比較するかで、その後の意思決定も変わります。

▶ 図2.3.1　何と比較するかで、その後の意思決定が変わる

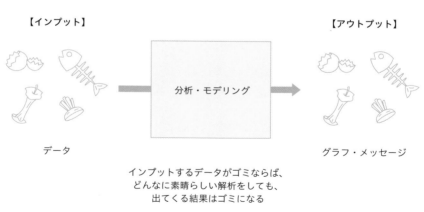

【インプット】　　　　　　　　　　　　　　　【アウトプット】

分析・モデリング

データ　　　　　　　　　　　　　　　　グラフ・メッセージ

インプットするデータがゴミならば、
どんなに素晴らしい解析をしても、
出てくる結果はゴミになる

▶ 図2.3.2　GIGO（Garbage In Garbage Out）

2.4 データ分析のステップ

データ分析の「5つのステップ」

　図2.4.1に、レポーティングを中心とした「意思決定支援」におけるデータ分析のステップを掲載しています。データ分析には、5つのステップがあり、各ステップを正しく通過することが重要です。

　最初の2つのステップは、データ収集前に行うべき内容です。最初に、ビジネス課題を整理し、データ分析で解くべき「問い（イシュー）」を明確化します。その後、問い（イシュー）を答えが出せる「サブイシュー」に分解し、想定仮説をもとに分析ストーリーを描きます。これらを通じて、どのような情報を収集すべきかが明確になります。

　STEP3以降は、データを収集・加工・集計・比較し、意味合いを抽出していくステップです。今あるデータで足りない場合は、新たにデータを収集することが必要です。分析結果は、分析依頼者に理解されないと意味がないため、分析結果＆結論をわかりやすく伝えるスキルも必要になります。

● 【STEP2】の段階で、【STEP3〜STEP5】を逆算して考える

　データ分析の成功確率を高めるには、【STEP2】の段階で、【STEP3】〜【STEP5】を合わせて考えることが重要です。具体的には、最終的に欲しいアウトプットを想像し（＝STEP5）、それを実現するクロス軸（比較視点）・分析方法を検討し（＝STEP4）、そのデータをどのように収集・加工するか（＝STEP3）を、STEP2で考えます。筆者は「終わりから始める」という言葉で表現していますが、データ分析は「逆算」が大事です。

● 「データによる論理」と「KKD」を組み合わせる

　データ分析から結論を導くときは、「データによる論理」と「KKD」を組み合わせることが重要です。なぜならば、全ての状況をデータで把握できるわけではなく、過去のデータの延長に将来があるわけではないからです。

　楠木建氏は、著書『ストーリーとしての競争戦略』[*2]において、戦略の本質を「違いをつくって、つなげる」と述べています。違いとは「他社との違い」、つながりとは「2つ以上の構成要素の間の因果論理」と指摘しています。

　データ分析に置き換えると、データを通じて論理を積み上げた後に、マーケター的要素（KKD）を加味して、置かれた状況・文脈における最適解を考えていく必要があります。ただし、データ分析は「データ分析依頼者との共同作業」であるため、マーケター的要素は最低限のスキルを保有し、分析依頼者へのヒアリングなどで引き出していくことが重要です。

　それでは、第3章以降、データ分析の各ステップを見ていきましょう。

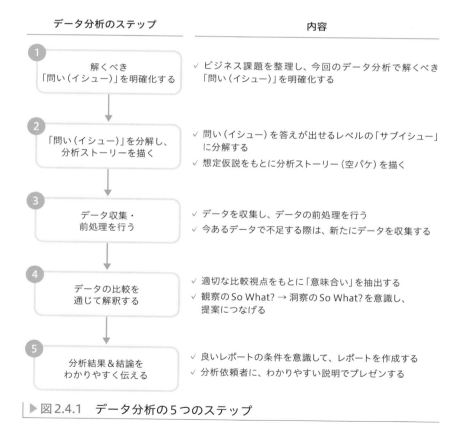

データ分析のステップ	内容
1 解くべき「問い（イシュー）」を明確化する	✓ ビジネス課題を整理し、今回のデータ分析で解くべき「問い（イシュー）」を明確化する
2 「問い（イシュー）」を分解し、分析ストーリーを描く	✓ 問い（イシュー）を答えが出せるレベルの「サブイシュー」に分解する ✓ 想定仮説をもとに分析ストーリー（空パケ）を描く
3 データ収集・前処理を行う	✓ データを収集し、データの前処理を行う ✓ 今あるデータで不足する際は、新たにデータを収集する
4 データの比較を通じて解釈する	✓ 適切な比較視点をもとに「意味合い」を抽出する ✓ 観察のSo What? → 洞察のSo What?を意識し、提案につなげる
5 分析結果＆結論をわかりやすく伝える	✓ 良いレポートの条件を意識して、レポートを作成する ✓ 分析依頼者に、わかりやすい説明でプレゼンする

▶ 図2.4.1　データ分析の5つのステップ

データ分析者の「タイプ」と「あるべき姿」

2.4の続きとして、データ分析者の「タイプ」と「あるべき姿」について、筆者の考えを説明したいと思います。筆者は、データ分析者を4タイプに分類しています（図2.4.2）。ここでは、人数が多い3タイプを説明します。

1人目は「コツコツ真面目アナリスト」です。エンジニアなどバックオフィス出身者に多く、集計・分析作業などを真面目にこなす一方、分析依頼者との議論は寡黙になりがちで、あまり積極的にしない傾向が強いです。

2人目は「データベース的アナリスト」です。心配性な性格からデータを細かく見ているため、分析依頼者の質問にデータを根拠に回答できる点が強みです。ただし、データから外れた質問（今後の提案など）になると、対応力が弱くなることが散見されます。

3人目は「マーケター的アナリスト」です。ビジネスサイド出身者に多く、データを少し見ただけで、様々な発想が出てくる点が特徴です。データベース的アナリストほどは数値を細かく見ていないため、データを根拠に説明するよりも、感性・直感で説明する傾向が強いです。

目指すは「データベース×マーケター」を統合したデータ分析者

筆者は、「データベース的アナリストを土台として、そこにマーケター的要素が融合しているデータ分析者」が理想であると考えています。データを積み上げていくと、一般的な結果になりがちです。「違いをつくる」ために、データで把握できない領域を推測する感性・直感が必要です。データ分析者には、幅広いスキル・知識が求められることを理解しておきましょう。

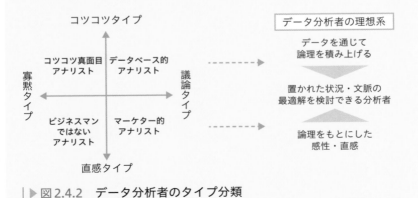

▶ 図 2.4.2　データ分析者のタイプ分類

第3章

【STEP1&2】解くべき問いの明確化・分析ストーリー作成

本章では、データ分析ステップの「【STEP1】解くべき問い（イシュー）を明確化する」と「【STEP2】問い（イシュー）を分解し、分析ストーリーを描く」について説明していきます。問いの設定次第で、データ分析の方向性は大きく変わります。分析依頼者との議論を通じて、適切な問いを設定し、分析ストーリーを作成していくことが重要です。一方で、このステップは「データ分析で最も難しい」といった声をよく聞きます。分解のイメージを理解しましょう。

3.1 【STEP1】解くべき「問い（イシュー）」を明確化する

データ分析の出発点は「解くべき問い（イシュー）の明確化」

　データ分析の出発点は「解くべき問い（イシュー）の明確化」です。曖昧な目的からデータ分析が始まると、「分析結果が当たり前すぎて、使い物にならない」といった結果になる可能性が高まります。

　図3.1.1に示すように、問い（イシュー）の設定次第で、データ分析の方向性が大きく変わります。問い（イシュー）の選択は「戦略」、データ分析は「戦術」の関係で理解しておきましょう。戦略（方向性）が違っては、どれだけデータ分析を頑張っても価値が半減してしまいます。最初のステップは、データ分析の手法などではなく、今回のデータ分析で何を明らかにするか（例：北海道と沖縄のどちらを目指すか）を決めることに集中することが重要です。

● データ分析は「分析依頼者とデータ分析者の共同作業」

　「【STEP1】解くべき問い（イシュー）を明確化する」の説明に入る前に、データ分析を成功させる大前提を説明します（図3.1.2）。それは、データ分析は「分析依頼者とデータ分析者の共同作業」ということです。分析依頼者はその領域のプロですが、データ分析に精通しているとは限りません。一方、データ分析者は、分析依頼者の業務領域に詳しくない一方で、課題が具体化されるとデータ分析のイメージが湧きやすい傾向があります。お互いの得意領域を活かしてシナジーを発揮することが成功の秘訣です。

　シナジーを発揮するためには、データ分析者の役割が重要です。まずは、分析者発想（手元にあるデータをもとに、こんなデータ分析ができるのでは？と考えること）を忘れて、分析依頼者のビジネス課題の理解に集中しましょう。そして、データ分析のプロとして、ディスカッションを通じて、適切な問い（イシュー）の設定に向けて主導していくことが大事です。

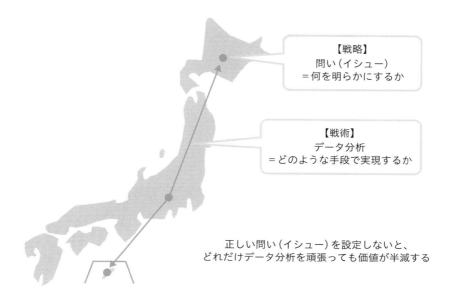

正しい問い（イシュー）を設定しないと、
どれだけデータ分析を頑張っても価値が半減する

▶ 図 3.1.1　問い（イシュー）の設定次第で、データ分析の方向性が変わる

ダメな共同イメージ	理想的な共同イメージ
【分析依頼者】　【データ分析者】	【分析依頼者】　【データ分析者】
商品・サービスのプロ　請負作業者	商品・サービスのプロ　データ分析のプロ
共通言語が「データ分析」	共通言語が「ビジネス知識」「データ分析」

- ✓ 依頼者が「これでお願い」と言っているので、その通りに作業しよう
- ✓ 分析結果が不十分でも、（依頼者が言った通りに作業したから）こちらに非はない

建設的な会話が乏しく、
満足度が低くなりがち

- ✓ マーケティング視点だと、○○が抜けているが、考慮しなくて大丈夫か？
- ✓ 依頼者の状況を踏まえると、この切り口でも分析したほうがいいのでは？

対等な対話が可能となり、
目的に沿った結果になりやすい

▶ 図 3.1.2　データ分析は「分析依頼者とデータ分析者の共同作業」

「解くべき問いの明確化」のステップ

　図3.1.3に、「【STEP1】解くべき問い（イシュー）を明確化する」の実施ステップを掲載しています。ここでは、他企業からデータ分析を受託するシーンを想定して説明していきます。

　最初に、データ分析を依頼する企業について調べる「事前準備」を行います。その後、分析依頼者からのオリエン、ディスカッションを通じて、データ分析のスコープ（範囲）を合意し、データ分析で解くべき問い（イシュー）を明確化していきます。なお、社内でデータ分析を実施するときは、「事前準備」などの一部ステップが省略されます。

（1）分析依頼者との認識合わせをスムーズにする 「事前準備」

　最初のステップは、データ分析を依頼する企業について調べる「事前準備」です。分析依頼者とのディスカッションの前に、最低限のドメイン知識、企業が置かれている状況を理解しておくことが大事です。

　図3.1.4に、事前準備の視点を掲載しています。最初に、『日経業界地図』『「会社四季報」業界地図』といった市販書籍や、SPEEDAの業界レポートなどを活用し、業界概要や市場環境、競争環境などを確認します。最新キーワードもチェックしておくと、ヒアリング時の会話がスムーズになります。

◉「時系列」「経営」「現場」の3つの観点から企業を下調べする

　企業の下調べ（事前準備）は、（1）時系列、（2）経営、（3）現場、の3つの視点を意識することが重要です。

　時系列視点とは「企業の意思決定の歴史を知る」ことです。会社の歴史や経営者のインタビュー記事などをチェックすることで、企業が大事にしている意思決定の軸・こだわりが見えてきます。

　経営視点とは「経営陣の関心事と優先順位を知る」ことです。経営理念（ミッション、バリュー）や中期経営計画、決算報告書などをチェックすることで、経営陣の関心がある領域、課題の重要度を掴むことができます。

　現場視点とは「現場の業務イメージを掴む」ことです。商品・サービス、

会社の採用ページ、求人サイトなどを確認します。採用ページは、1日の仕事内容などが記載されていることが多いです。また、求人サイトの人材要件から、どのようなデータ分析が発生しそうか類推することができます。

　事前準備ができていると、分析依頼者から「よくわかっている」「理解度が早い」などの信頼を獲得し、より細かい情報を引き出しやすくなります。

▶ 図3.1.3　「【STEP1】解くべき問いを明確化する」の実施ステップ

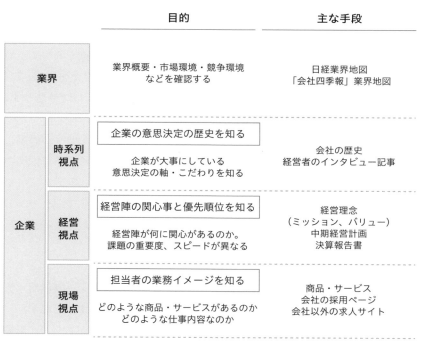

▶ 図3.1.4　事前準備の視点と主な手段

(2) ディスカッションによる 「データ分析のスコープの合意」

　事前準備の後は、「ディスカッションによるデータ分析のスコープの合意」ステップです。なぜ、スコープの合意が必要なのでしょうか？ それは、分析依頼者と上長の立ち位置（視座）の違いから、データ分析の範囲が異なることによる手戻りを防ぐためです（図3.1.5）。上長から「そもそもの前提が違う」と指摘されて苦労している分析依頼者、データ分析者を多く見てきました。そのため、ディスカッションを通じて、データ分析のスコープを関係者間で合意を取ることが重要です。

●「現状理解」を通じて、担当者が置かれている状況を理解する

　最初は、分析依頼者の現状を理解します。（1）部門／部署のミッション・目標・方針・担当範囲、（2）担当者のミッション・目標・担当範囲・現在の業務、（3）他部署との連携状況、などを確認していきます。

　部門／部署を聞くのは、同じ部門名でも、企業によって役割が異なるためです。マーケティング部でも「商品開発部」「広告宣伝部」「営業企画部」「ブランドマネジメント部」など、様々な役割があります。名称だけで判断せず、担当者のミッション・役割を確認することが大事です。

　また、「戦略の階層性」を意識し、部門／個人の目標を確認します。戦略の階層性とは「上位部門の戦術が、下位部門の戦略となり、さらに下位部門の戦略となっていく階層的な構造関係」のことを言います（図3.1.6）。

　それぞれの立場の目標を確認することで、分析依頼者が想定するデータ分析の範囲が狭すぎないか、抜け漏れがないかを確認しやすくなります。

●「問題点の把握」「データ活用・分析状況」を理解する

　現状を理解した後は、業務上の問題点・困りごと、現在のデータ活用・分析状況、分析依頼者が想定しているデータ分析内容を確認していきます。

　問題点や困りごとを聞くときは、その内容に加えて、それがもたらす影響範囲（ビジネス活動、他部署との連携、生産性、残業時間など）も確認することが大事です。分析依頼者が発言しながら、「こんなに影響があるのか」と、現状を自身の中で再認識できる効果があります。

データ活用している場合は、活用シーン（誰が、いつ、どこで、誰に向けて、何のために、どのぐらいの頻度で）と、意思決定への貢献度、満足点・物足りない点を確認します。データ活用ができていない場合は、活用できていない背景、どのような内容でデータを活用したいかを確認します。

最後に、今回のデータ分析の想定があるときは、どのようなデータ分析の内容を検討しているかを確認していきます。

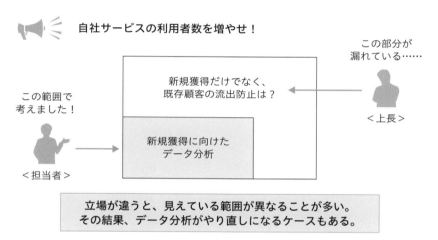

▶ 図3.1.5　立場（視座）の違いから生じるボタンの掛け違い

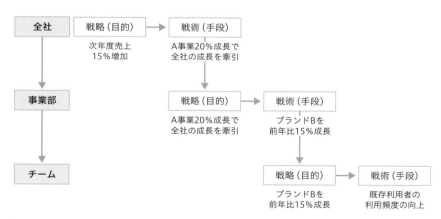

▶ 図3.1.6　戦略の階層性（目的と手段の階層構造）

◉「そもそも」と視座を高めて、「データ分析のスコープ」を合意する

　分析依頼者の現状、想定するデータ分析の内容を理解した後は、意図的に視座を高めて、データ分析のスコープを検討していきます。

　そのときのキーワードは「そもそも」です。図3.1.7の「自社商品の売上が低下している」といった問題があるとき、多くの担当者は「競合にシェアを取られているのではないか？」と考えて、「新規顧客の獲得」「既存顧客の維持（流出防止）」に目がいきがちです。そこで、「そもそも、市場規模が縮小しているため、売上が低下しているのではないか？」と問いかけて、視座を高めていきます。

　市場規模が縮小している場合、新規顧客や既存顧客のデータ分析をしても効果は限定的になります。また、市場規模が縮小していても、シェアを伸ばしている競合が存在する場合、競合の戦略・戦術の理解を通じて売上改善のヒントを得ることがデータ分析のスコープに含まれる可能性があります。

◉「データ分析の手戻りをなくす」ために、「そもそも」を連発する

　図3.1.8に示す、「アプリの利用率を高める方策を知りたい」といった場合、アプリ担当者は「どのような機能・特典を強化すべきか？」などの施策（HOW）に目がいきがちです。人間は問題が発生すると、無意識に身近なことに原因を求める／施策（具体策）を考える傾向があるためです。

　そこで、「そもそも」を連発してみます。すると、「そもそも、アプリが知られていないのではないか？」「そもそも、アプリのユーザービリティが低いから、離反しているのではないか？」などの複数の要因が出てきます。これを通じて、「アプリの使い勝手が悪く、アクティブ率が低下しているならば、リニューアルの可能性もスコープに含める」「アプリの認知施策は、別部門の主管になるため、今回のデータ分析のスコープからは除外する」といったディスカッションが可能になります。

　一番やってはいけないのは、低い視座のままデータ分析を実施し、後の段階になって、関係者から「そもそも前提が違う」「何で、そこは対応範囲に入っていないのか」と指摘されるケースです。その場合、データ収集からやり直しになる可能性があります。データ分析者として、意図的に高い視座を提示し、分析依頼者側とスコープを合意していくことが重要です。

自社商品の売上が低迷している

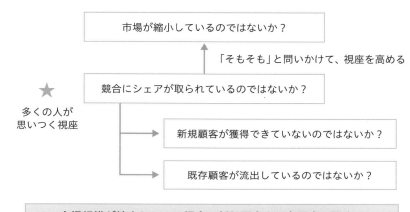

▶ 図3.1.7　意図的に高い視座を提示する

アプリの利用率を高める方策を知りたい

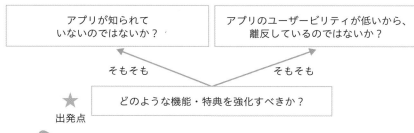

▶ 図3.1.8　「そもそも」を連発して、データ分析のスコープを決める

（3） 「問い（イシュー）」を明確化して
　　　　関係者の合意を得る

　データ分析のスコープが決まることで、全体が定まります。その後は、データ分析で解くべき問い（イシュー）を明確化していきます。

　問い（イシュー）とは「今後の方向性に大きな影響を及ぼすが、まだ決まっていない項目」のことを言います。「論点」とも呼ばれます。

　安宅和人氏は、著書『イシューからはじめよ　知的生産の「シンプルな本質」』[1]において、イシューを（A）2つ以上の集団の間で決着のついていない問題、（B）根本に関わる、もしくは白黒がはっきりしていない問題、の両方の条件を満たすものであると定義しています。また、よいイシューの条件として、答えが出せる問題の中で、その先の方向性に大きな影響を与えるものであると説明しています。

● 問い（イシュー）は「答えを出すために、疑問形で表現する」

　問い（イシュー）は、「答えを出す」「方向性を決める」という観点から、（1）疑問形で表現する、（2）比較を意識して設定する、ことが重要です。

　データ分析の報告書を見ると、図3.1.9の上段に示すように「自社利用者の特徴を分析する」といった文言を見かけることが多いです。これでは、何に答えを出すのかが不明確になり、データ分析の方向性が曖昧になりやすいです。一方、「利用者の獲得に向けて、どこに問題があるのか？」と疑問形で表現することで、何に答えを出そうとしているのか、そのために必要な情報・分析内容が具体化しやすくなります。その結果、データ分析と意思決定が連動しやすくなります。

　疑問形の表現については、①WHERE（AとBのどちらを目指すべきか？）、②WHAT（何を行うべきか？）、③HOW（どのように行うべきか？）の視点で表現します。また、問題解決ステップ（WHERE→WHY→HOW）を意識すると、問い（イシュー）の表現がしやすくなります（図4.3.4参照）。

　また、問い（イシュー）は比較を意識して設定することも重要です。図3.1.10に示すように、売上が低下している場合、「（購入金額は一定で）顧客数が低下している」と「（顧客数は一定で）購入金額が低下している」の比較を意識して設定することで、答えが出た後の方向性が明確になります。

自社サービスの利用者数を増やしたい！

✕ 自社利用者の特徴を分析する

○ 利用者の獲得に向けて、どこに問題があるのか？

| 明らかにすべき問い | データ分析の結論 |

 WHERE

✓ どこに問題があるのか？
✓ AとBのどちらを目指すべきか？

 WHERE

✓ ○○、☆☆に問題がある
✓ Aを目指すべきである

 WHAT

✓ 何を実施すべきか？
✓ 何を避けるべきか？

 WHAT

✓ ○○の施策を実施すべきである
✓ ☆☆を避けるべきである

 HOW

✓ どのように行うべきか？
✓ どのように進めるべきか？

 HOW

✓ ○○をターゲットに、☆☆を訴求すべきである
✓ 最初に○○、次に☆☆を実施すべきである

> 疑問形で考えることで、データ分析で明らかにすることが明確になり、
> データ分析と意思決定が連動しやすくなる

▶ 図3.1.9　問い（イシュー）は「答えを出すために、疑問形で表現する」

 自社ブランドの売上が低下している

| イシュー候補 | イシュー候補 |

| （購入金額は一定で）
顧客数が減っている
のではないか？ | vs. | （顧客数は一定で）
購入者の購入金額が
下がっているのではないか？ |

▶ 図3.1.10　問い（イシュー）は「比較を意識して設定する」

55

●「データ分析しなくても知ってるよ」と言われないために

データ分析における一番悲しいケースは、分析結果を見た分析依頼者から「こんなこと、データ分析しなくても知ってるよ」と言われることです。

上記を回避するためには、最初の段階で「何がわかっていて、何がわかっていないか」を徹底的に考えることが重要です。

図3.1.11に示すように、最初に「現状」と「分析終了後のありたい姿・ゴール」を考えます。このギャップが「問題」であり、ギャップを埋めるためにやるべきことが「課題」です。このギャップを埋めるために、（1）すでに決まっていること・変えられないこと、（2）分析する前からわかっていること、（3）わかっていないこと・知らないといけないこと、に分解していきます。そして、（3）がわかれば、問い（イシュー）が解決されるのかを考えていくことがポイントです。

●「すでに決まっていること・変えられないこと」を見逃した分析事例

女性向け化粧品の通販会社の例で説明します（図3.1.12）。この会社は、会員データとして「年齢」「年収」「居住地」「購買商品」「購買時期」を保有していました。従来は、購入経験者全員にダイレクトメールを送付していましたが、費用対効果を改善したく、有望顧客に絞りたいと考えていました。そこで、購入経験者にアンケートを実施し、1割の人から回答を得ました。

データ分析の結果、有望顧客として「末子が小学生低学年で、健康に気を使う共働き世帯」が判明しました。分析依頼者に報告したところ、「面白い結果だけど、会員データしか使えないのに「子どもの学齢」「健康に気を使うかどうか」をどうやって判別するの？」と言われてしまいました。すでに決まっていること（＝制約条件）を事前に押さえておけば、データ分析の方法や内容が変わっていた可能性が高いです。

● 関係者間で「データ分析で解くべき問い（イシュー）」を合意する

分析依頼者とディスカッションしていくと、「理想とデータ分析で達成できることのギャップ」が浮かんできます。そこで、今回のデータ分析で把握できる範囲を説明し、双方が「今回のデータ分析で明らかにできることを認識し、どこまで解明できれば成功かを合意する」ことが重要です。

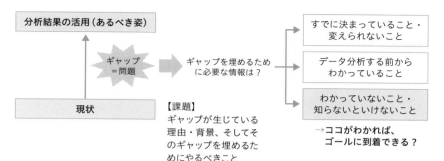

 現状

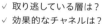

分析結果の活用（あるべき姿）

ギャップ
＝問題

ギャップを埋めるために必要な情報は？

すでに決まっていること・変えられないこと

データ分析する前からわかっていること

わかっていないこと・知らないといけないこと

→ココがわかれば、ゴールに到着できる？

【課題】
ギャップが生じている理由・背景、そしてそのギャップを埋めるためにやるべきこと

わかっていないことは……
✓ 取り逃している層は？
✓ 効果的なチャネルは？

自社サービスの利用者数を増やせ！

▶ 図3.1.11 「わかっていないこと・知らないといけないこと」を考え抜く

女性向け通販会社

 会員データとして「年齢」「年収」「居住地」「購買商品」「購買時期」を蓄積。ダイレクトメールの費用対効果を改善するために有望顧客に絞って配信したい

 ダイレクトメールの有望顧客を把握するために、購入経験者にアンケートを実施。1割の人がアンケートに回答

 アンケートデータを分析して、有望顧客として「末子が小学生低学年で、健康に気を使う共働き世帯」が判明！

 会員データから「子ども」「健康に気を使っている人」をどうやって識別するの？
共働きや子どもの年齢はわからないよ！

▶ 図3.1.12 「すでに決まっている・変えられないこと」を見逃した事例

3.2 分析依頼者とのディスカッションの質を上げる

ポイントを押さえて「発言するのが怖い」を脱却する

3.1において、データ分析は「分析依頼者とデータ分析者の共同作業」であり、データ分析者の役割が重要であると説明しました。データ分析のプロとして、ディスカッションを通じて、適切な問い（イシュー）の設定に向けて主導していくことが求められます。

その一方で、「重要なのはわかるけど、発言するのが怖い」と感じる方が多いのも事実です。図3.2.1に、筆者の実務経験を踏まえて、ディスカッションで意識すべきポイントを掲載しています。

◉（1）分析依頼者の言葉を「真に受けすぎない」

多くのデータ分析者と接する中で、非常に勿体ないと感じるのは「分析依頼者の言葉を真に受けすぎている」ということです。

分析依頼者は「データ分析のプロではない中で、知っている言葉で頑張って説明してくれている」のであり、データ分析の依頼内容が正しいかどうか、疑問や不安を抱いています。その状態を理解し、分析依頼者の言葉を鵜呑みにせず、「こういうことを言いたいのかな」と推測する姿勢が重要です。

そして、データ分析のプロとして、分析依頼者が言いたいことを翻訳する／置き換える、分析依頼者が気づいていないが、実現できる／したほうがいいことを共有することが、分析依頼者からの信頼獲得につながります。

◉（2）「分析依頼者を主語」にして、相手の状況に理解・共感する

データ分析する立場からすると、「どのようにデータ分析しようか」と分析者発想で考えてしまい、過去の経験やできる範囲の中で考えてしまいがちです。まずは、自分の立場を離れて、「分析依頼者の立場」から状況を理解することを心がけましょう（図3.2.2）。既存のやり方を前提にするのではなく、分析依頼者のニーズに合わせて「絶対的に良いこと」を追求しましょう。

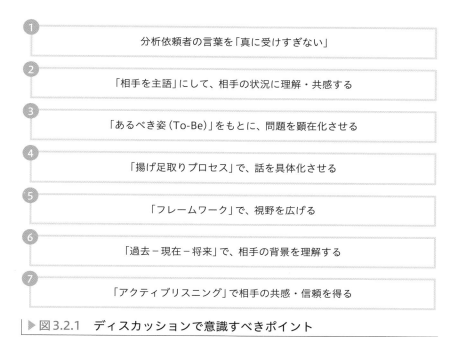

①	分析依頼者の言葉を「真に受けすぎない」
②	「相手を主語」にして、相手の状況に理解・共感する
③	「あるべき姿 (To-Be)」をもとに、問題を顕在化させる
④	「揚げ足取りプロセス」で、話を具体化させる
⑤	「フレームワーク」で、視野を広げる
⑥	「過去−現在−将来」で、相手の背景を理解する
⑦	「アクティブリスニング」で相手の共感・信頼を得る

▶ 図3.2.1　ディスカッションで意識すべきポイント

お客様のために　　　　　　　　お客様の立場に立って

分析者　　依頼者　　ビジネスの成功　　　分析者　　依頼者　　ビジネスの成功

依頼者のために、こうしたほうがいい！
→無意識に、分析者の都合が入りやすい

ココの立場で
考える

▶ 図3.2.2　「分析依頼者を主語」にして状況を理解・共感する

◉ (3)「あるべき姿(To-Be)」をもとに、問題を顕在化させる

　分析依頼者とディスカッションすると、目の前の問題にフォーカスすることが多くなりがちです。そのときは、3.1で説明した「戦略の階層性（目的と手段の階層構造）」を意識し、部門や担当者のミッション・目標との整合性など、視座や視点を意図的に広げてみることが有効です。

　また、問題解決には「発生型問題解決」と「設定型問題解決」があります（図3.2.3）。設定型問題解決を意識し、「理想の状態（To-Be）」を聞くことで、「現状（As-Is）」とのギャップ（＝問題）を顕在化させていくことも有効です。最終的に、発生型問題解決のデータ分析に落ち着いたとしても、分析依頼者の信頼感を醸成することができます。

◉ (4)「揚げ足取りプロセス」で、話を具体化させる

　データ分析者から「ディスカッションしたくても、何を聞いていいかわからない。失敗したら恥ずかしい」といった相談をよく受けます。

　そのときは、「揚げ足取りプロセス」で深掘りしていきましょう。図3.2.4に示すように、相手の発言の一部を使って、揚げ足取りのように、（1）曖昧な言葉を具体化する、（2）発言の根拠を聞くことがポイントです。質問された相手は「はい、先ほど○○と言いましたよ。その理由は……」といった一貫性の法則が働き、自己矛盾しないように話し始めます。加えて、人間は自分の考えを誰かに話す過程で頭の中が整理されて、自分でも曖昧だった部分が明確になっていく効果があります。

◉ (5)「フレームワーク」で、視野を広げる

　揚げ足取りプロセスは、話を具体化する方法です。一方で、「フレームワーク」で視野を広げることも重要です。図3.2.5に示すように、フレームワークをもとに話すことで、「確かに、その視点がありましたね」「そう、その視点で考えていたんです」などと議論が活発になることが多いです。

　マーケティングや問題解決ステップ、ビジネスフレームを根拠に話すと、視野の抜け漏れが確認でき、建設的な議論につながります。また、適切な議論を通じて、ドメイン知識の補充にも役立ちます。データ分析で活用しやすいフレームワーク・切り口は、5.8で取り上げています。

```
┌──────────────┐      ┌──────────────┐      ┌──────────────┐
│   マイナス   │ ───→ │     ±0       │ ───→ │  あるべき姿  │
└──────────────┘      └──────────────┘      └──────────────┘
```

【発生型問題解決】
- ✓ 赤字が出ている
- ✓ クレームが発生している
- ✓ 納期遅れが生じている
- ✓ 製品不良が出ている

【設定型問題解決】
- ✓ 営業利益率が5%しかない
- ✓ 新規顧客が100件しか獲得できていない
- ✓ 納期まで10日間かかっている
- ✓ 1日の製造個数が1万個しかない

▶ 図 3.2.3　問題解決の種類

一貫性の法則を理解して、揚げ足取りプロセスでヒアリングする

曖昧な言葉を具体化する	✓ 先ほど、●●とお伺いしましたが、 　● 例えば、どのようなイメージですか？ 　● 具体的に言うと、どのようなことですか？
発言の根拠を聞きだす	✓ 先ほど、●●と伺いましたが、 　● そのように考えた背景はあるのですか？ 　● ○○だと××すぎるのですか？

相手は「はい、先ほど●●と言いましたよ。その理由はですね……」と一貫性の法則が働き、自己矛盾しないように話し始める

▶ 図 3.2.4　「揚げ足取りプロセス」で、話を具体化させる

【課題の視点を広げる】
- ✓ 商品の売上を上げるには「認知→特長理解→好意→トライアル→リピート」をスムーズに移行させる必要があるかと思いますが、どこに課題を感じていますか？

【足りない要素を補完する】
- ✓ 御社のサービスの特徴はわかりました。特徴を生かすためにも、「WHO（誰に）×WHAT（何を）×HOW（どのように）」の視点で考えたほうがよいと思うのですが、ターゲットはどのように設定されていますか？

▶ 図 3.2.5　「フレームワーク」で、視野を広げる

61

(6)「過去 – 現在 – 将来」で、相手の背景を理解する

　分析依頼者の背景を理解したいときは、「過去」からの変化を意識してヒアリングすることが大事です（図3.2.6）。

　人間は、いきなり「何が欲しいですか？」（将来）と聞かれても回答しにくいです。一方、過去～現在の体験や過去から現在に至る変化やその理由などを確認することで、自身の思考やニーズに気づき、将来のことが話しやすくなる効果があります。

　また、ディスカッションの中で、違和感があった場合は、「以前は、○○だったのですが、何か変化でもあったのですか？」とギャップを質問すると、分析依頼者の想い・優先順位などが把握しやすくなります。

(7)「アクティブリスニング」で相手の共感・信頼を得る

　分析依頼者の話を聞くときは、アクティブリスニング（積極的傾聴）を意識します。アクティブリスニングとは「相手が話しやすくなるようにサポートしながら傾聴することを通じて、相手が自ら解決策や気づきを見つけ出すようにしていくアプローチ」を言います。話し手は、聞き手が話を真剣に聞いてくれることで、安心を感じます。

　具体的には、図3.2.7に示すように、(1) 聞き手に必要な心構え、(2) バーバル（言語）・コミュニケーション、(3) ノンバーバル（非言語）・コミュニケーションの3つを意識することが大事です。

　聞き手に必要な心構えでは、分析依頼者の話を真剣に聞き、しっかり聞いているという共感的理解を示すことで、相手に信頼感を醸成させます。

　分析依頼者がリラックスして話せるように、相槌を打ちながら聞くことも大事です。そうすると、「これだ！」「え？」と思うキーワードが出てきます。そこでキーワードをオウム返しします。オウム返しされた相手は「自分の意見が受け入れられた」と感じて、もっと話したくなる効果があります。

　加えて、質問の順番も大事です。分析依頼者が簡単に答えられる事実に関する質問から入り、答えるために頭を使う必要がある質問（オープンクエスチョン）に移行していきます。「理想の状態」「優先順位・こだわり」「確実に遂行したい部分、できたら嬉しい部分」「所与と可変」などを質問して、分析依頼者の頭にある優先順位・こだわりを引き出すことが大事です。

「将来」ではなく、「過去」からの変化を意識する

- ✓ 過去→現在の体験や過去から現在に至る変化やその理由などを確認することで、自身の思考やニーズに気づき、将来のことが話しやすくなる
- ✓ 話に違和感があるときは、「以前は〇〇だったのですが、何か変化があったのですか?」と質問する

▶ 図3.2.6 「過去 - 現在 - 将来」で、相手の背景を理解する

アクティブリスニングの要素		効果・留意点
❶ 聞き手に必要な心構え	✓ 相手の言葉を真剣に聞く ✓ 大事な部分は聞き返す(確認する) ✓ わからない部分は質問する ✓ 話を要約し、フィードバックする	相手の話を真剣に聞き、しっかり聞いているという共感的理解を示すことで、相手に信頼感を醸成させる
❷ バーバルコミュニケーション(言語)	✓ 相づちをうつ・うなづく ✓ 共感する ✓ 繰り返し・オウム返しをする ✓ オープン・クエスチョン	相手の立場になって共感する。親身になって聞いてくれていると信頼してくれる オウム返しをされると「自分の意見が受け入れられた」と感じて、もっと話したくなる イエスかノーではなく、相手が話の内容を広げられるように質問する
❸ ノンバーバルコミュニケーション(非言語)	✓ 視線を意識する ✓ 聞く姿勢 ✓ 仕草/落ち着いた姿勢で聞く ✓ 相手に合わせて表情を変える ✓ 声のトーンやテンション	相手の目を見て真摯な態度を示す。相手に合わせて適度な目配せを意識する 少し前かがみになって話を聞くことで、より真摯な態度に見える 楽しい話をしているときは笑顔、悲しい話をしているときは真剣な表情で聞く

▶ 図3.2.7 「アクティブリスニング」で相手の共感・信頼を得る

【STEP2】「問い」を分解し、分析ストーリーを描く（1）

大きな問い（イシュー）は、答えが出せるまで分解する

【STEP1】で決めた「問い（イシュー）」は、そのままでは答えを出すことが難しい大きな問いであることが多いです。そこで、答えを出せるサイズである「サブイシュー」に分解していく必要があります。

図3.3.1の「新商品の需要予測をしたい」例で説明します。大雑把な需要予測の方法は、アンケートで「この商品が○○円で発売されたら買いたいですか」と聴取し、「買いたい」と回答した割合を、ターゲット人口に掛けることです。かなり楽観的な数値になります。精度が高い需要予測をするには、売上を「トライアル金額」と「リピート金額」に分解し、細かく要素分解して算出していく必要があります。

筆者の経験では、「正しい数式（分解）×正しいデータ」があれば、おおよその予測は可能です。そのためにも、問い（イシュー）を答えが出せるサブイシューに分解することが必要です。そして、各イシューを検証するデータを収集・分析し、全体の結論を導いていきます。

● 【STEP2】は「イシューの分解」と「分析ストーリーの作成」に分かれる

図3.3.2に、「【STEP2】問い（イシュー）を分解し、分析ストーリーを描く」の実施ステップを掲載しています。

本ステップは、(1) 分解する切り口を検討する、(2) 切り口をもとにサブイシューに分解する、(3) 分析ストーリーを描く、の3ステップから構成されます。最初に、大きな問い（イシュー）をどの切り口で分解するかを検討します。切り口の設定次第で、データ分析の方向性が変わってきます。続いて、切り口ごとに、サブイシューに分解していきます。

サブイシューに分解した後は、どのようなデータ（定量データ、定性データ）や比較軸を通じて、各イシューを検証していくかを検討します。最後に、分析ストーリーとして整理し、「【STEP3】データ収集・前処理」以降で必要

となるデータ、データ分析のイメージを確認します。この段階で、関係者間で合意しておくと、分析結果が活用される可能性が高まります。

新商品の需要予測をしたい

アンケートで「この商品が〇〇円で発売されたら買いますか？」と質問して、「買いたい」と回答した人の割合を「購入意向率」と定義

1

大雑把な算出方法

売上＝ターゲット人口 × 購入意向率

→ ターゲット人口の全員が「新商品を認知し、買いたいときに店頭に商品が並んでいる」ことが前提。楽観的な数字になる

2

細かい算出方法

売上＝トライアル金額 ＋ リピート金額

①トライアル金額＝ターゲット人口 × 認知率 × 配荷率 × 購入意向率

②リピート金額＝（ターゲット人口 × トライアル率 × リピート率）× 購入回数

▶ 図3.3.1 **大きい問い（イシュー）は「分けて考える」**

1

分解する切り口を検討する

✓ STEP1で検討した「問い（イシュー）」について、どの切り口で分解したらよいか検討する

2

切り口をもとにサブイシューに分解する

✓ 上記で検討した切り口をもとに、答えが出せるサブイシューに分解していく
✓ サブイシューに対して、どのようなデータで、何と何を比較して検証するかを検討する

3

分析ストーリーを描く

✓ サブイシューをもとに、分析ストーリーを作成する
✓ 分析ストーリーを踏まえて、必要なデータを明確にする

▶ 図3.3.2 **「【STEP2】問いを分解し、分析ストーリーを描く」のステップ**

切り口をもとにサブイシューに分解する

　図3.3.3に、「新商品を上市すべきか？　上市する場合、誰をターゲットに、どのような提供価値を、どのように提供すべきか？」といった問い（イシュー）を、サブイシューに分解した例を掲載しています。

　イシューを分解していく際は、「切り口」と「サブイシュー」を分けて考えることがポイントです。最初に、どの切り口で分解するかを検討します。図3.3.3では、新商品は上市すべきか？　に対応して「市場受容性」、誰をターゲットに、どのような提供価値を、どのように提供すべきか？　に対応して「ターゲット」「提供価値」「提供方法」に分解しています。切り口に分解した後は、切り口ごとにサブイシューを疑問形で表現していきます。サブイシューは複数に分かれることが多いです。

◉データ分析の精度は「切り口」で決まる

　データ分析の精度は「切り口」で決まると言っても過言ではありません。図3.3.4に、「売上が低下している原因は何か？」といった問い（イシュー）に対する切り口のパターンを3つ提示しています。

　ここで注目すべきは、切り口に応じて、データ分析からの結論（メッセージ）が変わるという点です。切り口の設定次第で、データ分析の方向性や成否が大きく影響される点に注意が必要です。そのため、サブイシューの検討以上に、切り口の検討が重要です。

　データ分析者から「どのように切り口を考えたらよいか」といった相談をよく受けます。切り口の王道はありませんが、筆者がアドバイスするのは、（1）数パターン作成して検討する、（2）各パターンで結論の流れを考えて、どれがアクションに移しやすい／影響が大きいかを考える、（3）問題解決ステップ、マーケティングなどのフレームワークを活用する、の3つです。どうしても1つの切り口に絞ることができない場合は、複数の切り口でデータ分析できるように準備しましょう。

　第5章の「仮説思考」において、切り口・分解として有用なフレームワーク・考え方を紹介しています。仮説は「課題に対する仮の答え」と言われますが、データ分析の文脈では「サブイシューへの分解の切り口（答えの候補の洗い出し）」として認識することが重要です。

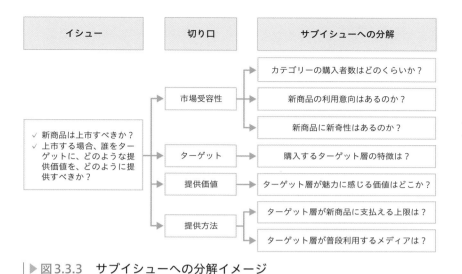

▶ 図3.3.3　サブイシューへの分解イメージ

 自社商品の売上が低下している原因はどこにあるのか？

分解の切り口	データ分析結果（例）
分解1 購入者数 × 購入単価 × 購入頻度	✓ 新規顧客数は、3年前から変化は見られない ✓ 既存顧客では、優良顧客の購入金額に変化はないものの、ライト顧客へのフォローが足りず、購入頻度が低下していることが売上低下の原因
分解2 3C （顧客、競合、自社）	✓ 競合の新商品発売で、購入決定要因が「溶けやすさ」から「時短・節水」に変化し、競合シェアが上昇 ✓ 一方、自社商品は従来訴求のままであり、優良顧客が流出している
分解3 市場規模 × 想起率 × 競争力	✓ 市場自体は成長しており、自社を知っている顧客には、自社の特長が伝わっており、価格競争力も高い ✓ 一方、新規顧客において、自社が想起される機会が減っていることが売上低下の原因

▶ 図3.3.4　データ分析の精度は「切り口」で決まる

◉ サブイシューに分解した後は、どのデータ・比較から検証するかを検討する

図3.3.5に、「売上が低下している原因は何か？」のイシューについて、「市場規模」「想起率」「競争力」から分解した例を掲載しています。

自社の想起率は「想起率」「特長認知」、自社の競争力は「製品力」「価格」に分解しています。ときどき、候補として考えた切り口を全て同じ階層に並べる方がいますが、グルーピングして階層構造にすることが大事です。

サブイシューに分解した後は、どのデータを用いて、何と何を比較して検証するかを検討します。代表的な比較軸（クロス軸）は第7章で説明していますが、この段階で明確にしておくことがデータ分析の成否を分けます。サブイシューは「アウトプットイメージが描けるところまで分解していく」ことが実務上のポイントです。

また、サブイシューを検証するときは「数値化できる／できない」を意識しましょう。世の中には、数値化できないものが多くあります。数値化できないものを無理やり数値化すると、本質の一部しか数値に反映されず、問題を見誤る恐れがあります。数値化できない場合は、関係者へのインタビューなどで代替するなどを検討します。

◉ データ分析は「サブイシューに分解・検証・統合していくプロセス」

サブイシューに分解した後は、検証するために必要なデータを収集し、データの比較・解釈を通じて、個々のサブイシューを検証します。そして、サブイシューを統合して、問い（イシュー）に対する結論を導いていきます。

◉「評価軸」を考えるときは「悪魔のささやき思考」を活用する

サブイシューに分解していくと、「○○を決めるにあたり、どの基準で評価すべきか？」といった問題が生じることがあります。その際は、図3.3.6に示す「悪魔のささやき思考」を活用しましょう。

最初に、1つの基準を提示して、「それが良ければ、後の基準は無視して大丈夫？」と自問自答します。通常は別の評価軸が必要になると気づきます。そこで、別の基準を提示して「では、2つの基準があれば、後の基準は無視して大丈夫？」と自問自答し、評価軸がある程度出尽くすまで繰り返します。その後、似た評価軸、重要でない評価軸を統合・削除していきます。

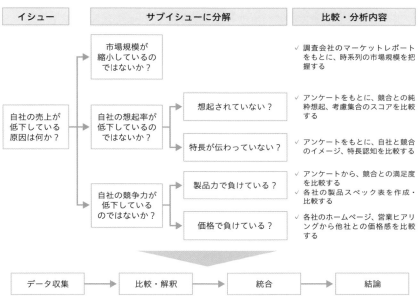

▶ 図3.3.5　データ分析は「サブイシューに分解・検証・統合するプロセス」

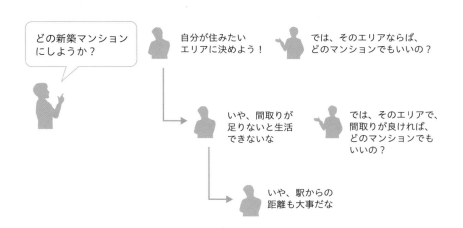

評価軸の候補を書き出した後は、評価軸を統合・削除することで評価軸を絞る

▶ 図3.3.6　評価軸を検討するときに役立つ「悪魔のささやき思考」

【STEP2】「問い」を分解し、分析ストーリーを描く（2）

サブイシューをもとに「分析ストーリー」を描く

　サブイシューに分解し、どのデータを用いて、何と何を比較して検証するかを検討した後は、分析ストーリーを作成します。

　分析ストーリーは、図3.4.1などのスライドタイトルだけの場合もありますが、図3.4.2に示すような空パケを作成するのが理想です。

　空パケとは「仕事の初期段階で作成する最終アウトプットイメージ」を言います。中身が空（カラ）の最終アウトプットを作り、その後、各要素の情報を収集・分析して埋めていくアプローチです。具体的には、最初にレポートの目次イメージを考えてから、各ページのアウトプットイメージ（数字はダミー）を作ります。アウトプットイメージは、「○○を明らかにするために、このグラフ、図解を作る」と思い浮かべながら作成していきます。レポート構成やチャート（グラフ・図解）などは第9章を参照ください。

　このタイミングで、分析ストーリーを作成することで、必要なデータの抜け漏れを防ぐことができます。また、関係者間で合意しておくと、データ分析がスムーズに進み、分析結果が活用されやすくなります。

● 分析ストーリーは「分析結果の活用・発表シーン」を意識して作成する

　分析ストーリーを作成するときは、「分析結果の活用・発表シーン」を思い浮かべることがポイントです。具体的には、分析結果を活用・発表するシーンを想像し、①誰が（Who）、②いつ（When）、③どこで（Where）、④誰に（Whom）、⑤何を（What）、⑥どのようなストーリー、粒度感で説明するか（How）、⑦聞き手の反応・反論（Reaction）、⑧発表後の理想の状態（To-Be）を意識します。

　自分が分析結果をプレゼンするシーンを思い浮かべ、分析結果の発表に対して、どのような反応・反論がきそうかを想定し、その反論を事前に回避するような分析ストーリーを作成することが理想です。

自社商品の売上が低下している原因はどこにあるのか？

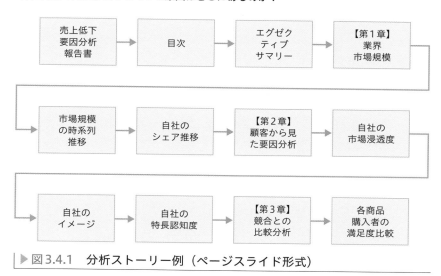

▶ 図3.4.1　分析ストーリー例（ページスライド形式）

 ファッション・サブスク事業への参入を検討するための分析レポートを作成する（新サービスの受容性を把握したい）

空パケの目次イメージ

1．エグゼクティブサマリー

2．ファッション市場全体の動向
　　1．ファッション市場の市場規模
　　2．ファッション分野別のプレイヤー

3．ファッションサブスクの利用状況
　　1．ファッションサブスクの利用率
　　2．利用者の購入きっかけ
　　3．既存サービスの不満点

4．新サービスの受容性
　　1．新サービスのマーケット規模
　　2．新サービスの想定ペルソナ、訴求点
　　3．新サービスの価格受容性

・・・

分析の結果、「空パケにはないが、大事な情報」が見つかったときは、空パケを修正する。仮説と同じく、空パケも進化させることに価値がある

アウトプットイメージ

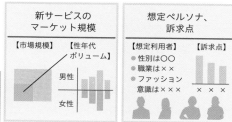

▶ 図3.4.2　分析ストーリー例（空パケ形式）

◉ いきなり「作業」に入らない。まずは「思考」に集中する

分析ストーリーを作成するときは、最初に、メモ帳やWordなどで全体の流れを文章で書き出しましょう。「思考」と「作業（PowerPointなどで体裁を整えるなど）」を分けることが大事です。

全体の流れを作成するときは、自分がプレゼンするシーンを想像します。そして、聞き手との会話（自分が説明したときに、相手が抱く気持ち・評価）を思い浮かべながら文章に落としていきます。そして、文章と文章を「接続詞」でつないでいきます。上記をもとに、ストーリーを作成した後に、PowerPointでスライドを作成していきます。その際は、「接続詞」の部分で、ページとページを分けるのがポイントです（図3.4.3）。

◉ 根拠の説明は「帰納法」もしくは「演繹法」でストーリー展開する

問い（イシュー）に対する結論の根拠の展開方法には、「帰納法」と「演繹法」があります。図3.4.4に、帰納法と演繹法の展開例を掲載しています。

帰納法とは「複数の事実・根拠等を並べて、結論を導き出す推論法」を言います。ここでは、3C（Customer：顧客、Competitor：競合、Company：自社）の観点から整理しています。何を根拠に設定するかが大事です。

演繹法とは「前提となるルールに、物事を当てはめて、当てはまるか、当てはまらないかで結論を導き出す推論法」を言います。図3.4.4では、コンサルティングファームでよく活用される「空→雨→傘」を想定した「事実」→「解釈・洞察」→「行動・提案」の展開例を掲載しています。

◉ 分析依頼者の「保身」と「欲」を満たしているかをチェックする

分析結果のイメージが、分析依頼者の「保身」と「欲」を満たしているかを確認することも非常に重要です。

保身とは「分析結果が、分析依頼者の当初の目標を達成できること」を言います。分析依頼者は、企業の中で評価されて給料をもらう以上、自分のミッションを確実に遂行できる安心感を求めています。一方、欲とは「保身を満たした上で、誰もやっていなかったことを達成できること」を言います。欲を達成できると、社内での評価が上がります。データ分析者として「保身は必ず満たす。その上で、欲を刺激する」ことを意識しましょう。

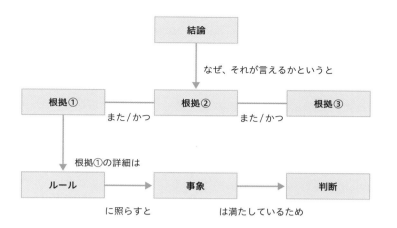

- ✓ ページ間の「接続詞」を意識することで、全体のつがなりがわかりやすくなる
- ✓ 並列のつながりは、(1) 同じレベルである、(2) 網羅性があることが大事
- ✓「帰納法」と「演繹法」を使って、結論や根拠のストーリー展開をする

▶ 図3.4.3　聞き手との会話をイメージして「文章＋接続詞」でつなぐ

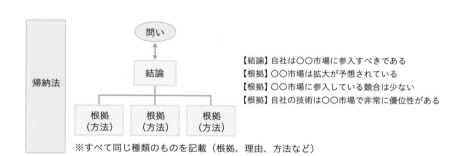

※すべて同じ種類のものを記載（根拠、理由、方法など）

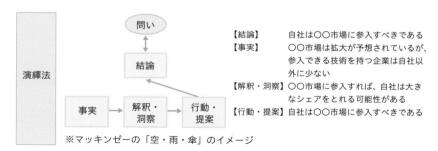

※マッキンゼーの「空・雨・傘」のイメージ

▶ 図3.4.4　「帰納法」「演繹法」でストーリー展開する

● 分析結果が「意思決定の改善に結びつくか」を想像する

　2.2において、データ分析の価値は「意思決定の重要度（インパクト）」と「データ分析による意思決定の改善度（確率向上）」から決まると説明しました。分析ストーリーを作成した後は、「データ分析による意思決定の改善度（確率向上）」との連動を想像しましょう。

　意思決定とは「いくつかあるオプションの中から、1つを選択する過程ないしは行為」を言います。意思決定プロセスは「情報活動」→「設計活動」→「選択活動」→「評価活動」から構成されます（図3.4.5）。

　データ分析による意思決定の改善には、（1）既存の意思決定プロセスを代替する（例：人手から機械学習への代替）、（2）オプション数を増やす（例：2つしか想起できなかった施策案を4つに増やす）、（3）各オプションの解像度を上げる（例：ターゲットの精緻化）、（4）より良いオプションを選ぶ（例：オプションのインパクト、重要度を踏まえた判断など）、（5）オプションの効果を正しく測定する（例：各種の効果検証）、の5つの視点があります。

　今回のデータ分析を通じて、どのプロセスの意思決定の精度が高まるのか・改善されるのかについて、分析依頼者や分析結果の活用者との認識を合わせることも大事です。

分析ストーリーは何度も修正していく

　【STEP2】を通じて、分析ストーリーを作成した後は、【STEP3】で必要なデータを収集していきます。ときどき、データ分析者から「データ分析する前に、ストーリーを決め打ちするのですか？」「分析ストーリー以外の分析はしないのですか？」といった意見やコメントを頂くことがあります。

　分析ストーリーは一度決めたら確定ではなく、大事な情報が見つかったときは更新していきます（図3.4.6）。ただし、最初に分析ストーリーを作成するからこそ、必要な情報・分析内容が明確になります。また、どの視点でデータを見るかの軸が定まります。事前にストーリーを作らない場合、情報洪水の海に溺れるだけでなく、本来の目的からずれやすくなります。

　仮説検証と分析ストーリーの修正を繰り返すことで、効率的にレポート品質を高めていくことができる点を覚えておきましょう。

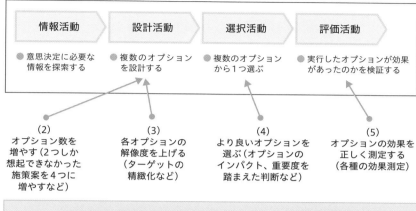

【意思決定プロセス】

(1)
既存の意思決定プロセスを代替する
（人手から機械学習への代替など）

情報活動 → 設計活動 → 選択活動 → 評価活動

● 意思決定に必要な　　● 複数のオプション　　● 複数のオプション　　● 実行したオプションが効果
　情報を探索する　　　　を設計する　　　　　　から1つ選ぶ　　　　　　があったのかを検証する

(2)
オプション数を
増やす（2つしか
想起できなかった
施策案を4つに
増やすなど）

(3)
各オプションの
解像度を上げる
（ターゲットの
精緻化など）

(4)
より良いオプションを
選ぶ（オプションの
インパクト、重要度を
踏まえた判断など）

(5)
オプションの効果を
正しく測定する
（各種の効果測定）

データ分析の結果、意思決定プロセスのどこで改善できそうかをイメージする

▶ 図3.4.5　データ分析による意思決定プロセスの改善

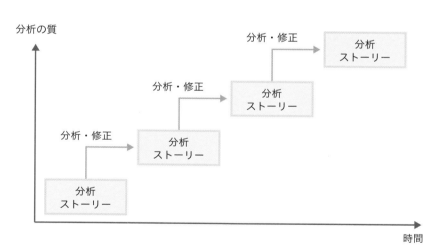

分析の質

分析・修正

分析・修正

分析・修正

分析
ストーリー

分析
ストーリー

分析
ストーリー

分析
ストーリー

時間

▶ 図3.4.6　分析ストーリーは何度も修正していく

データ分析のタイプをもとに、
問い（イシュー）の抜け漏れを防ぐ

第3章において、「問い（イシュー）」の重要性を説明しました。データ分析のタイプを理解しておくと、問い（イシュー）を考えるのに役立ちます。

図3.4.7に示すように、データ分析には、4つのタイプがあると言われます。日本語がわかりにくいため、流れで理解することが大事です。

1つ目は、過去もしくは現在の事実を記述する「記述的分析」です。事実の記述だけでなく、あるべき姿と現状のギャップから問題や課題を見出していくことが重要です。

2つ目は、過去もしくは現在の事実が生じた背景・要因を推測する「診断的分析」です。データで判断できる部分に加えて、データ分析者の解釈・考察を含めることが重要です。

3つ目は、過去もしくは現在の事実から将来を予測する「予測的分析」です。診断的分析（事実の背景・要因の推測）を踏まえて、将来の洞察（このままだと、将来に何が生じるか）を考えていきます。統計モデルなどでシナリオシミュレーションを行うこともあります。

4つ目は、将来に向けたアクションを検討する「処方的分析」です。あるべき姿を意識して、データ分析以外の要素も踏まえて検討していきます。

図3.4.7には、データ分析のタイプに対する「問い（イシュー）」を疑問形で記載しています。データ分析のタイプ（流れ）を意識することが、データ分析の質を高めることに役立ちます。

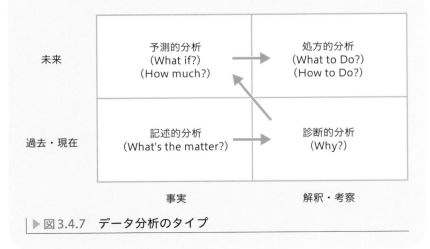

▶ 図3.4.7　データ分析のタイプ

第4章
データ分析に必要なビジネス知識（前半）

第3章で説明した、「【STEP1&2】解くべき問いの明確化・分析ストーリー作成」は、データ分析の成否に大きく影響します。一方で、幅広いビジネス知識が必要になることから「データ分析で一番難しい」という声をよく聞きます。本章では、ロジカル・シンキング、問題解決ステップのうち、データ分析で最低限必要な知識を説明します。全体像を知りたい方は『データ利活用の教科書 データと20年向き合ってきたマクロミルならではの成功法則』を参照ください。

ロジカル・シンキング（縦の論理・横の論理）

「ロジカル・シンキング」と「データ分析」の関係

　ロジカル・シンキング（筋道を立てて論理的に考えること）は、ビジネスのベースとなる知識であり、データ分析との親和性も非常に高いです。図4.1.1に、ロジカル・シンキングとデータ分析の関係を掲載しています。本節で前半（①～③）、次節で後半（④～⑤）について説明します。

◉ 分析依頼者とデータ分析者は「立場や背景が異なる」

　分析依頼者とデータ分析者では、所属部門や立場が異なるため、行動原理や価値観にギャップが生じやすいです。このギャップを解消し、自分の意見を理解してもらうには、ロジカル・シンキングが不可欠です（図4.1.2）。

　分析依頼者は、顧客接点が多いフロント側や施策を立案する企画部門などに所属していることが多いです。データ分析の正確性だけでなく、そこからの示唆を重視し、データで把握できない領域も含めて意思決定していく必要があります。データ分析は「意思決定の手段」としての位置づけです。

　一方、データ分析者は、データの正確性を重視し、データで把握できない領域の言及は避けがちになります。データ分析者の中には、分析依頼者からの指示通りに、データを集計・可視化することが仕事であり、そこから先は自分の仕事ではないと認識している方も一定数存在します。データ分析は「データや分析結果の正確性が大事」と意識することが多いです。

◉ ロジカル・シンキングは「認識・前提を合わせる」ことに役立つ

　お互いの立場や背景が異なると、データ分析では、解くべき問いの設定、分析結果からの示唆・考察・提案などの議論が噛み合わないなどの現象が生じやすいです。ロジカル・シンキングのスキルを高めると、自分の意見が適切に伝わらないのは、全体像や言葉の定義のすれ違いが大きいことに気付けるようになります。その結果、適切な対策を立てることができます。

① 立場や背景が違う相手に、自分の意見を適切に伝えるために不可欠

② 「観察のSo What?」「洞察のSo What?」の使い分けが
データ分析の解釈・洞察の質を高める

③ 横の論理を意識して「他にあるのではないか？」と問いかけることで、
新しい発見につながりやすくなる

④ 帰納法、演繹法で分析ストーリーをチェックすることで、
相手への説得力が高まる

⑤ 演繹法の「前提→事実→結論」「空→雨→傘」の2パターンを意識することで、
データ分析の質が高まる

▶ 図4.1.1　ロジカル・シンキングとデータ分析の関係

分析依頼者　　　　　　　　　　　　　　データ分析者

✓ 顧客接点が多いフロント側や施策を
立案する企画部門などが多い

✓ データ分析以外にも考えることが多
いので、端的に説明してほしい

✓ データ分析の正確性もわかるが、そ
こからの示唆・行動が大事

✓ フロント側を支えるバックオフィス、
サポート機能的な立ち位置が多い

✓ データ分析に使ったデータセットや
前提から丁寧に説明したい

✓ データを扱う以上、データ分析には
正確性が大事

✓ ビジネスでは、想像以上に企業や部門で価値観や考え方が異なる
✓ 立場や背景が違う相手に、意見を適切に伝えるには、ロジカル・シンキング
のスキルが不可欠

▶ 図4.1.2　ビジネスでは、立場や背景が違う相手とのやりとりが多い

ロジカルとは「話が縦方向と横方向につながっている状態」

　では、「ロジカル」とは、どのような状態を指すのでしょうか？　これは、人間が疑問を抱くシーンから逆算すると理解しやすいです。

　図4.1.3に示すように、人間が抱く疑問は「本当にそうなの？（何でそうなるの？）」「それだけ？（もっとあるのでは？）」の2つに集約されます。

　この2つの疑問に答えるように考えて話すことがロジカルにつながります。ロジカルな状態とは「話が縦方向と横方向に、きちんとつながっている状態」を言います。相手から「君の考えはロジカルじゃない」と言われた場合、縦方向か横方向のどちらかに問題があるのでは？　と考えましょう。

● 縦の論理とは、「誰が見ても因果関係があると理解できる状態」

　縦の論理ができているとは「AだからBです。よってCになります」といった因果関係が理解できる状態を言います。因果関係の証明は難しいため、相手が納得できるかどうかが大事になります。A、B、Cのつながりに違和感がある／疑問を感じるときに、相手は「本当にそうなの？（何でそうなるの？）」と発言します。

　図4.1.4に、縦の論理の基本構造を掲載しています。問いに対して「結論」と「複数の根拠」を「So What?」「Why So?」でつなぐ構造が基本です。So What? とは、複数の事実・情報から「何が言えるの？（結局、何なの？）」と要約することを言います。一方、Why So? とは、「So What? に対して、なぜそう言えるのか？」と、結論に対する根拠を示すことを言います。

　縦の論理の基本構造は、データ解釈・洞察、レポートのサマリー作成における基本です。絶対に覚えておきましょう。

● 横の論理とは、「誰が見ても全体を網羅している状態」

　横の論理ができているとは「構成要素が全体を網羅しており、漏れもダブりもない状態」を言います。「MECE（Mutually Exclusive and Collectively Exhaustive）」と呼ばれる、漏れもダブりもない状態が理想です。相手が「それだけなの？（もっとあるのでは？）」と発言したときは、横の論理に問題があると考えましょう。

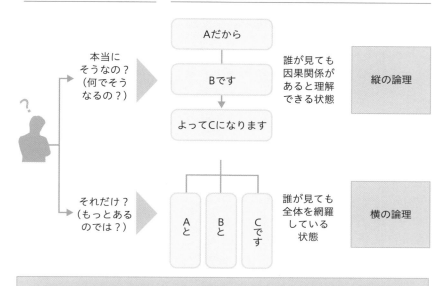

▶ 図4.1.3　ロジカル・シンキングの2つの要素

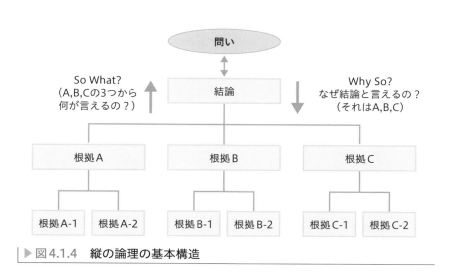

▶ 図4.1.4　縦の論理の基本構造

2つの「So What?」を使い分けて、データ分析の質を高める

　縦の論理を構成するSo What? は、抽象化して短い文章で表現するイメージが強いですが、ここにデータ分析の落とし穴があります。

　So What? には「観察のSo What?」と「洞察のSo What?」の2種類があります。そして、この使い分けがデータ分析の質を大きく変えます。

　観察のSo What? とは「事実→事実、アクション→アクションなど、同じ次元で、複数の事実・情報から言えることを要約すること」を言います。聞いた相手が同じ絵を描けるように具体的にまとめることがポイントです。

　図4.1.5に示すように、観察のSo What? の精度が弱いと、その後に続く洞察のSo What? の精度が落ちることになります。そのため、観察のSo What? を通じて、事実を正しく「観察」し、絵を描けるぐらい具体的にまとめることが、データ分析の出発点です。

　観察のSo What? ができた後は、洞察のSo What? を行います。洞察のSo What? とは「観察のSo What? をもとに、そこに存在する共通項、ルール、法則性などを引き出すこと」を言います。事実をもとに、その背景やアクション仮説を思案するなど、違う次元の情報を引き出すことを言います。

縦の論理がおかしいときは「お互いの前提を揃える」

　相手から「本当にそうなの？（何でそうなるの？）」と指摘された場合は、縦の論理に問題がある可能性が高いです。その際は、「So What?」「Why So?」ができているかに加えて、「お互いの前提条件（全体像、言葉・条件の定義など）が揃っているか」を確認しましょう（図4.1.6）。

　データ分析では、分析結果の報告タイミングにおいて、データ分析者と分析依頼者の情報量の偏りから、縦の論理が問題になりやすいです。

　分析依頼者が初めて報告を聞くという事実を忘れて、データ分析者が「レポートの全体像」「対象者条件」「言葉の定義」などの前提情報を割愛し過ぎると、分析依頼者は「そのスコアの母数は？」「何の話をしているのかついていけない」など混乱する可能性が高まります。その状態で、今後の提案を伝えても、判断できない状態に陥りやすくなります。

新型コロナウイルスによる消費者行動の変化（例）

現象

✓ これまで買っていた「大手のブランド」を買う傾向が強くなった
✓ お店の棚の前で、どのブランドにしようか比較することが少なくなった
✓ ブランドのこだわりや独自性に共感して購入することが増えた
✓ ネットで偶然見かけた商品を買うことに躊躇しなくなった

観察の So What?

✗
✓ 新型コロナで、消費者の行動が変化している

✓ 新型コロナにより「大手を指名買いする行動」と「偶然見かけた独自性が高い商品を購入する行動」が増えている

洞察の So What?

✓ 消費者行動の変化に対応しよう

✓ トップ企業と独自性があるニッチャーが生き残り、存在感がないブランドは淘汰されるのではないか
✓ 自社は中堅だが、独自性が乏しいため、今後売上が減少する可能性が高い

行動

✓ 具体的には？

✓ 自社ブランドの独自性をホームページの前面に打ち出すべきである
✓ まずは、自社の独自性を洗い出す方法を検討すべきである

▶ 図 4.1.5　観察の So What? が、その後の精度を決める

データ分析者　　　　　　　　　　　　　　　　　　　　　分析依頼者

【前提】データを十分に見ている

✓ （レポートの全体像、対象条件を省略）
✓ このスコアが高く、このスコアが低く……あと、次ページではここが……
✓ 分析結果を踏まえて、○○の方向で進めてよろしいでしょうか？

【前提】レポートを初めて見る

✓ このスコアの母数は？ 前ページとの関連は？
　何を話しているのか、わからなくってきた……
✓ この状態で、○○の方向でいいかと聞かれても判断できないよ

縦の論理がおかしいときは
「前提条件を揃えて、相手の理解に合わせて話す」ことが大事

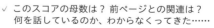

▶ 図 4.1.6　縦の論理がおかしいときに生じる現象

MECE×ロジックツリーをもとに「視野の壁を打ち破る」

　横の論理で有名な「MECE」とは、漏れなく・ダブりもない状態を言います。全体を定義した上で、それを構成する要素に分解・整理して考えていく思考法です。

　MECEで大事なのは「漏れを見逃さない」ことです。ビジネスの失敗の多くは、発想・視点の漏れ（思い出せなかった、気付けなかったなど）に起因します。MECEとロジックツリーから「現在どこを考えているかを意識して、他の視点はないか」と自問自答することが重要です（図4.1.7）。

　ロジックツリーとは「MECEの考え方をもとに、課題をツリー状に分解・整理する技術」を言います。ロジックツリーで全体を分解することで、大きな問題も小さな問題に分割して考えることができます。ロジックツリーは発想を広げたり、深めたりするために活用します。階層が深くなるごとに具体的な言葉で表現し、抽象度を下げていきます（図4.1.8）。

◉ 情報量が多い場合は「グルーピング」で情報を整理する

　情報量が多い／定性情報を分析するときは、グルーピングで情報を整理することが有効です。グルーピングとは「手持ちの情報をもとに、結論に対するMECEな切り口を見つけてグループ分けすること」です。

　例えば、フィットネスに関する不満点として「器具の使い方がわかりにくい」「施設が古い」「従業員の対応が悪い」があった場合、（1）ハード面の不満（器具の使い方がわかりにくい／施設が古い）、（2）ソフト面の不満（従業員の対応が悪い）に分けることで、情報を理解しやすくなります。

横の論理がおかしいときは「言葉のレベル感」を確認する

　相手から「それだけ？（もっとあるのでは？）」と指摘された場合は、（1）言葉の定義が揃っているか、（2）フレームワークや対立軸を意識して切り口がMECEになっているか、を確認します。例えば、「ブランド力」といった場合、認知や知覚品質、ロイヤルティのどこまでを含めるか定義しないと、漏れがあるかどうかを判断することができません。

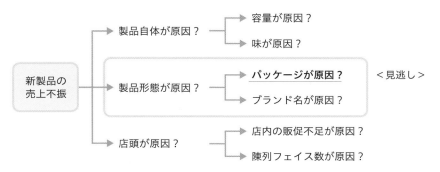

「パッケージ」が原因の場合、製品自体や店頭を改善しても効果が弱い。
視点を広げて「製品形態」の存在に気付けるかが大事

▶ 図4.1.7　ビジネスで多くある失敗「発想・視点の漏れ」

ロジックツリーのイメージ

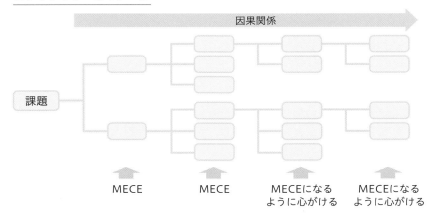

ロジックツリーの種類

▶ 図4.1.8　ロジックツリーのイメージ・種類

4.2 ロジカル・シンキング（帰納法・演繹法）

目の前の事象から新しいものを想像する「帰納法」

　データ分析の解釈・洞察やストーリー展開を鍛えるには、帰納法と演繹法を理解することが重要です。最初に、帰納法から説明します。

　帰納法とは「複数の事実から共通点を発見し、全体にあてはめて結論を導き出す推論法」を言います。帰納法には「観察的帰納法」と「洞察的帰納法」の2種類があります（図4.2.1）。

　観察的帰納法とは「複数の事実に共通する主語、述語を探す」方法です。事実の中に直接的な答えがあるのが特徴です。図4.2.1の左側に示すように、「若手社員の石田さんはお酒が好き」「若手社員の佐藤さんはお酒が好き」「若手社員の高橋さんはお酒が好き」といった事実があった場合、共通点として「若手社員に共通するのは、お酒が好きである」が抽出されます。そして、「今の若手社員はお酒が好きである」という結論が導かれます。

　観察的帰納法では、どの事実を選ぶかで結論が変わるため、代表性を意識して事実を選ぶことが重要です。もし、「若手社員の渡辺さんはお酒が嫌い」という事実があると、共通点や結論が変わってきます。

● データ分析で非常に重要な「洞察的帰納法」

　一方、洞察的帰納法とは「複数の事実に共通する概念（意味合い）を抜き出す」方法です。事実の中には直接的な答えはないのが特徴です（図4.2.1の右側）。データ分析では、洞察的帰納法をもとに様々な示唆・結論を出していくことが重要です。

　図4.2.2に、洞察的帰納法の応用例を掲載しています。一般的な帰納法のような共通点の発見だけでなく、事実の掛け算をもとに「何が言えるか？」を考えます。事実の設定は「成功例 ⇔ 失敗例」「理想 ⇔ 現状」「自分の仮説を支持する事実 ⇔ 否定する事実」などの相反する事実を設定しながら、「何が言えるか？」を考えることで、有益な結論を導きやすくなります。

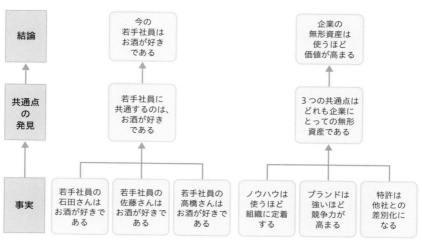

▶ 図 4.2.1 　観察的帰納法と洞察的帰納法

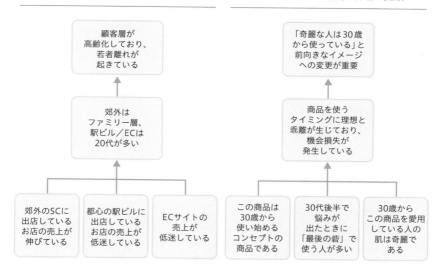

▶ 図 4.2.2 　「洞察的帰納法」を使って、データ分析からの示唆を出す

既存の知識・ルールを活用する「演繹法」

演繹法とは「前提となるルールに、物事をあてはめて、あてはまるか、あてはまらないかで結論を導き出す推論法」を言います（図4.2.3）。演繹法は無意識に多用しており、データ分析でも大活躍します。

例えば、睡眠時間が少ない友人に「睡眠時間をしっかり取らないと健康に良くないよ」と発言した状況で考えてみましょう。このとき、頭の中では、＜前提となるルール＞慢性的な睡眠不足は、生活習慣病につながりやすい→＜あてはめる物事＞友人は慢性的な睡眠不足である→＜結論＞（よって）友人は生活習慣病になる可能性が高い、と無意識に演繹法を使っています。

演繹法は、既存の知識・ルールを活用して、目の前の事実と融合させていく思考法になります。

● データ分析では「2パターンの演繹法」を使いこなす

データ分析で演繹法を使いこなすには、図4.2.4に示す、「前提となるルール→あてはめる物事→判断内容→結論」だけでなく、「空（事実）→雨（解釈・洞察）→傘（行動・提案）」のパターンも理解することが大事です。両パターンともに同じ結論になるため、あてはまりが良いほうを活用します。

なお、後者の「空（空には黒い雲がかかっている）→雨（今にも雨が降りそうだ）→傘（傘を持っていくべきだ）」のフレームワークはコンサルティング会社で多く活用されています。筆者も後者のパターンを使うことが多いです。

●「前提となるルール」は柔軟に設定する

演繹法は、「前提となるルール（解釈・洞察）」に何を設定するかで、その後の方向性が決まります。その際は「ルール」という言葉を難しく考え過ぎないことがポイントです。

「会社や部門の方針／目的／目標」「前提となる基準（例：投資する際はROIが高いことが大事）」「マーケティング上の法則（例：純粋想起率が高いブランドほど購入確率が高い、顧客が求めるニーズのうち競合が提供できないことに焦点を絞る）」など、柔軟に設定することが大事です。このスキルを高めるには、マーケティングや仮説思考などの知識が不可欠になります。

【演繹法】

● 前提となるルールに、物事をあてはめて、あてはまるか、あてはまらないかで結論を
導き出す推論法

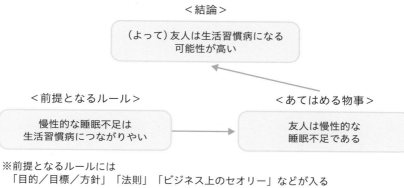

<結論>

（よって）友人は生活習慣病になる
可能性が高い

<前提となるルール>

慢性的な睡眠不足は
生活習慣病につながりやすい

<あてはめる物事>

友人は慢性的な
睡眠不足である

※前提となるルールには
「目的／目標／方針」「法則」「ビジネス上のセオリー」などが入る

▶ 図4.2.3　演繹法

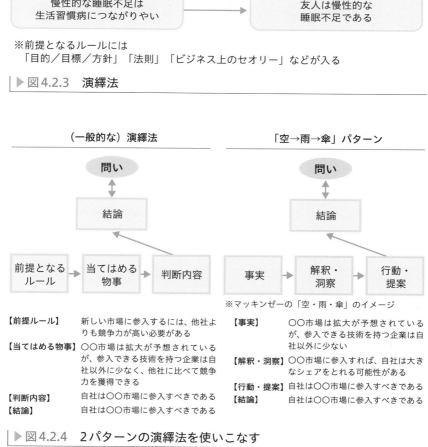

（一般的な）演繹法

問い

結論

| 前提となる
ルール | 当てはめる
物事 | 判断内容 |

【前提ルール】　新しい市場に参入するには、他社よ
りも競争力が高い必要がある

【当てはめる物事】　○○市場は拡大が予想されている
が、参入できる技術を持つ企業は自
社以外に少なく、他社に比べて競争
力を獲得できる

【判断内容】　自社は○○市場に参入すべきである
【結論】　自社は○○市場に参入すべきである

「空→雨→傘」パターン

問い

結論

| 事実 | 解釈・
洞察 | 行動・
提案 |

※マッキンゼーの「空・雨・傘」のイメージ

【事実】　○○市場は拡大が予想されている
が、参入できる技術を持つ企業は自
社以外に少ない

【解釈・洞察】　○○市場に参入すれば、自社は大き
なシェアをとれる可能性がある

【行動・提案】　自社は○○市場に参入すべきである
【結論】　自社は○○市場に参入すべきである

▶ 図4.2.4　2パターンの演繹法を使いこなす

問題解決ステップ（問題解決ステップ、問題の特定）

「問題解決ステップ」と「データ分析」の関係

図4.3.1に、問題解決ステップとデータ分析の関係を掲載しています。問題解決の各ステップにおいて、データをもとに意思決定することが多く、データ分析との親和性は非常に高いです。

◉ 問題とは「あるべき姿と現状のギャップ」

図4.3.2に示すように、問題とは「あるべき姿と現状のギャップ」を言います。問題解決は「そのギャップを解消していくプロセス」です。

問題解決には「発生型問題解決」と「設定型問題解決」の2種類があります。前者は、悪い状態（マイナスな状態）を正常な状態に戻す問題解決です。クレームの発生や納期遅延など、誰が見ても問題だと認識できるもので、原因を追究して対策を立てる必要があります。

後者は、正常な状態からありたい姿に持っていく問題解決です。営業利益率が5％しかない、納期まで10日間かかっているなど、見る人によって問題と思うかどうかが分かれるような問題です。

◉ データ分析では「設定型問題解決」も意識する

データ分析では、顕在化している「発生型問題解決」だけでなく、将来に向けた「設定型問題解決」も意識することが大事です。将来のありたい姿に向けて、データを通じて、ボトルネックや改善策を検討・実行し、効果測定を繰り返すサイクルが理想です。

なお、設定型問題解決では、関係者間で「○○が問題である」と認識を合わせることが重要です。何が問題かを関係者で共有していない状況で、データ分析をもとに「この問題における原因と改善策を検討しました」と報告すると、問題と認識していない人は納得できず、モチベーションが下がる、もしくは「そもそも論」として議論が前に進まないことになりがちです。

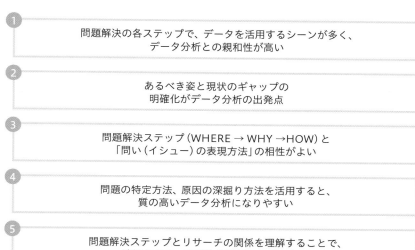

1. 問題解決の各ステップで、データを活用するシーンが多く、データ分析との親和性が高い

2. あるべき姿と現状のギャップの明確化がデータ分析の出発点

3. 問題解決ステップ（WHERE → WHY →HOW）と「問い（イシュー）の表現方法」の相性がよい

4. 問題の特定方法、原因の深掘り方法を活用すると、質の高いデータ分析になりやすい

5. 問題解決ステップとリサーチの関係を理解することで、適切なリサーチ手法を選ぶことができる

▶ 図4.3.1　問題解決ステップとデータ分析の関係

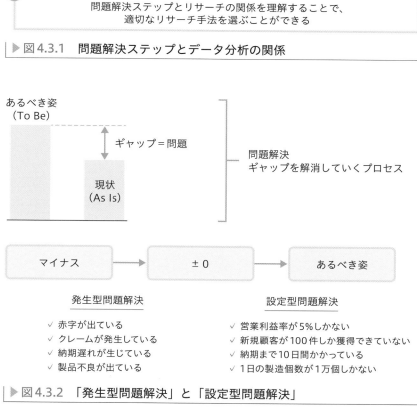

▶ 図4.3.2　「発生型問題解決」と「設定型問題解決」

問題解決のステップ

　図4.3.3に、問題解決ステップを掲載しています。問題解決は「問題の特定（WHERE）→ 原因の深掘り（WHY）→ 打ち手の考察（HOW）」の3ステップで進めていきます。

　ピーター・ドラッカーは「重要なことは、正しい答えを見つけることではない。正しい問いを探すことである」*1と述べています。

　人間は問題が発生すると、すぐに打ち手（HOW）を考える習性がありますが、最初に行うべきは「問題の特定（WHERE）」です。そこから、原因（WHY）→打ち手（HOW）へとつなげていくのが問題解決の大原則です。

◉「問題」と「原因」は明確に区別する

　問題と原因は区別して考えることが重要です。例えば、売上が低下している場合、問題は「新規顧客の売上が低下している」「既存顧客の売上が低下している」など、同じ売上の次元で分解したものを言います。

　一方、原因とは「購入者数が減少している」「購入単価が減少している」など、売上とは別の次元で、因果関係や理由を深掘りしたものを言います。

◉「問題解決ステップ」と「問い（イシュー）の表現方法」は相性抜群

　第3章でも説明しましたが、「問い（イシュー）」を考えるときは、問題解決ステップを意識するとスムーズです。図4.3.4に示すように、問題解決ステップ（WHERE → WHY →HOW）に沿って、問い（イシュー）を疑問形で考えると、よい問い（イシュー）になりやすいです。

◉「問題→課題→解決策→期待効果」のフレームワークも覚えておこう

　本書で取り上げるステップ以外にも、企業診断で活用される「問題→課題→解決策→期待効果」のフレームワークも理解しておきましょう。

　問題とは、ネガティブな事象で「低い」「悪い」「できていない」などの否定形で表現されます。一方、課題は、問題を解決するための取り組みで「○○の改善／向上／防止」など、ポジティブに表現されます。そして、課題を達成するために「解決策」を検討し、その成果が「期待効果」になります。

1 WHERE （問題の特定）	**2** WHY （原因の深掘り）	**3** HOW （打ち手の考察）
どこに問題があるかを 絞り込む	問題の原因を 深く掘り下げる	原因に対する 効果的な対策を実行する
＜分解＞ 同じ次元で問題を 切り分ける	＜深掘り＞ 問題が発生する因果関係を 掘り下げる	

例：全社の新規顧客の獲得が期初想定を大きく下回っている…

✓ ○○事業部の新規顧客数が想定を大きく下回っている	✓ ○○事業部は、他事業部よりも既存顧客数が多く、その対応に時間がとられている ✓ そのため、新規顧客にアプローチする時間が取れず、商談数が想定を大きく割り込んでいる	✓ 上司とのMTGで、既存顧客と新規顧客の優先順位をつける ✓ 新規顧客獲得のインセンティブを増やす ✓ 他の事業部から人員を補充し、○○事業部内に、新規顧客専門のチームを新設する

▶ 図4.3.3　問題解決のステップ

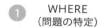

1 WHERE （問題の特定）	**2** WHY （原因の深掘り）	**3** HOW （打ち手の考察）
どこに問題があるかを 絞り込む	問題の原因を 深く掘り下げる	原因に対する 効果的な対策を実行する

問い（イシュー）の表現例

✓ どこに問題があるのか？ ✓ どの部分の改善余地が大きいか？	✓ ○○の原因は何か？ ✓ ○○が生じる理由は何か？	✓ 何を実施すべきか？ ✓ 何を避けるべきか？ ✓ どのように行うべきか？ ✓ どのように進めるべきか？

✓ 「5W1H」をもとに考えると、筋の良い問い（イシュー）になりやすい

▶ 図4.3.4　「問題解決」と「問い（イシュー）の表現方法」は相性抜群

【WHERE】問題の特定ステップ

　問題解決の最初のステップは「問題の特定（WHERE）」です。図4.3.5に示すように、(1) 問題解決のスコープを決める、(2) 問題を適切に絞り込む、(3) 論拠をつけて問題を特定する、の3ステップから構成されます。

　「問題解決のスコープを決める」では、どの範囲の問題を解決するかを決定します。後の段階で「そもそも範囲が違う」と指摘されることがないよう、関係者間でスコープ（範囲）の合意を取ることが重要です。

　「問題を適切に絞り込む」では、どこに問題があるかの絞り込みを行います。問題の絞り込みが甘いと、次のステップ「原因の深掘り（WHY）」における検討が広く浅くなり、根本原因に到達しにくくなります。

　「論拠をつけて問題を特定する」では、「それが問題である」という論拠をもとに問題の特定を行います。この段階でも関係者間で合意を取ります。

(1) 問題解決のスコープを決める

　このステップでは、問題を解決するスコープ（範囲）を検討し、関係者間で合意を取ります。3.1で説明した論点／問い（イシュー）の設定、4.1で説明したMECEをもとに、スコープ（範囲）を検討していきます。

　上司もしくは依頼者の期待値の把握も重要です。ヒアリングを通じて、(1) 問題解決を行う背景や目的、(2) 具体的な対応範囲・成果イメージ、(3) スケジュール感を把握します。データ分析では、分析依頼者の発言を鵜呑みにするのではなく、意図的に視座の高い論点／問い（イシュー）を提示し、相手が認識していない論点／問いを顕在化させることで、問題を解決する範囲に抜け漏れがないかを確認することが重要です。

　また、企業が置かれた状況に応じたアプローチを意識することも大事です。図4.3.6に、「利用者数の増加」といった課題があった場合、(1) 競合利用者からのスイッチ、(2) 既存顧客の流出防止、(3) 離反顧客の再利用、(4) カテゴリー未利用者の新規利用、といったアプローチがあります。市場シェアが下位の場合は「競合利用者からのスイッチ」が中心ですが、リーダーの場合は「カテゴリー未利用者の新規利用」もスコープに含まれてきます。

1 問題解決の スコープを 決める	✓	問題解決のスコープ（どの範囲の問題を解決するか）を決める
	✓	スコープが定まらないと、抜け漏れの判断ができない。また、後の段階で「範囲が違う」など指摘される可能性が高まる
	✓	この時点で、関係者間で「合意を取る」ことが重要
2 問題を適切に 絞り込む	✓	同じ次元の分解で、問題を絞り込んでいく
	✓	感度の良い切り口をトライ＆エラーで試行錯誤する
	✓	問題の絞り込みが甘いと、原因の深掘り（WHY）における検討が広く浅くなり、根本原因に到達しにくくなる
3 論拠をつけて 問題を特定する	✓	「それが問題である」という論拠をもとに、問題を特定する
	✓	関係者間の合意を取ることで、認識を統一する

▶ 図4.3.5 「問題を特定する」ステップ

【市場シェアが下位】
「競合からのスイッチ」「既存顧客の流出防止」をスコープにしよう

【市場シェアが第1位】
競合からのスイッチだけでは限界があるから、市場自体を拡大するために「カテゴリー未利用者の新規利用」まで含めて考えよう

▶ 図4.3.6 置かれた立場に合わせてスコープを検討する

(2) 問題を適切に絞り込む

　問題のスコープが決まった後は、問題の絞り込みを行います。どこに問題があるかを突き止めるため、「どこどこ分析」とも言われます。

　問題の絞り込みで重要なのは「同じ次元で分解する」ことです。先にも述べた通り、売上が低下している場合、「新規顧客の売上が低下している」「既存顧客の売上が低下している」など、同じ売上の次元で分解していきます。

　問題を分解する切り口は「WHO」「WHERE」「WHEN」「WHAT」の視点から洗い出します（図4.3.7）。「WHY」「HOW」は、「原因の深掘り（WHY）」「打ち手の考察（HOW）」ステップに該当するため、この段階では使いません。「WHY」を使わないように注意しましょう。

◉ 感度の良い切り口とは「特定の場所に問題が集中している切り口」

　感度の良い切り口とは「特定の場所に問題が集中している切り口」を言います（図4.3.8）。ただし、切り口探しに王道はありません。何度もトライ＆エラーを繰り返しながら探していく必要があります。

　感度の良い切り口を見つけるには、（1）過去の分析結果、上司や依頼者へのインタビューからあたりをつける、（2）消費者の背景（≒ニーズ）が解釈しやすい切り口を設定する、（3）分布・バラツキから違いが目立つ切り口を設定する、ことが重要です。

　（1）は、仮説思考であたりをつけることで検討効率が高まります。ただし、それ以外の切り口の検討も忘れないように注意しましょう。

　（2）は、消費者の背景（≒ニーズ）が異なると、スコア差がつきやすいだけでなく、その解釈もしやすくなります。データ分析では「20代、30代、…」といった年代別で分析することが多いですが、ライフステージ（学生、社会人独身、DINKS、既婚・子あり…）で分析したほうが、ニーズが分かれやすく、施策に落とし込みやすいメリットがあります。

　（3）は、利用者を購入回数などで分類するとき、分布・バラツキを見て違いが際立つ切り目を考えるということです。

　実務では、複数のパターンを作成し、試行錯誤を繰り返しながら感度の良い切り口を探していきます。

自社の「売上」が低下している

◯ 同じ次元（売上）で分解する
　✓ 新規顧客の売上が低下している
　✓ 既存顧客の売上が低下している

✕ 売上と異なる次元で分解する
　✓ 競合が値引き攻勢を仕掛けてきた
　✓ 客単価が減少している

切り口の視点	具体例
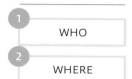 ① WHO	性別、年代、職業、ライフステージ、新規・既存顧客など
② WHERE	都道府県、地域、駅前立地・ロードサイド立地など
③ WHEN	季節、月、平日・休日、時間帯、コロナ前後など
④ WHAT	事業部、商品、本体・オプション、固定費・変動費など

▶ 図4.3.7　問題を絞り込む際の切り口

感度の良い切り口

特定の場所に問題が集中している

事業部	A事業部	B事業部	C事業部
売上前年比	-40%	±0%	±0%

感度の悪い切り口

問題が満遍なく分散している

事業部	A事業部	B事業部	C事業部
売上前年比	-10%	-10%	-10%

感度の良い切り口を見つけるポイント

① 過去の分析結果やインタビューからあたりをつける	✓ 仮説思考で、検討する切り口を絞り込む ✓ 仮説に固執しすぎないことが大事
② 消費者の背景（≒ニーズ）が解釈しやすい切り口を設定する	✓「男性29歳、男性30歳」⇔「独身、既婚者」 ✓「午前、午後」⇔「早朝、午前、ランチ、午後……」
③ 分布・バラツキから違いが目立つ切り口を設定する	✓ 分布・バラツキを見て違いが際立つ切り目を考える

▶ 図4.3.8　感度の良い切り口を見つける

(3) 論拠をつけて問題を特定する

　問題を絞り込んだ後は、「それが問題である」という論拠をもとに、問題を特定します。その後、関係者との合意を取ります。

　論拠とは「特定した箇所が本当に問題だと言える理由」を言います。図4.3.9に示すように、自社の売上が低下しているだけでは問題とは言えません。業界の市場規模が伸びている、もしくは横ばいという条件がついたときに問題として認識されます。

　「感度の良い切り口＝問題である」とは限りません。「それが問題である理由」を明確にして、関係者間で合意を取ることが必要です。

◉ 論拠をつける視点

　図4.3.10に、論拠をつける主な視点を掲載しています。論拠をつけるには、(1) 増加または減少の幅が大きい、(2) 改善余地（伸びしろ）が大きい、(3) 全体に占める割合が大きい、(4) 実行が容易である、(5) 波及効果が大きい、(6) 自社の戦略との整合性が高い、などの視点があります。

　実務では「事業構成比が高い一方で、成長率が低下している」「自社は成長しているが、業界全体よりも成長率が低い」「市場規模の割に、自社のシェアが低く、伸びしろが大きい」など、複数の視点を組み合わせて、問題を特定していくことが多いです。

◉ データ分析で論拠をつける際の留意点

　データ分析で論拠をつける際は、(1) 定量データを用いる、(2) サンプルサイズを増やす、(3) 比率だけでなく、実数で語る、(4) 定性情報でイメージを持たせる、ことに注意しましょう。

　データ分析では、分析軸間を比較するため「比率」を用いることが多いですが、比率は「分母が見えないため、大きさを見誤る」という欠点があります。例えば、不良品発生率1％（10万個）と5％（100個）を比較した場合、比率だと後者が問題になりますが、実数では前者が問題になります。

　定性情報は「定量情報を補足するエピソード」として活用すると効果的です。「1,000人の定量情報よりも、1人の声が効果的」ということもあります。定性情報で具体的な状況・雰囲気を伝えることが大事です。

自社の売上が低下している！

論拠をつけて「問題である」と説明し、関係者間で合意することが重要

▶ 図 4.3.9　論拠をつけて「問題」を特定する

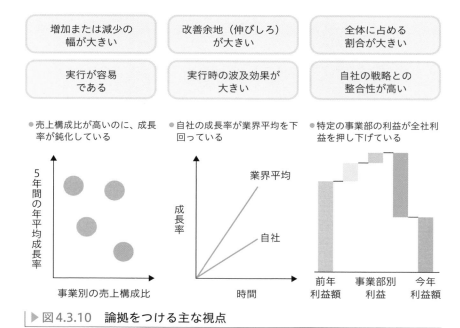

▶ 図 4.3.10　論拠をつける主な視点

4.4 問題解決ステップ（原因の深掘り、打ち手の考察）

【WHY】原因の深掘り

　問題を特定した後は、問題が生じている原因を突き止めます。原因を深掘りすることから、「なぜなぜ分析」とも言われます。ここで大事なことは「コインの裏返しに陥らない」ことです。図4.4.1に示すように、コインの裏返しとは「コインを裏返すように、表面的な問題を裏返しにして対策にすること」を言います。効果的な対策を打つには「コインの裏返し」ではなく、原因を深掘りして根本原因を特定していくことが重要です。

　原因を深掘りするには、（1）原因仮説を考える、（2）「なぜなぜ？」を何度も繰り返す、の2つが重要です。

◉（1）原因仮説を考える

　原因仮説を考えるとは、問題が生じている原因の仮説を多く洗い出すことを言います。具体的には、「MECE」「因数分解」「プロセス」「その他フレームワーク」を意識して原因仮説を考えていきます。第5章で取り上げます。

◉（2）「なぜなぜ？」を何度も繰り返す

　原因仮説を洗い出した後は、「なぜなぜ？」を繰り返して、原因を掘り下げていきます。因果関係（原因→結果）を意識しながら、「それ以上はどうしようもない」「たまたまやっていないだけ」といった粒度まで掘り下げていくことが大事です。なぜなぜが浅い場合、図4.4.2に示すように、対策を実施すると、原因をさらに悪化させてしまう可能性があります。

　原因を掘り下げるときは、インタビューで「どのような人が、どのような理由から行動したのか」といった文脈・構造を把握することが多いです。その際は、最初に対象者の属性や生活状況・周辺情報を理解することが重要です。その上で、「商品・サービスの行動実態・評価」を聞くと、どのような「原因」で、行動や評価の「結果」が生じているかが理解しやすくなります。

効果的な対策を打つには「コインの裏返し」ではなく、「原因の深掘り」が重要

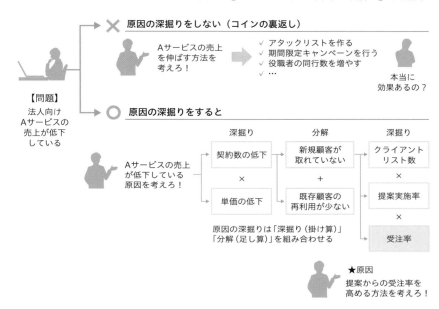

▶ 図4.4.1 　コインの裏返しに陥らない

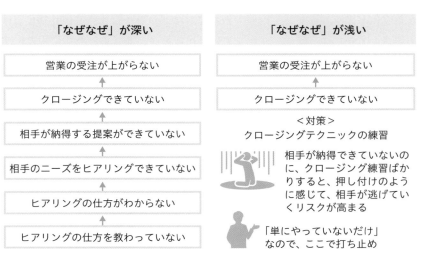

▶ 図4.4.2 　「なぜなぜ」を何度も繰り返す

● (3) 事実を確認し、「原因」を特定していく

(1)(2)を通じて原因仮説を考えた後は、事実かどうかを検証し、根本原因を特定していきます。図4.4.3に示すような、仮説検証シートなどをもとに「検証する仮説」「仮説の検証方法・作業内容」「検証するために必要な情報源」などを整理しておきましょう。

また、「空パケ」を事前に作成しておくと、複数人で作業する場合もスムーズに進みやすくなります。空パケとは、「仕事の初期段階で作成する最終アウトプットイメージ」を言います。関係者間で事前に共有し、方向性を合意することで、効率的かつ目的に合致した分析になりやすくなります。ただし、分析の結果、「空パケにはないが、大事な情報」が見つかることが多くあります。その場合は、空パケを修正しながら進めていきます。

● データを使うときは「原因」と「結果」の設定に留意する

データを使うときは、「横軸に原因となる指標、縦軸に結果となる指標」を設定します（図4.4.4）。

作成するアウトプットは、データの種類によって変わります。利用回数や利用金額などの量的データ同士の場合は、散布図をもとに原因と結果の関係を視覚化します。なお、平均値や相関係数などの単一の数値（統計値）だけの場合、分布による関係の変化を見逃す可能性があるため、最初に視覚化することは忘れないようにしましょう。

一方、特定の行動有無など質的データがある場合は、クロス集計で原因となる指標を分析軸に設定して、結果を比較します。

● 複数の視点から原因を特定する

データ分析をしていくと、「因果関係がある」「これが原因である」と言い切っていいのか悩むケースが発生します。その場合は、1つのデータだけでなく、複数の視点から因果関係を説明することが重要です。

データ分析から因果関係を断定するのは難しいですが、（1）言いたいこと自体の評価、（2）時間的順序の整合性、（3）交絡因子（第3因子）の存在をもとに、結果を聞いた相手が「これならば因果関係がありそう」と納得してもらうことが大事です（7.8参照）。

自社の主力商品の売上が低下している。売上低下の原因を探りたい……

原因仮説（大分類）	原因仮説（詳細）	分析・作業	情報源
✓市場規模が縮小しているのではないか？	✓自社シェアは横ばいであるが、市場が縮小したことにより、売上高が低下しているのではないか？	✓直近5年間の市場規模、自社売上をもとに、自社シェアを算出する	✓2次データ ✓社内データ
✓自社の強みが顧客に伝わっていないのではないか？	✓自社の強みが伝わっておらず、価格が安い競合との違いが認識されず、競合に流れているのではないか？	✓自社と競合のイメージ、特徴をアンケート・インタビューで確認する	✓アンケート ✓インタビュー

 ✓ 事前に「空パケ」を作っておくと、スムーズに進みやすくなります

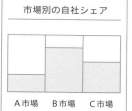

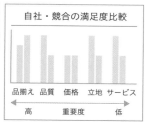

▶ 図4.4.3　仮説検証シート・空パケ

① 量的データ同士

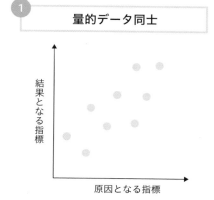

② 質的データがある場合

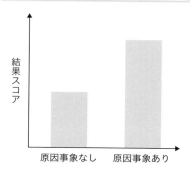

▶ 図4.4.4　データを使って原因を探索する

【HOW】打ち手の考察

　根本原因を特定した後は、「打ち手（HOW）」を検討し、対策を実行するステップになります。図4.4.5に示す、HOWツリーをもとに打ち手の候補を洗い出し、「効果」「コスト」「時間」などの観点から対策を決定します。

　打ち手は、対立軸を意識して幅広く検討することが重要です。例えば、「英会話のスキルを高める」施策を考えるとき、「自力で頑張る ⇔ 他人に教わる」の対立軸で考えます。さらに、他人に教わる場合も「対面 ⇔ オンライン」で分解していくなどです。「本当にこれだけか？」「もっと良い案はないか？」と考え抜く過程において、量が質を生むことが多いです。

　候補を評価するときは、評価項目を設定し、現状や特定の打ち手を「基準点」に、候補の優劣や程度差を表現して評価していきます。評価方法には、ウェイトづけ評価法（評価項目に重要度を設定し、合計点を算出する）、設定法（打ち手の選定条件を決め、条件に最も合致したものから優先順位を付ける）などがあります。

◉ 打ち手（HOW）は「WHY」「WHERE」とのつながりを意識する

　打ち手（HOW）を検討する際は、「WHY」「WHERE」とのつながりを意識することが重要です。図4.4.5の左側の場合、「ヒアリングの仕方の勉強会」という打ち手（HOW）を実行すると、WHY → WHEREへと効果が波及して、問題が解決されていくことが理想です。

◉ 実行後は、KGI、KPIを決めて、定期的にモニタリングする

　対策を実行した後は、KGI（重要目標達成指標）、KPI（重要業績評価指標）を決定し、定期的にモニタリングします。ギャップが生じた場合は、原因を追究して改善していきます（図4.4.6）。

　KGIとは「問題解決の目的・目標が達成したかどうかを確認する指標」、KPIは「KGI達成に向けて、対策が適切に進捗しているかを確認する指標」を言います。KPIはさらに、対策の実施状況を把握する「活動KPI」と、対策が狙った効果につながっているかを把握する「結果KPI」に分かれます。

　KPIは、打ち手（HOW）の実施後に「WHY→WHEREが解消されていく通り道」の中で、定量化できる部分に設定することがポイントです。

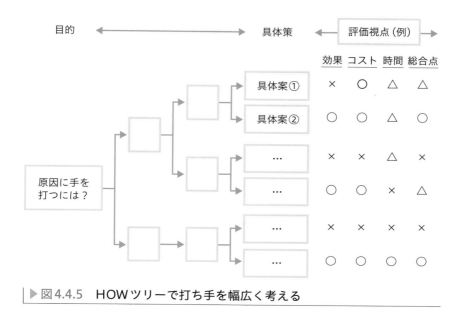

▶ 図 4.4.5　HOWツリーで打ち手を幅広く考える

例：新製品の営業利益を高める

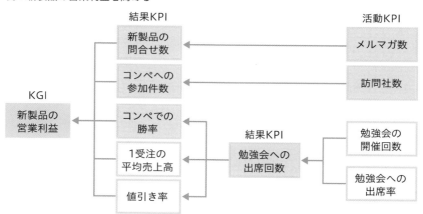

KPIツリーは、関係性の整理が目的であるため、計算が厳密に成立する必要はない。
指標として定量化しやすく、基準値（目標値）が設定しやすいものを選ぶことが大事

▶ 図 4.4.6　KPI ツリーの例

問題解決ステップとリサーチ手法

　問題解決では、リサーチ（アンケート、インタビューなど）を活用して顧客の評価や反応を把握するシーンが多く発生します。そこで、本章の最後に、問題解決のステップごとに適切なリサーチ手法を説明します。

　大前提として、「問題の特定（WHERE）→ 原因の深掘り（WHY）→ 打ち手の考察（HOW）」を1回のアンケートで完結することは難しいです。

　図4.4.7に示すように、1回のアンケートで完結しようとすると費用対効果が低く、当初の目的を実現できない可能性が高くなります。目的に合わせて、リサーチを複数回実施することが重要です。

● ステップに応じて「定量調査」と「定性調査」を使い分ける

　図4.4.8に、ステップごとに適したリサーチ手法を掲載しています。

　最初に、問題が発生している層の特定と大まかな原因を把握することを目的に「定量調査（アンケート）」を実施します。感度の良い切り口を試行錯誤する「どこどこ分析」を実施する必要があるため、大サンプルを意識することが重要です。

　続いて、詳細な原因の深掘りと打ち手の方向性を検討するために、問題が発生している層を中心に、「定性調査（インタビュー）」を実施します。「なぜなぜ分析」を通じて、どのような背景から原因が生じているかを理解するとともに、施策案をコンセプトボードなどで提示し、打ち手候補への反応を確認します。打ち手への反応が良くない、もしくはブラッシュアップしたい場合は、定性調査を繰り返します。

　打ち手の候補が絞られた後は、打ち手の反応を量的に確認する「定量調査（アンケート）」を実施します。アンケートでコンセプト（施策案）を提示し、問題が発生している層がコンセプトに反応を示すかを検証します。新商品・サービスのコンセプト評価を行う場合は、既存商品、主要な競合商品もコンセプトとして評価して比較すると、判断しやすくなります。

　もし、コンセプトを提示することが難しい場合は、アンケートの実施前に、「この不満点が高い場合は、この施策を実施する」と対応づけを行った上で、細かく不満点を聴取することもあります。

WHERE（問題の特定）

どこに問題があるか
を絞り込む

 WHY（原因の深掘り）

問題の原因を
深く掘り下げる

 HOW（打ち手の考察）

原因に対する効果的
な対策を実行する

1回のアンケートで実施すると…

- ✓ サンプルサイズが少ないと、絞り込みができない可能性がある

- ✓ アンケートでは、原因を深掘りするには限界がある
- ✓ 「価格が高い」など、表面的な理由が上位になることが多い

- ✓ 原因の掘り下げが浅く、コンセプト（施策案）がWHYと連動しない
- ✓ 問題が発生している層のサンプルサイズが少なく、評価がしにくくなる

▶ 図4.4.7　問題解決ステップを1回のリサーチで実施する際の問題点

 WHERE（問題の特定）

どこに問題があるか
を絞り込む

 WHY（原因の深掘り）

問題の原因を
深く掘り下げる

 HOW（打ち手の考察）

原因に対する効果的な
対策を実行する

定量調査（アンケート）

問題が発生している層の特定
と大まかな原因の把握

定性調査（インタビュー）

詳細な原因の深掘りと
打ち手の方向性の検討

定量調査（アンケート）

打ち手候補の反応を確認し、
打ち手を決定

▶ 図4.4.8　問題解決ステップとリサーチ手法

第4章　データ分析に必要なビジネス知識（前半）

107

データ分析は流れ作業？
「終わりから始める」ことの重要性

筆者が、データ分析で大切にしていることの1つに、「終わりから始める」があります。実際、データ分析者として優秀かどうかを判断する基準として、「分析依頼者からのオリエン時に、最終的なアウトプットをイメージできるかどうか」を置いています。

これは、マクロミル時代の経験から生まれました。マクロミルでは、リサーチャー（クライアントの課題をもとに、リサーチ設計・調査票作成・分析・レポーティングを担当する職種）として、多くの案件を同時並行で担当していました。1つの案件でトラブルが発生すると、他の案件に影響が生じるため、「クライアントの満足度を上げ、かつトラブルを起こさないためにどうすべきか？」を試行錯誤し続けました。

そこで辿り着いた結論が「欲しいアウトプットを起点に、その実現への障害・懸念を取り除いていく」アプローチでした。具体的には、「欲しいアウトプット」→「それを実現する（想定外への対応も含めた）集計結果」→「そのために必要な調査票」→「そのために必要なリサーチ企画」と逆算思考で考えていきます。筆者はこれを「終わりから始める」と呼んでいます。

データ分析の経験が浅いと「順算思考」になりがち

上記の逆算思考で多くの案件を対応すると、「データ分析って、流れ作業なのでは？」と感じることが増えました。当初の仮説と異なっても、それに対応できるクロス軸を考慮しているため、焦ることがなくなりました。

一方、データ分析の経験が浅い方は、アウトプットを構想するスキルが弱く、前から順番に考えていく順算思考になりがちです。その結果、分析依頼者から何かを指摘されると、何が正しいかの判断軸が弱いため、意図せずに間違った方向に進んでしまうことがあります。また、多くのグラフを作っても、メッセージと連動していないため、頑張った努力が報われない状況に陥りやすくなります。想定外への対応にも後手になり、悩んでいる姿を多く見てきました。

データ分析では、途中で悩むことが多くあります。その時は「そもそも、どのようなアウトプットが必要か？」と考えることで、判断する軸が定まり、より正しい判断がしやすくなります。データ分析は「終わりから始める」。ぜひ、普段の業務に取り入れていただけると幸いです。

第5章

データ分析に必要なビジネス知識（後半）

本章では、マーケティング、仮説思考のうち、データ分析で最低限必要な知識を説明します。マーケティングの理解は、ビジネス課題の設定だけでなく、結果の解釈や施策の検討に役立ちます。また、仮説は第3章で説明した通り、「仮の答え」だけでなく、「分解の切り口」と捉えることが重要です。後半では分解に有用なフレームを紹介します。全体像を知りたい方は『データ利活用の教科書 データと20年向き合ってきたマクロミルならではの成功法則』を参照ください。

5.1 マーケティング（全体像）

マーケティングとは「売れ続ける仕組みづくり」

　近年、デジタル・マーケティングなど「○○・マーケティング」といった言葉が多く使われています。最初に、「何のために、マーケティングを行うのか」の観点からマーケティングを定義しましょう。

　企業は一度設立したら、継続的に存続していくことが求められます。そのためには、顧客を創造するとともに、事業の成長に向けた健全な利益を獲得していく必要があります。マーケティングとは、顧客を創造し、健全な利益を上げ続けるための「売れ続ける仕組みづくり」を言います（図5.1.1）。

　ピーター・ドラッカーは「マーケティングとは、セリングを不要にすることである」との名言を残しています。顧客が欲しい商品・サービスを提供し、押し売りしなくても売れ続けていくことがマーケティングの理想です。

「マーケティング」と「データ分析」の関係

　マーケティングは「売れ続ける仕組みづくり」であり、データ分析によるビジネス課題の解決と親和性が高いです。実際、マーケティングプロセスの至るところでデータが活用されています（図5.1.2）。

　企業のデータ利活用が思うように進まない理由として、「社内にあるデータを使って、何かできないか？」とデータ起点で発想・分析してしまうことがあります。データ起点ではなく、マーケティング思考をもとに「どのような課題をデータ分析で解くべきか？」「そのためには、どのような視点でデータ分析すべきか？」と、課題起点で考えていくことが重要です。

　また、データ分析の結果をもとに施策を検討するときにも、マーケティングの知識があると道筋がつきやすくなるメリットがあります。本書では、マーケティングの中でも、データ分析と関連がある領域に絞って説明していきます。

企業は一度設立したら、継続的に運営していくことが求められる

そのためには、顧客を創造しながら、事業を発展させていくための健全な利益が必要

マーケティングとは
顧客を創造し、健全な利益を上げ続けるために「売れ続ける仕組み」を作ること

▶ 図 5.1.1　マーケティングとは「売れ続ける仕組みづくり」

① マーケティングは「売れ続ける仕組みづくり」。
データ分析によるビジネス課題の解決と親和性が高い

② マーケティング思考で考えると
データ分析で検証すべき視点がイメージしやすくなる

③ 3C分析、STP、パーチェスファネルなど
データ分析で使えるフレームが多い

④ マーケティング思考があると
施策が成果に結びつきにくい理由を想像しやすくなる

⑤ マーケティング知識があると
データ分析からの施策検討がイメージしやすくなる

▶ 図 5.1.2　マーケティングとデータ分析の関係

マーケティングとは「パーセプションを巡る争い」

マーケティングの成功確率を上げるには、顧客の目から見て、競合よりも優れた価値を提供していく必要があります。「顧客の目」からがポイントです。どんなに「自社商品・サービスは素晴らしい」とプロモーションしても、顧客の頭に残らなければ存在していないことと同じです。この「顧客の頭の中にある主観的な評価」のことをパーセプションと呼びます（図5.1.3）。

アル・ライズとジャック・トラウトは、著書『マーケティング22の法則』*¹において、「マーケティングとは商品の戦いではなく、知覚の戦いである」と述べています。この知覚（パーセプション）こそがマーケティングの重要キーワードです。マーケティングの役割は「顧客のパーセプションをチェンジさせることで、自社が望む行動を起こしてもらうこと」にあります。

マーケティングの基本プロセス

マーケティングの基本プロセスは、（1）戦略（＝どこで戦うかを決める）、（2）戦術（＝どのように戦うかを決める）、（3）育成（＝商品を育成する）の3ステップから構成されます（図5.1.4）。

戦略フェーズでは、市場環境分析やSTPをもとに「誰に、どのような価値を提供するか」を決定します。企業の経営資源をどの領域に重点投入するかを決めるため、慎重に検討する必要があります。

戦術フェーズでは、マーケティング・ミックスの開発を通じて「提供価値を具現化」します。メーカーの場合、製品（Product）、価格（Price）、プロモーション（Promotion）、チャネル（Place）を開発していきます。頭文字を取って4Pとも言われます。4Pは「メーカー視点」の発想であるため、「消費者視点」から捉え直した4C（顧客価値、顧客コスト、顧客とのコミュニケーション、顧客利便性）も提案されています。

育成フェーズでは、上市した「商品・ブランドを育成」していきます。マーケティング活動や市場状況を定期的にレビューし、マイナーチェンジが必要な場合は「マーケティング・ミックスの開発」、大幅な見直しが必要な場合は「市場環境分析」「STP」に戻って対応策を検討します。

「顧客」の視点からの評価が大事。
パーセプションとは「顧客の頭の中にある主観的な評価」のこと

マーケティングとは「商品の戦いではなく、パーセプションを巡る争い」

▶ 図 5.1.3　マーケティングにおけるパーセプションの重要性

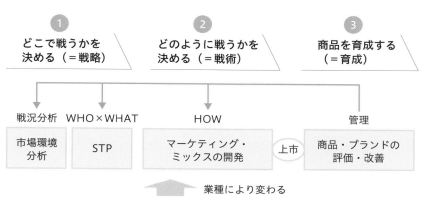

▶ 図 5.1.4　マーケティングの基本プロセス

マーケティング（市場環境分析）

自社を取り巻く「市場環境」を分析する

マーケティングの最初のステップは「市場環境分析」です。図 5.2.1 に示すように、市場環境分析の目的は「市場環境の分析を通じて、成功確率が高まる戦略の方向性を探ること」です。

市場環境には「マクロ環境」と「ミクロ環境」があります。前者は、政治や経済環境など、自社でコントロールできない社会構造の底流にある環境です。後者は、市場や競合環境など、自社でコントロールできる環境です。

環境分析では、自社が置かれている状況を「SWOT 分析」で整理します。SWOT 分析とは、内部環境（自社）と外部環境（社外）、自社へのプラス影響とマイナス影響の2軸から、環境要因を「強み」「弱み」「機会」「脅威」に整理する手法です。その後、各要因を組み合わせる「クロス SWOT 分析」を通じて、成功確率が高まる戦略の方向性を探ります。「自社の強みが活かせる機会を探る積極的施策」を最大限に活用していきます。

ユニバーサル・スタジオ・ジャパン（USJ）をV字回復させた森岡毅氏は、著書『確率思考の戦略論 USJ でも実証された数学マーケティングの力』[*2]において、「私は市場構造を精緻に理解することに情熱を燃やし、「勝てる戦いを見つけること」と「市場構造を利用する方法を考えること」に思考を集中している」と、市場構造を理解する重要性を指摘しています。

●「PEST 分析」でマクロ環境を分析する

マクロ環境の分析方法では「PEST 分析」が有名です。PEST 分析とは「自社に影響を及ぼすマクロ環境の"変化"を洗い出し、自社にとっての機会や課題の仮説を立てるための分析のことを言います。具体的には「政治」「経済」「社会」「技術」の変化に着目します（図 5.2.2）。

PEST 分析では、マクロ環境の変化を洗い出すだけでなく、その変化が、自社にとって機会もしくは脅威になるかまで検討して意味があります。

市場環境を整理する　　　　戦略の方向性を考える

SWOT分析・クロスSWOT分析

マクロ環境

自社への影響
プラス　マイナス

	プラス	マイナス
内部環境	強み	弱み
外部環境	機会	脅威

強み×機会：積極的施策

弱み×機会：弱点強化策

強み×脅威：差別化施策

弱み×脅威：防衛・撤退

成功確率が高まる戦略の方向性

ミクロ環境

▶ 図5.2.1　市場環境分析のステップ

第5章　データ分析に必要なビジネス知識（後半）

	自社への影響	主要な要素	具体例
Politics（政治的要因）	市場における競争ルールの変更	・法改正 ・税制変化 ・政治動向	・2050年カーボンニュートラル実現（ビジネスモデルや戦略の転換） ・緊急事態宣言下での使用制限要請
Economy（経済的要因）	消費性向やコスト構造に影響	・景気動向 ・物価/賃金動向 ・為替/金利	・新型コロナによるGDPの低下、グローバルサプライチェーン寸断 ・労働力不足による人件費の高騰
Society（社会的要因）	消費者の認識や意思決定基準に影響	・人口動態 ・社会インフラ ・ライフスタイル変化	・単身世帯の増加による小容量化 ・新型コロナによる、巣篭もり消費の増加、オンライン購買の浸透
Technology（技術的要因）	市場におけるKSFに影響	・ビッグデータ ・IT/クラウド技術 ・研究開発技術	・オンラインによる新ビジネス ・OMO（Online Merges with Offline） ・オールウェイズ・オン（常に接点） ・ソーシャルネットワークのインフラ化

▶ 図5.2.2　PEST分析

●「3C分析」でミクロ環境を分析する

ミクロ環境の分析では「3C分析」が有名です。3Cとは「顧客（Customer）」「競合（Competitor）」「自社（Company）」の頭文字を指します。

3つのCから分析していくことで、事業機会の発見や事業成功のカギ（KSF：Key Success Factors）を特定していきます。KSFとは「事業を成功させるための最重要要因」を言います。清涼飲料の場合では「自販機の台数と好立地を押さえること」がKSFになります。

3C分析は「自社→顧客→競合→自社」の順番で分析します（図5.2.3）。最初に「自社」があるのは、自社の歴史や組織能力を確認することで、顧客や競合を見るときに、自社の強み・弱みを想起しやすくするためです。

顧客では、（1）現在の市場規模と成長見通し、（2）商品の使用状況・習慣、（3）顧客ニーズ、（4）購買プロセスと購買決定要因（KBF：Key Buying Factors）などを分析します。

競合では、顧客ニーズをもとに競合の範囲を特定し、（1）業界の寡占度や参入難易度、（2）競合企業の強み・弱み、（3）競合企業のマーケティング戦略、ポジションなどを分析します。DXが進む現在では、業種の垣根を越えた新規企業の参入や代替品が生じやすい環境になっています。既存の業界だけでなく、同じニーズを満たす競合を意識することが重要です。

最後の自社では、顧客と競合を踏まえた自社の強み・弱みを明らかにすることで、事業機会の発見や事業成功のカギ（KSF）を検討していきます。

● 3C分析を通じて「バリュープロポジション」を探索する

バリュープロポジションとは「顧客ニーズに対して、競合には提供できず、自社にしか提供できない価値」を言います。VRIO分析をもとに、バリュープロポジションに持続性があるかをチェックすることも重要です。

VRIO分析とは「自社の経営資源に持続的な競争優位があるかを判断する分析手法」を言います。具体的には、経営資源を（1）Value（経済的価値）、（2）Rarity（希少性）、（3）Inimitability（模倣困難性）、（4）Organization（組織能力）の4つの観点から評価していきます。

マーケティングでは「自社にしか提供できない強み」であるバリュープロポジションの探索・構築が重要です（図5.2.4）。

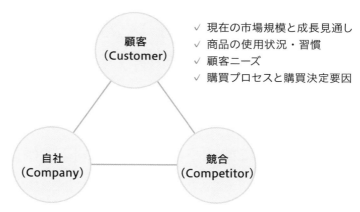

顧客
(Customer)
✓ 現在の市場規模と成長見通し
✓ 商品の使用状況・習慣
✓ 顧客ニーズ
✓ 購買プロセスと購買決定要因
自社
(Company)
競合
(Competitor)
✓ 自社の歴史・こだわり
✓ 経営戦略の方向性
✓ 自社の経営資源、強み・弱み
✓ 業界の寡占度や参入難易度
✓ 競合の強み・弱み
✓ 競合のマーケティング戦略、ポジション

▶図5.2.3　3C分析

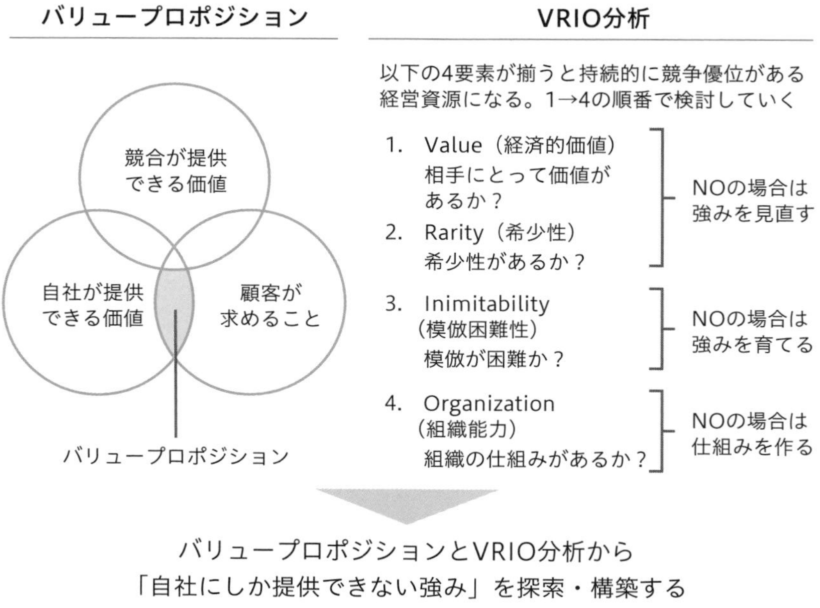

バリュープロポジション
競合が提供できる価値
自社が提供できる価値
顧客が求めること
バリュープロポジション
VRIO分析
以下の4要素が揃うと持続的に競争優位がある経営資源になる。1→4の順番で検討していく
1. Value（経済的価値）相手にとって価値があるか？
2. Rarity（希少性）希少性があるか？
NOの場合は強みを見直す
3. Inimitability（模倣困難性）模倣が困難か？
NOの場合は強みを育てる
4. Organization（組織能力）組織の仕組みがあるか？
NOの場合は仕組みを作る
バリュープロポジションとVRIO分析から
「自社にしか提供できない強み」を探索・構築する

▶図5.2.4　バリュープロポジションとVRIO分析

5.3 マーケティング（消費者理解）

マーケティングは「消費者理解に始まり、消費者理解に終わる」

マーケティングは「消費者理解に始まり、消費者理解に終わる」と言われるほど、消費者理解は重要です。

本節では、（1）3C視点からの消費者理解（ニーズ→競合→ウォンツ→ベネフィット）、（2）消費者の購買意思決定プロセス／評価方法、（3）消費者の非合理な意思決定、の3つの観点から説明していきます。

マーケティングは「顧客ニーズの理解が出発点」

最初は、3C視点からの消費者理解です。前節のバリュープロポジションで説明した通り、マーケティングでは「顧客ニーズの理解」が出発点です。ニーズとは「満たされていない、もっと満たしたいなど"○○したい"という結果を求める思い」を言います。そして、ニーズを実現する手段（商品・サービス）が「ウォンツ」になります（図5.3.1）。

セオドア・レビットが「人はドリルが欲しいのではない。穴を開けたいだけなのだ」との名言を残していますが、「穴を開けたい」がニーズ、「ドリルが欲しい」がウォンツです。ニーズが「目的」、ウォンツが「手段」です。

ニーズに近い概念に、クリステンセン教授が提唱した「ジョブ理論」[*3]があります。同教授は、ジョブを「ある特定の状況で人が遂げようとする進歩」と定義し、「ジョブを解決するために顧客は商品を「雇用」する」と述べています。ミルクシェイクのジョブとして「車通勤する人が、長い通勤中に退屈せず、お腹を満たしたい」を発見し、それを解決する商品開発・改善を行うことで、売上を改善させた事例を紹介しています。

ニーズには「顕在ニーズ」と「潜在ニーズ」がある

　ニーズには「顕在ニーズ」と「潜在ニーズ」があります。図5.3.2の氷山に喩えると、顕在ニーズは「水面から見えている部分で、消費者が自覚しているニーズ」、潜在ニーズは「海面に隠れている部分で、消費者が自覚していないニーズ」です。消費者の思考の95%は無意識に行われており、潜在ニーズが大半を占めています。

ニーズとは「"○○したい"という結果を求める思い」。
ニーズを解決する手段を「ウォンツ（欲求）」と呼ぶ

ニーズではない（＝ウォンツ）	ニーズ
ハンバーガーを食べたい	空腹を解消したい、幸せな気分になりたいなど
映画を見たい	気分転換したい、共通の話題を作りたいなど
データ分析をしたい	自社の課題を見つけたい、仮説を検証したいなど

▶ 図5.3.1　ニーズとウォンツ

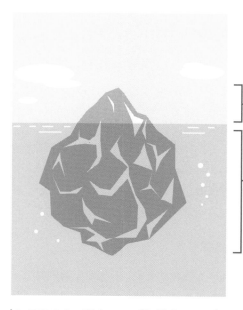

「顕在ニーズ」(5%)
消費者が自覚しているニーズ

● 比較的簡単なリサーチで把握可能で、どの企業も容易に発見できる

● 既に充足されたものが大半で、差別化された商品は開発しにくい

「潜在ニーズ」(95%)
消費者が自覚していないニーズ

● 消費者を深く理解するために、様々な手法が必要

● 簡単には発見できない

● 未充足である可能性が高く、差別化された商品が開発されやすい

▶ 図5.3.2　顕在ニーズと潜在ニーズ

第
5
章
データ分析に必要なビジネス知識（後半）

● ベネフィット（便益）とは「ニーズの解決を通じて得られる満足感」

　ベネフィット（便益）とは「ニーズの解決を通じて得られる心理的満足感」を言います。ベネフィットには、(1) 機能的ベネフィット、(2) 情緒的ベネフィット、(3) 自己表現ベネフィット、の3つがあります。

　図5.3.3に示すように、機能的ベネフィットとは「便利である／早いなど、商品の特徴によってもたらされるプラスの効果」、情緒的ベネフィットとは「安心できる／癒されるなど、商品を持つことで利用者が感じるプラスの感情」、自己表現ベネフィットとは「自分らしくいられる／自分に自信が持てるなど、自己表現・自己実現の形」を言います。

　ブランド間で、価格以外に差がない状況を「コモディティ化」と言います。機能的ベネフィットだけでは簡単に模倣されやすく、コモディティ化しやすくなります。そのため、情緒的ベネフィット、自己表現ベネフィットの訴求とともに、その根拠となる独自性・差別点の重要性が高まっています。

　ベネフィットは、ニーズと連動しており、TPO（Time：時間、Place：場所、Occasion：場面・状況）、行動前後の「気持ちの変化」を意識すると、どのようなベネフィットがあるかを想像しやすくなります。

● 競合とは「同じニーズを満たす全ての代替品・行為」

　マーケティングにおける競合とは、「同じニーズを満たすために用いられる全ての代替品・行為」を言います。

　図5.3.4の缶コーヒーを例に説明します。同じカテゴリーの缶コーヒーは直接の競合です。多くの企業がこの範囲を見ていることが多いですが、限られた市場規模の奪い合いになります。一方、缶コーヒーの競合を「眠気を覚ましたい」「元気を出したい」など、ニーズ視点から捉えると、栄養ドリンクやガムなども競合になります。ここを意識した商品開発やプロモーションができるとビジネスが大きくなります。

● ニーズ、競合が変わると、自社の強みも変わる

　ニーズ、競合が変わると、自社の強みも変わります。万年筆を例に説明します。万年筆のニーズを「綺麗な文字を書きたい」とした場合、競合は「万年筆」、自社の強みは「他の万年筆よりもデザインが良い」となります。一

方、ニーズを「友人に連絡を取りたい」とした場合、競合は「電話、LINEなど」、自社の強みは「大事な節目は手書きで伝えよう」になります。

「ニーズ」が「競合」を決め、「市場」を定義します。その中で、「自社の強み」を探索していくことが、マーケティングの流れになります。

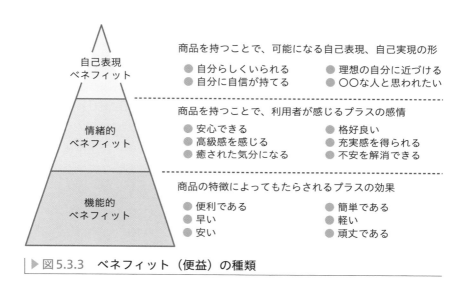

▶ 図5.3.3　ベネフィット（便益）の種類

▶ 図5.3.4　マーケティングにおける「競合」

消費者の「購買意思決定プロセス／評価方法」を理解する

　観点の2つ目は、消費者の「購買意思決定プロセス／評価方法」の理解です。最初に、消費者が購入する商品（消費財）の分類から説明します。

　消費者が購入する商品（消費財）は、「関与度（商品やブランドなどに対するこだわり度）」と「購買態度」から、（1）最寄品、（2）買回品、（3）専門品に分類されます（図5.3.5）。

　最寄品は、最寄りの小売店で購入する食料品や日用品が該当します。低価格で購入頻度が高く、習慣的に購入する商品を決める傾向があります。

　買回品は、複数の小売店で比較しながら購入する洋服や家電、スマホなどが該当します。いくつかの基準をもとに商品を比較して購入に至ります。

　専門品は、自動車や高級ブランド、住宅など、購入する際に特別な知識や趣味性が必要になる商品です。関与度が高く、価格も高いため、購入にかける労力を惜しまない傾向があります。

● 商品特性によって「購買意思決定プロセス」に強弱がある

　消費者が商品・サービスを購入する際は、「購買意思決定プロセス」と呼ばれる5つのステップを通過します（図5.3.6）。

　消費者が商品・サービスを購入するときは、外部／内部刺激からニーズに気づく「問題認識」から始まります。問題に気づいた後は、問題を解決するために情報を探索する「情報探索」を行います。その後、探索した情報をもとに「評価行動」を行い、何を購入するかの「購買決定」をします。購買後は、使用を通じて「購買後の評価」を行います。

　購買意思決定プロセスは、商品によって強弱があります。最寄品は、関与度が低く、価格も低いため、あまり情報探索せずに購入します。一方、専門品は、失敗したくない気持ちが強く、情報探索や評価行動、購買後の評価をしっかり行う傾向があります。

　購買後の評価では、購入したことを後悔する「認知的不協和」が発生することがあります。消費者は自分の行動を正当化する情報を集めることで、認知的不協和を解消します。そのため、企業も購入後のフォローを実施し、認知的不協和の解消を促すことが重要です。

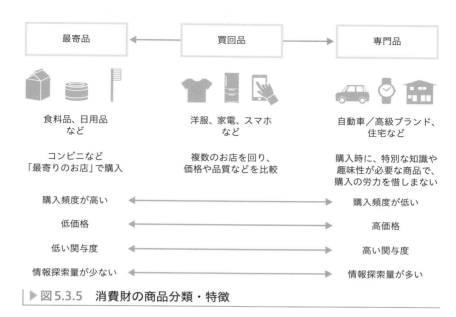

▶ 図 5.3.5　消費財の商品分類・特徴

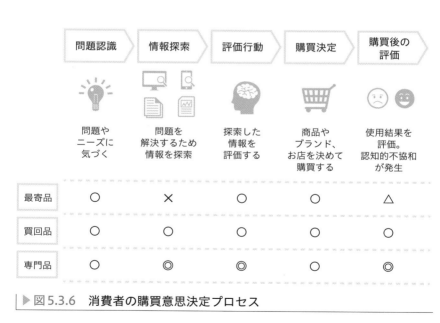

	問題認識	情報探索	評価行動	購買決定	購買後の評価
	問題やニーズに気づく	問題を解決するため情報を探索	探索した情報を評価する	商品やブランド、お店を決めて購買する	使用結果を評価。認知的不協和が発生
最寄品	○	×	○	○	△
買回品	○	○	○	○	○
専門品	○	◎	◎	○	◎

▶ 図 5.3.6　消費者の購買意思決定プロセス

● 「想起集合（Evoked Set）」に入らないブランドは購入されない

　消費者は、購買意思決定プロセスの「情報探索」「評価行動」を通じて、ブランドを絞り込んでいきます。図5.3.7に、消費者がブランドを絞り込むプロセスである「ブランド・カテゴライゼーション」*4を掲載しています。

　具体的には、世の中に存在する「入手可能集合」から、名前を知っている「知名集合」、特定の製品属性で評価する「処理集合」、購入を検討する候補である「想起集合（Evoked Set）」に絞り込んでいきます。「想起集合」に入らないブランドは購入されないため、非常に重要な指標になります。

　森岡毅、今西聖貴氏は、著書『確率思考の戦略論 USJでも実証された数学マーケティングの力』*2において、「消費者は誰しも「エポークト・セット」を持っており、プレファレンスに基づいてそれぞれのブランドを購入する「確率」が決まっている」と指摘しています。プレファレンスとは「ブランドに対する好意度」のことで、「主にブランド・エクイティー、価格、製品パフォーマンスの3つによって決定されます」と説明しています。

● 消費者は「システム1」と「システム2」を使い分けて商品を評価する

　消費者が商品・サービスを評価する際は、（1）直感に基づいて判断する「システム1」、（2）論理に基づいて判断する「システム2」、を場面に応じて使い分けています（図5.3.8）。

　合理的に考えるときは「システム2」を用います。じっくり情報を整理・分析し、過去の経験も照らし合わせて判断していきます。各商品の重要な属性（重視項目）を全て評価し、それらを合計した（重み付き）全体評価が最も高いブランドを選択する「補償型ルール」が有名です。ある属性で負けていても、他の属性で補えることから「補償型」と言います。

　一方、毎回、システム2で処理するのは負荷が高いです。そこで、直感や感情、経験などの数少ない情報をもとに素早く判断する「システム1」が多く用いられています。このときの判断基準を「ヒューリスティック」と言います。消費者は、疲れている／情報量が多い／時間がない／情報が簡単で何度も見慣れているなどの状況では、辞書編纂型、連結型、感情依拠型、前の選択型などの単純化ルールをもとに、商品・サービスを選択します。システム1は、消費者の非合理な購買行動を生む大きな要因になっています。

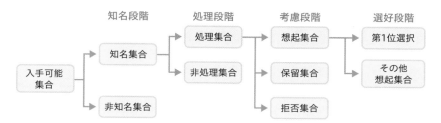

出典：J.E.Brisoux,E.J Cheron "Brand Categorization and Product Involvement"
　　　Advance in Consumer Research（1990）＊4
注：日本語訳は著者によるもの

▶ 図 5.3.7　ブランド・カテゴライゼーション

| システム1 | ● 直感や感情、経験などの数少ない情報をもとに素早く判断する
● 消費者の判断基準を「ヒューリスティック」と呼ぶ

✓ 辞書編纂型
　　最も重要な属性（重視項目）で、最も優れている商品を選択する
✓ 連結型
　　各属性（重視項目）に、最低限必要とする条件（必要条件）を設定し、
　　それをすべて満たす商品を選択する
✓ 分離型
　　各属性（重視項目）に、受容可能な条件（十分条件）を設定し、
　　1つでも十分条件を満たす商品を選択する
✓ 感情依拠型
　　一番好きな商品を選択する
✓ 前の選択型
　　前の買い物で買った商品が満足した場合は再び選択する
✓ 価格ベース・ルール
　　一番安い商品、あるいは、一番高い商品を選択する |

システム2

● じっくり情報を整理・分析し、過去の経験も照らし合わせて判断する

✓ 補償型ルール
　各商品の重要な属性をすべて評価し、それらを合計した全体評価が最も高い
　商品を選択する

	デザイン	本体カラー	本体サイズ	操作性	各種機能	メーカーイメージ	総合点
候補A	4	3	4	2	3	2	3.1点
候補B	3	5	4	4	2	4	3.6点
候補C	5	2	3	4	5	2	3.8点
候補D	1	3	4	5	4	3	3.1点
候補E	3	2	4	3	4	5	3.5点
重要度	30%	10%	15%	20%	10%	15%	

▶ 図 5.3.8　「システム1」と「システム2」を使い分けて商品を評価する

消費者は「非合理な意思決定」をとる（行動経済学）

観点の3つ目は「消費者の非合理な意思決定」です。先ほどのシステム1、システム2に代表されるように、消費者は非合理な行動をとります。消費者の非合理な意思決定のメカニズムを解明する学問が行動経済学です。

図5.3.9に、行動経済学で有名な理論を掲載しています（体系化されていない領域であるため、区分は筆者独自）。行動経済学では、インプットした情報から判断するまでに生じる偏りのことを「バイアス」と言います。

図5.3.9では、バイアスを、（1）効率よく情報を処理するためにプロセスを単純化する「ヒューリスティック」、（2）得よりも損のほうが強く感じる「プロスペクト理論」、（3）置かれた状況に応じて意思決定が偏る「状況」、（4）未来よりも現在を重視する「時間的選好」、に分類しています。

◉ 消費者は「得よりも損のほうが2〜2.5倍強く感じる」プロスペクト理論

プロスペクト理論とは「人間は与えられた情報から、期待値（事象が発生する確率）に比例して判断するのではなく、状況や条件によって、その期待値を歪めて判断してしまうという理論」を言います。人間は利益を得る場面では「確実に手に入れること」を優先し、損失を被る場面では「最大限回避すること」を優先する傾向があります。また、同じ金額を「得」もしくは「損」した場合、損のほうが2〜2.5倍強く感じると言われます。マーケティングでは、価格設定（最初に高い価格を提示し、その後、安い価格を提示するなど）、メッセージ訴求（損失回避を伝えるメッセージなど）などで活用されています。

◉ 消費者は「状況」により、意思決定が変わる

経済行動学によると、消費者は状況によって意思決定させられていると言われます。その代表例として、意味的には同じでも、表現や状況の違いで受け取り方が異なる「フレーミング効果」、情報が多すぎることで選べない状況が生じる「選択肢オーバーフロー」などがあります。

定量データでデータ分析すると、消費者を合理的な存在だと無意識に考えがちです。一方、消費者は非合理で動くため、分析結果に矛盾が生じます。インタビューや行動観察を通じて、その状況における消費者の合理を理解す

ることが重要です。

　また、消費者が頭に思い浮かぶ「考慮集合」「支払意思額（WTP：willingness to pay）」は状況によって変化します。データ分析は「合理性」ではなく、「非合理」「状況」を意識して分析・推測することが大事です。

行動経済学とは「消費者の非合理な意思決定のメカニズムを解明する学問」

ヒューリスティック	✓ 利用可能性ヒューリスティック 　　想起しやすい事象や記憶を過大に評価する ✓ 代表性ヒューリスティック 　　代表的（典型的）な事象だけを見て、全体も同じように判断する ✓ アンカリング効果 　　提示された情報やデータがアンカー（錨）となり、その後の判断に影響する
プロスペクト理論	✓ プロスペクト理論 　　同じ金額を「得」もしくは「損」した場合、損のほうが2〜2.5倍強く感じる ✓ 確率加重関数 　　小さい確率を過大に、大きい確率は過小に見積もる傾向がある ✓ 現状維持バイアス 　　変化よりも現状を維持することを望む傾向のこと ✓ サンクコスト効果 　　投入費用を無駄にしたくないため、損だとわかっていてもやめられないこと
状況	✓ 系列位置効果 　　いくつかの情報を覚えようとするとき、情報の順番によって記憶の定着度が異なる。最初と最後が頭に残りやすい ✓ 情報オーバーロード 　　多すぎる情報は、人を疲れさせ、合理的な意思決定を妨げる ✓ 選択肢オーバーロード 　　選択肢が多すぎることで、選べなくなってしまうこと ✓ フレーミング効果 　　意味的には同じでも、表現や状況の違いで受け取り方が異なること
時間的選好	✓ 現在バイアス 　　未来にある満足よりも、目の前の満足を優先させてしまうこと

▶ 図5.3.9　消費者は「非合理な意思決定」をとる（行動経済学）

マーケティング（STP）

STPをもとに「ターゲット×提供価値」を決める

　市場環境分析の後は「STP」のステップです。STPとは「誰に、どのような価値を提供するか」を決めることを言います。STPは「Segmentation：セグメンテーション」「Targeting：ターゲティング」「Positioning：ポジショニング」の頭文字です（図5.4.1）。

　マーケティングでは、万人向けの商品・サービスを提供すると、かえって売れないことがあります。顧客を絞り、独自性がある商品・サービスを提供したほうが売上、利益が増えるケースが多いです。

セグメンテーションで「同質なニーズのグループに分ける」

　セグメンテーションとは「消費者を同質なニーズ・選好を持っているとみなせるグループに分けること」を言います。グループを分ける基準には、図5.4.2に示すように、4つの基準（変数）があります。実務では、複数の変数を組み合わせてニーズが分かれるように試行錯誤していきます。

　地理的変数、人口動態的変数はデータが取得しやすいこともあり、セグメンテーションの軸として使われることが多いですが、消費者が多様化する中では、有用度が低くなっています。

　心理的変数とは「ライフスタイル」「パーソナリティ」などで分けることを言います。クラスター分析を用いたライフスタイル・セグメンテーションを実施することもあります。

　消費者行動変数とは「オケージョン」「ベネフィット」「使用状況」「使用量」「ロイヤルティ」などで分けることを言います。ニーズが最も反映されやすいこともあり、マーケティング上の有用度は高いです。

　筋の良いセグメンテーションを見つけるには、（1）管理しやすいセグメン

ト数である、（2）セグメンテーションが再現しやすい、（3）セグメント間で
ニーズが異なる、ことを意識します。面白いセグメンテーションができても、
再現性が低く、ニーズの違いが曖昧だと活用できません。特に、DMP／
CDPで様々なデータを統合・活用していくには、横串で紐づけられるように
シンプルな情報でセグメンテーションできることが重要です。

STPとは「誰に、どのような価値を提供するか」を決めること

① Segmentation（セグメンテーション）

消費者を「同質なニーズ・選好を持っている」とみなせるグループに分ける

② Targeting（ターゲティング）

セグメントのうち、ユーザーになってほしいグループ（＝ターゲット）を決定する

③ Positioning（ポジショニング）

「競合」との比較において、自社が獲得すべき「独自の役割」を決める

▶ 図5.4.1　STP

グループ分けの基準（例）

変数	主な切り口	セグメント例
地理的変数	• 地方 • 気候 • エリア特性	• 関東、関西など • 寒暖、季節など • 都市部、郊外、地方など
人口動態的変数	• 性別 • 年齢 • 家族構成 • 所得 • 職業	• 男性、女性 • MT層、M1層、M2層、M3層など • 未婚、既婚（子なし）、既婚（子あり） • 年収1000万円以上、300万円以下など • 有職者、有職主婦、専業主婦（夫）など
心理的変数	• ライフスタイル • パーソナリティ	• 健康志向型、都会型など • 新しもの好き、保守的など
消費者行動変数	• オケージョン • ベネフィット • 使用状況 • 使用量 • ロイヤルティ	• 日常利用、特別利用 • 品質、サービス、経済性、迅速性 • 未利用者、過去利用者、初回利用者など • ヘビー、ミドル、ライト利用者 • 絶対的、強い、中程度、弱い

情報の取りやすさ

マーケティングの有用度

▶ 図5.4.2　セグメンテーションの切り口

ターゲティングで
「ユーザーになってほしい相手を決める」

　ターゲティングとは「セグメンテーションしたセグメントのうち、ユーザーになってほしいグループを決めること」を言います。

　ターゲットには「戦略ターゲット」と「コアターゲット」があります。前者は、マーケティング予算を投下する最も大きな括りで、中長期的な視点で広く設定します。後者は、予算を集中するグループで、目的次第で複数設定します。キャンペーンなどで短期で変更することもあります（図5.4.3）。

　ターゲットを決める際は、（1）セグメントの市場規模、成長見通し、（2）セグメントにおける競争優位の構築可能性、（3）他社からのスイッチ容易性などから検討します。

　なお、ターゲット分析を行うときは、「集団としての特徴」を分析するターゲットプロファイリングと、「1人の理想の顧客像」を分析するペルソナ分析を明確に分けることが重要です。ターゲットプロファイリングは、セグメント間の属性や行動・意識に関する定量データから作成します。そのため、実在しないペルソナである点に注意が必要です。

　ペルソナの役割は、その顧客の生活や気持ちを理解して、具体的な施策を考えることです。そのため、ペルソナ分析は「1人の実在する顧客」に絞ることが重要です。複数人からペルソナを作成する場合は、一人一人のペルソナを作成した後、共通するインサイトや生活習慣を抽出して作成します。

ポジショニングで
「自社が獲得すべき独自の役割を決める」

　ポジショニングとは「競合との比較において、自社が獲得すべき「独自の役割」を決めること」を言います。ポジショニングの目的は、消費者から見て「他に替えられない独自の存在になること」です。

　具体的には、競合との立ち位置を示すポジショニングマップを作成することが多いです（図5.4.4）。軸の視点には、（1）製品（品質、機能など）、（2）利用シーン（時間帯、用途など）、（3）ベネフィット（疲れがとれる、便利であるなど）、（4）イメージ（先進的、王道など）、（5）消費者タイプ（家族

向け、単身向け）などがあります。

　新商品と自社の既存商品が同じポジションの場合、同じ顧客を奪い合うカニバリゼーション（共食い）が発生するため、既存商品と重複しない場所を狙うことが重要です。

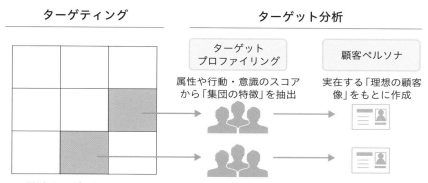

✓ 戦略ターゲット
　　マーケティング予算を投下する最も大きな括り。中長期的な視野で広く設定
✓ コアターゲット
　　より予算を集中するグループで、目的次第で複数設定。短期で変更することもある

▶ 図5.4.3　ターゲティング、ターゲット分析

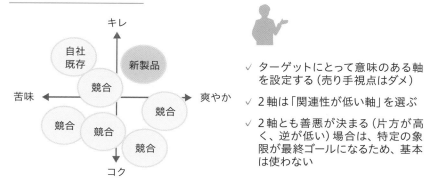

▶ 図5.4.4　ポジショニングマップ作成のポイント

5.5 マーケティング（マーケティング・ミックスの開発）

マーケティング・ミックスは「一貫性」を意識する

　STPを通じて「誰に、どのような価値を提供するか」を決めた後は、商品・サービスとして具現化していく「マーケティング・ミックスの開発」のステップです（マーケティング・ミックスの要素は、5.1参照）。

　マーケティングでは「一貫性」が重要です。具体的には、「提供価値とマーケティング・ミックスの一貫性」「マーケティング・ミックス間の一貫性」です。図5.5.1に示すように、同じカフェ業態に属する珈琲所コメダ珈琲店とスターバックスは異なる戦略と戦術を採用しています。両社とも高い一貫性を保っているため、継続的な成長を実現できているのです。

　本書では、マーケティング・ミックスの中でも、「プロモーション」に絞って説明します。

価値の伝え方次第で、売れ行きが変わる

　ジャパネットたかたの創業者・高田明氏の「ボイスレコーダーの伝え方」*5は、価値の伝え方の重要性を教えてくれる好例です。それまでビジネス用途の利用が多かったボイスレコーダーを、同氏は「おじいさんやお母さんこそ使うべきですよ」と訴求しました。高齢者には「物忘れを防ぐメモ代わり」、母親には「仕事で不在時の子どもへのコミュニケーションツール」として、体験的に腑に落ちるシチュエーションをもとに商品の価値を伝えた結果、何千台も売れるヒット商品になりました。

◉「WHO × WHAT × HOW」でターゲットに価値を届ける

　消費者に価値を伝えるためには、「WHO（誰に）」「WHAT（何を）」「HOW（どのように）」から構成されるコミュニケーション・プランニングを検討することが大事です。具体的には、「WHO」「WHAT」がコミュニ

ケーション・コンセプト（クリエイティブの開発）、「HOW」がメディア計画にあたります（図5.5.2）。

	珈琲所コメダ珈琲店	スターバックスコーヒー
ターゲット	子どもからお年寄りまで幅広い層	20〜30代の若年層
コンセプト（理念）	くつろぐ、いちばんいいところ	サードプレイス（職場と家庭との間にあって、いつでも安心してくつろげる第三の場所）
製品	・強い焙煎感と高い濃度が特徴のコーヒー ・シロノワール、ボリューム感のあるスナック ・充実したモーニングサービス	・高品質でサステイナブルなコーヒー ・コーヒーと相性が良い焼き菓子、サンドイッチ ・期間限定で提供するコーヒー以外のドリンク
価格	・コメダブレンド ￥460〜￥700	・ドリップ コーヒー ￥350〜￥480
流通	・郊外住宅街立地が中心	・駅近や繁華街が中心
プロモーション	・店頭看板、SNS、TV番組への出演 ・お得なコーヒーの前売り回数券の発行	・店員や消費者自身、SNSを通じた広告 ・アプリを活用した会員ランク制度
物理的環境	・開放的な空間、間仕切りでプライベート確保 ・駐車場隣接	・コーヒーの香りを楽しむために全面禁煙 ・センスの良いソファや観葉植物、音楽
プロセス	・フルサービス型	・セルフサービス型
人	・自然で心のこもった温かみのあるサービス ・個店に裁量を持たせることで、立地に合わせたサービス	・フレンドリーで親しみやすいサービス ・直営店展開による教育体制の整備

▶ 図5.5.1　珈琲所コメダ珈琲店とスターバックスのマーケティング比較

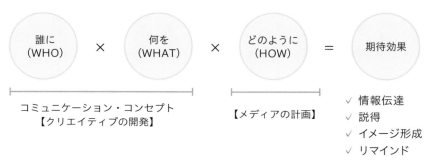

▶ 図5.5.2　コミュニケーション・プランニング

● コミュニケーション・コンセプトとは

コミュニケーション・コンセプトとは「商品の価値を伝え、購入への態度変容を生じさせるコミュニケーションの指針」のことで、「ベネフィット」「RTB」「コンテクスト」の3つから構成されます（図5.5.3）。

ベネフィットとは「ニーズの解決を通じて得られる心理的満足感」であり、（1）機能的ベネフィット、（2）情緒的ベネフィット、（3）自己表現ベネフィット、の3つがあります。RTBとは「ベネフィットが本当に実現されると信じるに足る十分な理由」を言います。また、コンテクストとは「ベネフィットの重要度を上げるような（そうだよね！と実感させるような）周辺情報やシーンなどの刺激」を言います。

ライザップの場合では、「なりたい自分に変わりたい」というベネフィットに対して、「科学的根拠に基づいたトレーニング、栄養学に基づいた食事指導」がRTBとして支え、広告のトレーニング前後の姿から「自分も生まれ変われるかも！」といったコンテクストを訴求しています。

● 「コンセプト」を「クリエイティブ・ブリーフ」に変換する

コミュニケーション・コンセプトを決めた後は、広告の設計書である「クリエイティブ・ブリーフ」に落とし込みます（図5.5.4）。

クリエイティブ・ブリーフは、広告の目的、目的達成のために、誰のどのような認識（パーセプション）の変化を起こすのか、それをどのようなメッセージで促すのかなどを整理したものです。なお、インサイトとは「消費者自身が気づいていない（直視したくない）真実であり、購買意欲を促すもの」を言います。消費者の認識を変える、感情をえぐるなどでインサイトを刺激します。このブリーフをもとに、クリエイティブを開発していきます。

● プロモーションの手段には「プル型」と「プッシュ型」がある

プロモーションの手段には「プル型」と「プッシュ型」があります。プル型には、（1）広告（テレビ、新聞、Web、交通広告など。有料で訴求）、（2）パブリシティ（プレスリリースなど。無料で発信。メディアが取り上げるため信頼性が高い）、（3）口コミ・SNSがあります。プル型は、需要を喚起し指名買いを誘発することが目的で、「認知や理解向上」に有効です。

一方、プッシュ型には、（1）販売促進（サンプル・クーポンの配布、値引き、実演販売など）、（2）人的販売（営業による訪問・製品説明、展示会での顧客対応など）があります。プッシュ型は、商品を売り込んでいくことが目的で、「購入促進・ロイヤルティ向上」に有効です。

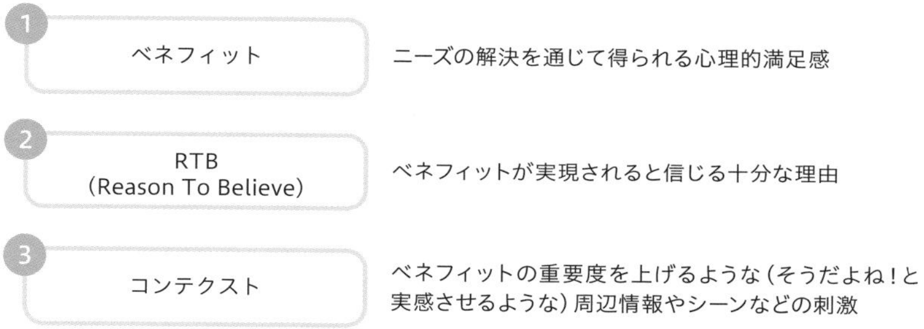

1	ベネフィット	ニーズの解決を通じて得られる心理的満足感
2	RTB (Reason To Believe)	ベネフィットが実現されると信じる十分な理由
3	コンテクスト	ベネフィットの重要度を上げるような（そうだよね！と実感させるような）周辺情報やシーンなどの刺激

▶ 図5.5.3　コミュニケーション・コンセプト

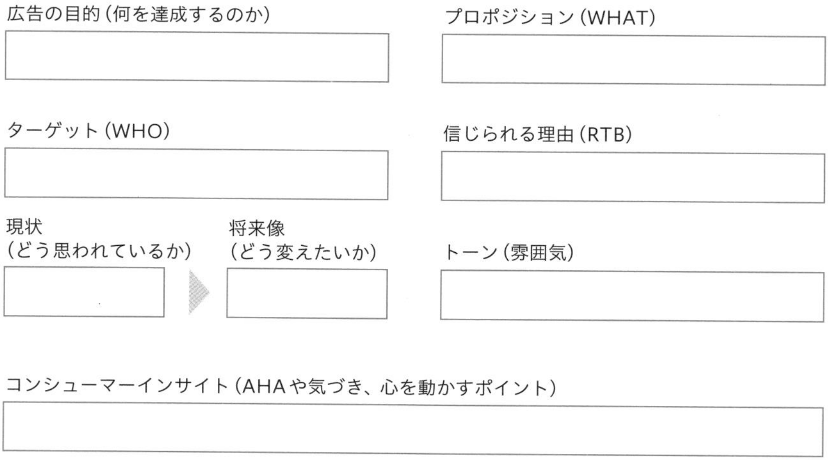

広告の目的（何を達成するのか）

プロポジション（WHAT）

ターゲット（WHO）

信じられる理由（RTB）

現状
（どう思われているか）　　将来像
（どう変えたいか）

トーン（雰囲気）

コンシューマーインサイト（AHAや気づき、心を動かすポイント）

▶ 図5.5.4　クリエイティブ・ブリーフの要素

マーケティング（商品の育成）

人間の一生と同じく、製品にもライフサイクルがある

　商品・サービスの市場投入後は、「PLC（Product Life Cycle）」をもとに管理していきます。PLCとは、「市場に投入されてから衰退するまでの過程を導入期・成長期・成熟期・衰退期で表現したもの」です（図5.6.1）。

　導入期は「市場拡大」を目標に、価格感度が低いイノベーターやアーリーアダプター向けに、ブランド認知を促進し、価格も高めに設定します。市場が成長すると成長期に移行します。成長期は「市場シェア拡大」を目標に、アーリーマジョリティと呼ばれる大衆層に特徴を訴求し、価格はやや低めに設定します。成熟期は「市場シェア維持」を目標に、ロイヤルティの維持、競合に負けない価格を設定します。衰退期は「生産性確保」を目標に、最低限の投資で利益を収穫する、もしくは市場からの撤退を検討します。

市場に浸透するには「キャズム」を超えることが必要

　PLCは企業側の視点ですが、消費者側の視点からは「イノベーター理論（商品普及プロセス）」が重要です。イノベーター理論とは「新商品を購入する順番を、イノベーター、アーリーアダプター、アーリーマジョリティ、レイトマジョリティ、ラガードの5つに分類したもの」を言います。

　イノベーターは、新しいものに興味があり、独自の判断で新商品を購入します。アーリーアダプターは、新商品を評価して周囲に推奨する、広めるオピニオンリーダー的な層です。そして、アーリーアダプターの影響で、アーリーマジョリティ以降の大衆層が順次購入していきます。

　この理論で重要なのが「キャズム」と呼ばれる溝です（図5.6.2）。イノベーターやアーリーアダプターは「誰も使っていない商品を先に使う」、アーリーマジョリティ以降は「多くの人が使っている安心感」を求める傾向があります。訴求点を変更することで、キャズムを超える必要があります。

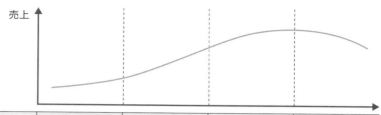

	導入期	成長期	成熟期	衰退期
戦略目標	市場拡大	市場シェア拡大	市場シェア維持	生産性確保
ターゲット	イノベーター アーリーアダプター	アーリー マジョリティ	レイトマジョリティ	レイトマジョリティ ラガード
プロモーション	ブランド認知	特徴の強調	ロイヤルティ維持	最低限
チャネル	限定	拡大	重点選択	限定
価格	高い	やや低い	最も低い	高い

▶ 図 5.6.1　PLC別のマーケティング戦略

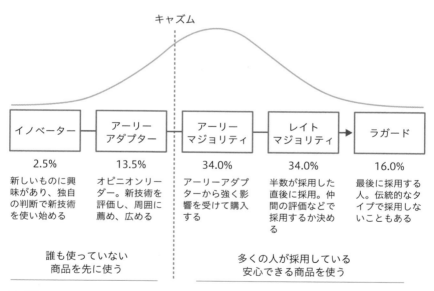

▶ 図 5.6.2　イノベーター理論（商品普及プロセス）

上市後のマーケティングで測定すべきは「顧客化」

　上市後のマーケティング活動では、定期的に「顧客化」の程度を測定し、改善すべき点がないかをチェックします。アンケートを通じて、図5.6.3に示すような、自社と競合のパーチェスファネル（認知→興味→店頭接触→トライアル→リピートなど）を測定し、競合との絶対値、歩留まり率（次のステップへの転換率）を比較し、問題がある箇所を発見していきます。

　パーチェスファネルが活用されるのは、マーケティング・ミックスとの相性が良いためです。トライアル以前に問題がある場合は「プロモーション」「チャネル」「価格」、リピート以降に問題がある場合は「製品」「価格」と連動していることが多いです。また、リピート率をKPIに設定し、その実現のために、各ステップの歩留まり率を何ポイント改善する必要があるかなどのシミュレーションも可能です。

　なお、関与度（こだわり）が高く、比較検討して購入に至る商品・サービスの場合は、「マインドフロー」の活用をお勧めします（5.8参照）。

マーケティングでコントロールすべき「3つの瞬間」

　マーケティングを成功させるには「3つの瞬間」で勝つことが大事です。それは、（1）消費者の頭の中、（2）店頭（商品の購入場所）、（3）商品の使用体験の3つです。最初の2つは「トライアル（初回購入）」、最後の1つは「リピート（継続購入）」に大きく影響します（図5.6.4）。

　一番重要なのは「消費者の頭の中」、すなわちパーセプションです。ブランド想起率では「純粋想起率」が重要です。純粋想起率とは「○○と聞いて、思い浮かぶブランドは」と質問して、自社ブランドが回答された割合です。『データ・ドリブン・マーケティング 最低限知っておくべき15の指標』[6]においても、マーケティングの成果指標として「ブランド認知率」が設定されています。上位の想起に入らないと、購入確率が下がります。

　また、欲しいと思っても店頭で見つからない、価格が適正でないと購入されません。最後に、使用時の満足度が高くないとリピートされません。

　この3つの瞬間で勝つために、多くの企業がデータ分析を実施し、施策の意思決定に活用しています。

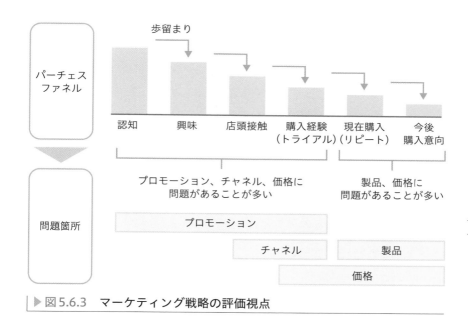

▶ 図 5.6.3　マーケティング戦略の評価視点

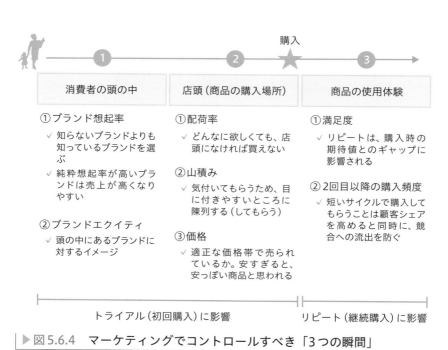

▶ 図 5.6.4　マーケティングでコントロールすべき「3つの瞬間」

既存顧客との関係性を強化する

　既存顧客との関係性強化には「CRM（顧客関係管理）」が活用されます。

　CRMとは「特定の消費者との関係を継続的に築き上げ、LTV（顧客生涯価値）の最大化を目指す経営手法」のことを言います。

　LTVとは「特定の顧客から一生涯にもたらされるであろう全利益の大きさ」を言います。LTVは「（平均購入単価×購入頻度×継続購入期間）−（新規獲得費用 ＋ 顧客維持費用）」から算出されます。この中で、一番重要なのは「継続購入期間」です。都度課金から定額サービスへの移行などで購入期間を延ばす施策が重要になります（図5.6.5）。

● 既存顧客をランク付けする

　LTVの最大化のためには、既存顧客をランク分けし、各ランクに応じた対応が必要です。既存顧客をランク付けする方法として、(1) RFM分析、(2) CPM分析、(3) デシル分析などが有名です（図5.6.6）。

　RFM分析とは「最新購入日（Recency）、購入頻度（Frequency）、購入金額（Monetary）から顧客をランク付けする方法」を言います。3つの合計点上位のロイヤル顧客に「特別セール招待」「優待価格での商品紹介」を送付するだけでなく、直近購入がない休眠顧客に「キャンペーン情報」を送るなど、一部の情報だけを活用することもあります。

　CPM分析とは「購入金額、在籍期間（最終購入日−初回購入日）、離脱期間（現在−最終購入日）をもとに顧客を分類する方法」を言います。初回購入日から90日未満に再び購入した顧客を「よちよち客」と呼び、90日時点の累計購入金額が7万円（商材で変更可）を基準に「流行客」もしくは「コツコツ客」に分類します。そして、累積購入金額7万円以上かつ在籍期間が210日以上を「優良顧客」と位置づけています。また、離脱期間を240日と設定している点も特徴です。理想的な流れは「初回客→よちよち客→コツコツ客→優良客」です。初回顧客／よちよち客には「商品情報」、コツコツ客／優良客には「会社情報」、優良客には「特別感」を訴求して育成していきます。

　デシル分析とは「購入金額を高い順に、顧客を10等分する方法」です。各ランク（デシル1～10）の売上高構成比から、売上への貢献度が高い優良顧客層を分析していくアプローチが多いです。

LTV（ライフタイムバリュー）

✓ 1人のお客様から得られる利益の総額のこと。

> $$LTV =（平均購入単価 × 購入頻度 × 継続購入期間）-（新規獲得費用 + 顧客維持費用）$$

✓ 購入単価の向上 → アップセル、クロスセル、オプションサービス
✓ 購入頻度の向上 → 購入後のアフターフォロー（リマインド）
✓ 継続購入期間の向上 → 定額サービス、カスタマーサポート

▶ 図5.6.5　LTV（ライフタイムバリュー）の構成要素、向上視点

| RFM分析 | ● 最新購入日（Recency）、購入頻度（Frequency）、購入金額（Monetary）から顧客をランク付け |

	リーセンシー（最新購入日）	フリークエンシー（購入頻度）	マネタリー（購入金額）
ランク5	30日以内	50回以上	10万円以上
ランク4	60日以内	30〜49回	5〜10万円
ランク3	90日以内	10〜29回	3〜5万円
ランク2	180日以内	2〜9回	1〜3万円
ランク1	180日以上	1回	1万円未満

各ランクの設定の仕方は業種・業態で異なる。リーセンシーは百貨店や通販なら3年間、スーパーなら1年間、家電量販店なら5年間、自動車など耐久消費財なら10〜20年間など

CPM分析

● 購入金額、在籍期間（最終購入日−初回購入日）、離脱期間（現在−最終購入日）をもとに顧客を分類

顧客層（ランク）の図式化

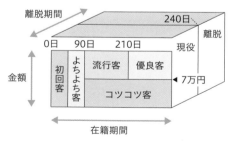

図の出典：橋本陽輔『社長が知らない 秘密の仕組み 業種・商品関係なし！絶対に結果が出る「黄金の法則」』ビジネス社（2008）*7

▶ 図5.6.6　既存顧客の分類方法（RFM分析、CPM分析）

●「ペルソナ」「カスタマージャーニー」をもとに顧客体験を理解する

　CX（Customer Experience：顧客体験）とは、顧客目線から顧客体験を見つめ、潜在ニーズに対応することでファンを増やしていく活動を言います。CX向上の一環として「ペルソナ」「カスタマージャーニー」を作成する企業が増えています。その目的は、担当者間で顧客の共通認識を持ち、一貫したコミュニケーションを設計・実現していくことです。

　ペルソナの作成は、定量データから作ることが多いですが、平均やスコア上位をもとに架空の顧客を設定すると、当たり障りのない結果になりがちです。そこで、実在する1人の顧客へのインタビューを通じて、顧客の気持ちも含めて作成することで、具体的な施策が想起しやすくなります。

　カスタマージャーニーとは「消費者の行動と自社ブランドとの接点、そこで生じるパーセプションの変化を旅程に喩えたもの」です（図5.6.7）。具体的には、購買や利用プロセスを横軸に設定し、各プロセスにおける顧客の行動、自社との接点、顧客の気持ち（ポジティブ、ネガティブ）を記入します。顧客の感情をモチベーショングラフで表現することもあります。これらを踏まえて、CXを向上させる施策を検討していきます。

●「ロイヤルティ」と「スイッチングコスト」を高める

　顧客ロイヤルティの測定方法として、「NPS（Net Promoter Score）」が活用されることが多いです（図5.6.8）。ただし、NPSはマイナスになることが多く、扱いづらい側面もあります。筆者は「推奨者」のスコアをロイヤルティ指標として追跡することをアドバイスすることが多いです。

　NPS以外では、CES（Customer Effort Score：顧客努力指標）と呼ばれる指標があります。これは顧客が目的を達成する（問題解決・購入・利用）のに要した手間や労力を測定する指標です。両者を高めることで、競合へのスイッチングコストを高めていくことが重要です。

●優良顧客だけを見続ける落とし穴

　費用対効果から優良顧客にフォーカスし過ぎると、売上下位の顧客が徐々に流出し、顧客総数が減少してしまう点に注意が必要です。

　また、CRMは、自社データだけの分析になることが多く、「これ以上買わ

ない顧客」「伸びしろがある顧客」を判別できない点もデメリットです。加えて、CRMはオペレーション改善には有効である一方、他社が同じシステムを導入すると優位性がなくなるため、大きな競争優位は構築しにくいといった批判もあります。

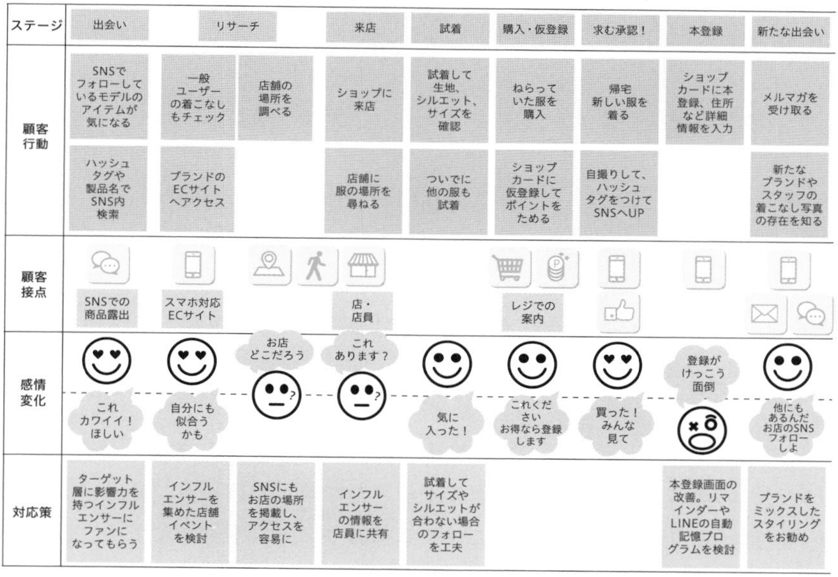

ステージ	出会い	リサーチ		来店	試着	購入・仮登録	求む承認！	本登録	新たな出会い
顧客行動	SNSでフォローしているモデルのアイテムが気になる	一般ユーザーの着こなしもチェック	店舗の場所を調べる	ショップに来店	試着して生地、シルエット、サイズを確認	ねらっていた服を購入	帰宅新しい服を着る	ショップカードに本登録、住所など詳細情報を入力	メルマガを受け取る
	ハッシュタグや製品名でSNS内検索	ブランドのECサイトへアクセス		店舗に服の場所を尋ねる	ついでに他の服も試着	ショップカードに仮登録してポイントをためる	自撮りして、ハッシュタグをつけてSNSへUP		新たなブランドやスタッフの着こなし写真の存在を知る
顧客接点	SNSでの商品露出	スマホ対応ECサイト		店・店員		レジでの案内			
感情変化	これカワイイ！ほしい	自分にも似合うかも	お店どこだろう？	これあります？	気に入った！	これくださいお得なら登録します	買った！みんな見て	登録がけっこう面倒	他にもあるんだお店のSNSフォローしよ
対応策	ターゲット層に影響力を持つインフルエンサーにファンになってもらう	インフルエンサーを集めた店舗イベントを検討	SNSにもお店の場所を掲載し、アクセスを容易に	インフルエンサーの情報を店員に共有	試着してサイズやシルエットが合わない場合のフォローを工夫			本登録画面の改善。リマインダーやLINEの自動記憶プログラムを検討	ブランドをミックスしたスタイリングをお勧め

出典：加藤 希尊『はじめてのカスタマージャーニーマップワークショップ（MarkeZine BOOKS）「顧客視点」で考えるビジネスの課題と可能性』翔泳社（2018）＊8

▶ 図5.6.7　カスタマージャーニーマップ

「○○のご利用経験から、○○を友人や同僚に薦める可能性はどのぐらいありますか？」

$$NPS \ = \ 推奨者 \ - \ 批判者$$

▶ 図5.6.8　NPSの聴取・算出方法

新規顧客を獲得する

　最近のマーケティングの論調は、「既存顧客の維持」よりも「新規顧客の獲得」を重視する傾向が強いです。

　図5.6.9に示すように、「購入単価」「購入頻度」には上限があります。また、生活スタイルの変化や転居などから既存顧客の流出は避けられないため、既存顧客との関係性強化だけでなく、新規顧客の獲得による顧客基盤の拡大が重要であるとの流れが強くなっています。

　新規顧客の獲得で注意すべきは「ロイヤル顧客が感じる価値を、そのまま新規顧客に訴求しても刺さるとは限らない」ということです。その理由は「ロイヤル顧客は、商品・サービスの利用頻度が高く、新規顧客のニーズと乖離が生じやすい」ためです。新規顧客は、現在の訴求が響いていないため購入していない可能性が高く、ロイヤル顧客が感じる価値を訴求しても、「ますます買わない意思を固める」ことになる可能性があります。

◉ 新規顧客への正しいアプローチとは？

　新規顧客への正しいアプローチの出発点は、図5.6.10にある「自社商品・サービスの顧客ピラミッド」を作成することです。離反顧客、認知・未購買顧客では、自社商品・サービスに対する認識やニーズが異なるため、各セグメントへのインタビューを実施し、数多くのアイデアを考えていきます。その後、リサーチを通じて、最も効果の高い訴求内容を決定していきます。その際、ロイヤル顧客が感じる価値を訴求候補案とするのは非常に有効です。

◉「体験させる商品」「売れる商品」「売りたい商品」を使い分ける

　消費者に高額な商品・サービスをいきなり購入してもらうことは難しいです。その場合は、無料診断や体験版などの「体験させる商品」を設定します。その後、「売れる商品」を低価格や割引で購入してもらい、「売りたい商品」の販売やリピート購入に結びつけていきます（図5.6.11）。

　マーク・ジェフリー氏は、著書『データ・ドリブン・マーケティング 最低限知っておくべき15の指標』*6において、自動車を試乗した人はその自動車を購入する可能性が飛躍的に高まるという事例を紹介し、「試乗（お試し）」をマーケティングの成果指標（KPI）として位置づけています。

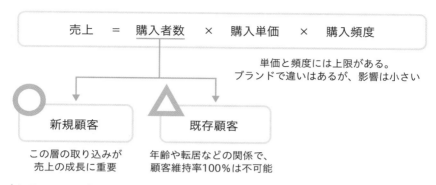

▶ 図 5.6.9　売上の公式と成長可能性領域

各セグメントに効果がある「訴求案」を50〜100案くらい考えて、
リサーチを通じて、効果の高い訴求内容を導き出すのが最も確実

▶ 図 5.6.10　新規顧客への「正しいアプローチ」

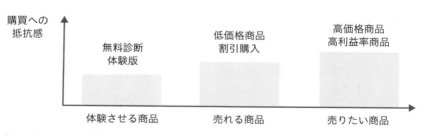

▶ 図 5.6.11　「体験させる商品」「売れる商品」「売りたい商品」を設計する

● 未顧客の「生活文脈を理解し、CEPとブランドの結びつきを作る」

　芹澤連氏は、著書『"未"顧客理解 なぜ、「買ってくれる人＝顧客」しか見ないのか？』[9]において、従来のマーケティングと比較しながら、未顧客を獲得するには「未顧客の文脈に応じてブランドを再解釈することで、興味関心を持ってもらうこと」が重要であると指摘しています。

　同氏は、売上を「売上＝利用機会の数×各利用機会での購入回数×単価」と分解しています。生活文脈でブランドが購入される機会（CEP：カテゴリーエントリーポイント）を増やし、各機会における、未顧客の「きっかけ、欲求、抑圧、報酬」の合理を理解し、そこにブランドの特徴を結びつけることの重要性を強調しています（図5.6.12）。

● 多くの購買シーンで想起される「メンタル・アベイラビリティ」が大事

　上記で説明した通り、自社ブランドの売上を増加させるには、自社ブランドが多くの購買機会・シーンで想起されることが重要です。バイロン・シャープは、著書『ブランディングの科学 誰も知らないマーケティングの法則11』[10]において、メンタル・アベイラビリティを「ブランドが購買シーンにおいて想起されやすいこと」と定義しています。具体的には、「○○と言ったら、自社ブランド」の○○の数を増やすことが大事です。そのためには、自社を容易に認識できる「独自性」を強化し、自社ブランドを思い浮かべるシーンを増やしていくことが重要です（図5.6.13）。

　マクドナルドは、以前は「早くて安いハンバーガーのファストフード」でしたが、近年では「みんなでワイワイしたい」「時間をつぶしたい」「子どもが喜びそう」「ちょっとした息抜き」「夜ごはんをしっかり食べられる」など、【朝、昼、夜いつでも、あらゆる層が短い時間で満足できるフードサービス】として想起されるようになり、業績が回復しました。

　アマゾンは、創業当初は「書籍をロングテールで取り扱うECサイト」でしたが、【地球上で最も豊富な品揃え】【お客様がオンラインで求めるあらゆるものをいつでも検索し発見できる】を目指して、品揃えを強化した結果、「子どもが喜ぶプレゼントを選びたい」「売れているものを知りたい」「家族で映画を鑑賞したい」などで想起され、業績が急拡大しました。

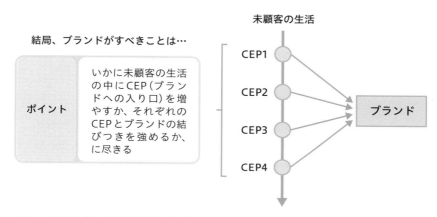

出典：芹澤 連『"未"顧客理解 なぜ、「買ってくれる人＝顧客」しか見ないのか？』日経BP（2022）＊9

▶図 5.6.12　未顧客の生活文脈の中で、CEPとブランドの結びつきを強める

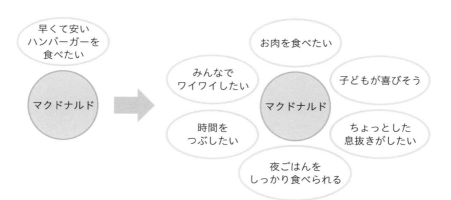

メンタル・アベイラビリティとは、ブランドが購買シーンにおいて想起されやすいこと。
メンタル・アベイラビリティが増えると、ブランドの成長が加速する。

▶図 5.6.13　多くの機会で想起されるメンタル・アベイラビリティを作る

5.7 仮説思考（全体像）

「仮説思考」と「データ分析」の関係

　仮説思考とは「手元にある情報をもとに、最初に結論を考えて、その検証・修正を繰り返すことで結論に迫っていく思考法」を言います。

　仮説思考ができると、仕事のスピードや品質が向上すると言われており、データ分析との親和性も非常に高いです。図 5.7.1 に、仮説思考とデータ分析の関係を掲載しています。

　仮説は「課題に対する仮の答え」と言われることが多いですが、データ分析では「分解の切り口」と捉えることが重要です。分解した切り口をもとに、具体的な原因や理由を考えることで、視点の抜け漏れを防ぐだけでなく、質の良い仮説を導きやすくなります。

　本節では仮説思考の基本的な概念を、次節ではデータ分析で有益な分解の切り口（フレームワーク。本章ではフレームと表記）を説明していきます。

◉ 仮説思考で、効率よく結論にたどり着く

　図 5.7.2 をもとに、仮説思考のメリットを説明します。事前に仮説がない場合は、全ての問題や課題を網羅的に分析するため、結論にたどり着くまでに時間がかかります。場合によっては、時間切れになることもあります。

　一方、事前に仮説がある場合は、仮説を検証するために必要な情報や分析内容が明確になります。そして、仮説の検証・修正を繰り返して、結論に効率よくたどり着くことができます。

　時間は有限です。Quick & Dirty（多少完成度は低くても、極力早く形に仕上げていく考え方）のもと、100%の精度ではなく、70〜80%の精度を目指すことが重要です。データ分析においても、短時間で全体像をざっくり理解し、その後、深く掘り下げるべきところを見極め、分析していくアプローチが有効です。仮説思考に慣れると、データ分析において「全体像の理解」と「新しい発見の実現」が両立しやすくなります。

1. 仮説思考に慣れると、データ分析において「全体像の理解」と「新しい発見の実現」が両立しやすくなる
2. 仮説を持つことで、検証すべき内容が絞れるため、短期間で結論にたどり着きやすくなる
3. データ分析では、仮説をもとに全体を理解した後に、掘り下げるべきところを見極め、新しい発見を探索していくことが効果的
4. データ分析では、仮説を「問い（イシュー）をサブイシューに分解する切り口」として活用すると効果的
5. イシューをサブイシューに分解するには「アブダクション」と「フレーム」の理解が役に立つ

▶図5.7.1　仮説思考とデータ分析の関係

1 事前に仮説がない
現状
収集
分析
収集
分析
分析
結論
データ収集・分析の「繰り返し」で
時間がかかる（時間切れになることも）
2 事前に仮説がある
現状
仮説
収集
分析
結論
分析すべき内容が絞れるため、
短時間で結論にたどり着ける

▶図5.7.2　最初に仮説を考えると、仕事の生産性が上がる

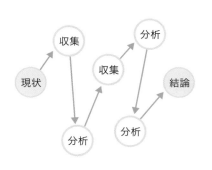

良い仮説とは「ビジネスを良い方向に動かす仮説」

　仮説とは、「これまでの経験や分析などから想定される、課題に対する仮の答え」を言います。

　仮説には「良い仮説」と「悪い仮説」があります。良い仮説とは「ビジネスを良い方向に動かす仮説」を言います。仮に、仮説が違っていたとしても、仮説の精度が上がり、次のステップに進むことができる場合は、悪い仮説にはなりません。

　良い仮説の条件として、（1）これまでの経験や分析などから、ある程度確からしいこと、（2）内容が具体的で、深く掘り下げられていること（原因／理由まで踏み込んでいること）、（3）具体的なアクション、解決策に結びつけやすいことが挙げられます（図5.7.3）。

　一方、データ分析では、図5.7.3の悪い例のような次のアクションに結びつかない仮説をよく見かけます。仮説は今後の判断・アクションの分岐点となるものです。この点を意識して考え抜く姿勢が重要です。

● データ分析は「仮説を進化させてこそ意味がある」

　仮説は「課題に対する仮の答え」です。一方で、仮の答えであるはずが、仮説に辻褄を合わせるようにデータ分析をする方をよく見かけます。また、最初の仮説（初期仮説）を検証して満足して分析を終える方も多いです。気持ちはわかりますが、データ分析としては不十分です。

　図5.7.4に示すように、仮説は検証を繰り返して進化させていくことに価値があります。「仮説が外れた」ときこそ、仮説思考は効果を発揮します。「なぜ、仮説が外れたのか？」「他の仮説はないのか？」と考えることで、より精度の高い仮説を導くことができるためです。

　ただ、自分が考えた仮説を否定しにくいのも事実です。そこで、筆者は、最初に考えた仮説を「初期仮説」と呼び、「この仮説は書き換えていくので、間違えてもいいんだよ」と自分に言い聞かせるようにしています。

　初期仮説の検証は、データ分析の出発点です。そこから様々な切り口で探索して仮説を進化させていくステップに、データ分析の価値があると認識することが重要です。

良い仮説の 条件	1. これまでの経験や分析等から、ある程度確からしいこと 2. 内容が具体的で、深く掘り下げられていること 　（原因／理由まで踏み込んでいること） 3. 具体的なアクション、解決策に結びつけやすいこと

【例】 新しく発売した製品の売れ行きが思わしくない

（悪い仮説）

✓ 製品の仕様に問題があった
のではないか？
✓ 投下した広告に問題があった
のではないか？

✓ 仮説が正しかったとしても、アクションが決まらない（仕様や広告のどこを改善する？）

（良い仮説）

✓ 新製品が訴求した機能を、消費者が重視しておらず、魅力に感じなかったのでは？
✓ ターゲットに広告は認知されたが、競合とのサービスの違いが理解されなかったのでは？

✓ 仮説が正しい場合は、
「消費者のニーズが高い機能に修正する」
✓ 仮説と異なり、
「競合との違いは理解されているが、そもそも、広告が認知されていない」場合も軌道修正できる

▶ 図 5.7.3　良い仮説・悪い仮説

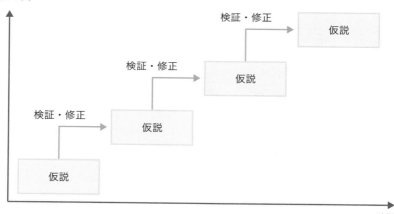

▶ 図 5.7.4　仮説は検証を繰り返して進化させていく

151

仮説は「現状→今後」「結論→理由」など セットで考える

仮説にはいくつかの種類があります。ここでは「現状仮説→戦略仮説」「結論の仮説→理由の仮説」を説明します。図5.7.5に示すように、仮説はセットで考えることがポイントです。

現状仮説とは「現状や課題はこのようになっているのではないか？」といった、いま何が起きているかの仮説です。一方、戦略仮説とは「このような解決策を実行すればよいのではないか？」といった、現状を踏まえた今後の方向性に関する仮説を言います。

また、結論の仮説とは「結論として、こうすべきである」といった、アクションに結びつく結論を言います。現状に関する仮説ではなく、アクションに結びついている点に注意が必要です。一方、理由の仮説とは「上記の結論の根拠は○○だからである」といった、結論を導いた背後の理由やメカニズムに関する仮説を言います。

「探索型データ分析」で、仮説を反証・精緻化していく

仮説は進化させてこそ意味があります。そのためには、「探索型データ分析」と「仮説検証型データ分析」の使い分けが重要です（図5.7.6）。

データ分析で初期仮説を検証すると、仮説は検証されますが、「当たり前の結果」になることが多いです。ここで終わると、「データ分析した意味はあったの？」と言われるリスクが高まります。ここからが本当のデータ分析です。様々な視点からクロス集計を実施し、「何か違和感はないか？」「＋αの視点はないか？」と、探索的にデータを分析していきます。

探索型データ分析をもとに、現状仮説・戦略仮説、結論の仮説・理由の仮説などの初期仮説を修正していきます。その後、仮説構築型データ分析を通じて、仮説を精緻化し、考察や示唆を導いていきます。仮説の精度に応じて、データ分析を使い分けることが重要です。

データ分析の結果、「10割が当然の結果でした」では、データ分析した価値がありません。筆者の感覚としては「仮説通りが8～9割、新しい気づき（新しい発見）が1～2割」を意識することが大事だと感じています。

① 現状仮説

✓ いま、何が起きているのかの仮説
（現状や課題はこうなっているので
は？）

＜例＞
自社利用者が競合Aにスイッチしている。そ
の原因は、店頭での大幅な値引き政策にある
のではないか？

② 戦略仮説

✓ 今後、どうすればよいかの仮説
（このような解決策を実行すればよ
いのでは？）

＜例＞
競合Aの値下げ政策が終われば、自社に戻っ
てくるので、至急の対策は必要ない。もし、
次回の購入時期である数か月後に、シェアが
戻っていない場合は対策を打つ必要がある

① 結論の仮説

✓ アクションに結びつく結論の仮説
（結論として、こうすべきであると
いう仮説）

＜例＞
営業の新規顧客開拓時の評価の重みを、
リピート顧客の2倍にすべきである

② 理由の仮説

✓ 結論に導く背後の理由やメカニズ
ムの仮説
（上記の結論の根拠は〇〇だから）

＜例＞
手間がかかる新規顧客開拓と、リピート顧客
対応の営業評価が同じであり、営業の新規顧
客開拓の動機づけが弱いから

▶ 図 5.7.5 仮説の種類

① 初期仮説
の検証

② 仮説の
反証・探索

③ 仮説の
精緻化

④ 示唆提案

仮説検証型
データ分析

探索型
データ分析

仮説構築型
データ分析

▶ 図 5.7.6 「探索型データ分析」で、仮説を反証・精緻化していく

仮説をもとに「サブイシューに分解する」

　一般的には、仮説は「課題に対する仮の答え」と言われますが、データ分析の文脈では「サブイシューへの分解の切り口（答えの候補の洗い出し）」として認識することが重要です。

　図5.7.7に、「自社商品の売上が低下している原因は何か？」といったイシューの分解イメージを掲載しています。自社の売上を「売上＝市場規模×自社の想起率×自社の競争力」に分解し、想起率を「想起率」と「特長認知」、競争力を「製品力」と「価格」に分解しています。そして、それぞれを疑問形に変換することで、サブイシューとして設定しています。

　仮説を「分解の切り口」と捉えて、分解した切り口をもとに、具体的な原因や理由を考えることで、視点の抜け漏れを防ぐだけでなく、筋の良い仮説を導きやすくなります。

●「アブダクション」を活用してサブイシューに分解する

　仮説を「分解の切り口」と捉えた場合、どのような切り口で分解していけばいいのか？　といった疑問が思い浮かぶと思います。切り口を分解するには、（1）切り口の候補となる知識を知る（フレーム）、（2）切り口をスムーズに考えられる推論法を理解する、の2つが大事です。前者は、次節で取り上げます。ここでは、後者の推論法について説明します。

　仮説を生み出す推論法に「アブダクション」があります。アブダクションとは「起こった現象に対して、法則をあてはめ、起こった現象を説明できる仮説を導き出す推論法」を言います。「結果（現象）」から「原因」に遡っていく推論法で、問題解決でよく使われています。

　図5.7.8に示すように、「売上が低下している」といった現象に対して、「売上＝市場規模×自社シェア」「売上＝購買人数×1人あたり単価×購買頻度」の法則（公式）で分解し、各構成要素を売上との関係から仮説を導いていきます。この導かれた仮説が検証すべきサブイシューになっていきます。サブイシューに分解した後は、どのデータで、何と何を比較して検証するかを検討しますが、この仮説の洗い出しの精度で、データ分析の方向性が決まっていくことに注意しましょう。

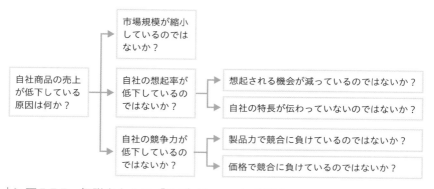

▶ 図 5.7.7　仮説をもとに「サブイシューに分解する」

アブダクションとは、起こった現象に対して、法則をあてはめることで、仮説を導き出す推論法

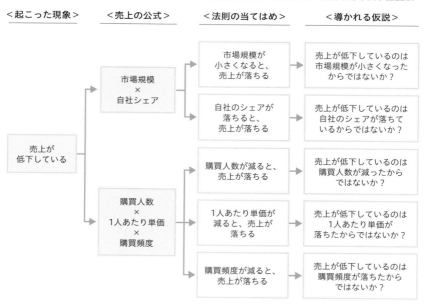

▶ 図 5.7.8　「アブダクション」を活用してサブイシューに分解する

第5章　データ分析に必要なビジネス知識（後半）

155

5.8 仮説思考（データ分析で有益なフレーム・考え方）

フレームを使ってサブイシューに分解する

　本節では、イシューをサブイシューに分解していくときに有益なフレーム・考え方について説明していきます。図5.8.1に、筆者の実務経験から、知っておくと便利なフレーム・考え方を掲載しています。実は、第4章と第5章で説明してきたフレームが多いです。本節では、これまで取り上げていなかったものを説明します。

● ビジネスの原因仮説を考えやすい「ビジネスシステム」

　仮説を考えるときは、自分が担当するレイヤーだけでなく、事業全体から俯瞰的に見ることで、筋の良い仮説を立てやすくなります。高松康平氏は、著書『筋の良い仮説を生む問題解決の「地図」と「武器」』*11において、事業部長の視点から仮説を考えることの有用性を指摘し、図5.8.2のビジネスシステムを示しています。

　同書では、原因仮説を考える視点として、「対象市場」「ターゲットセグメント」「顧客ニーズ」「自社の提供価値」「バリューチェーン」「バリューチェーンを支える組織」「外部環境」の7つを挙げています。これらの要素が原因となり、売上・利益・シェアなどの結果が変化するため、どこで問題が発生しているかの原因仮説の洗い出しに役立ちます。

● 売上低下を考える際の視野を広げる「売上構成要素」

　ビジネス課題の多くは「売上が想定よりも低い」という問題に帰結します。その際、売上の構成要素の分解パターンを多く持っておくと、考える視野が広がります。図5.8.3に、売上の分解例を掲載しています（概念的な要素も含みます）。最初の2つはよくある公式ですが、残り3つも理解しておきましょう。最後の客単価の分解は、小売業で活用されるインストアマーチャンダイジングの概念ですが、ホームページにも応用できます。

区分	フレーム・考え方　（　）は掲載箇所
事業全般	ビジネスシステム（5.8）、売上構成要素（5.8）、成長ベクトル（5.8）、VRIO分析（5.2）
マーケティング	マーケティングの基本プロセス（5.1）、ターゲットアプローチ（5.8）、パーチェスファネル（5.6）、マインドフロー（5.8）、ブランド・カテゴライゼーション（5.3）、消費者の購買意思決定プロセス（5.3）、態度変容モデル（5.8）、LTV（顧客生涯価値）（5.6）、イノベーター理論（商品普及プロセス）（5.6）、商品・サービスの継続ループ（5.8）
オペレーション	ビジネスプロセス（5.8）、5Eモデル（5.8）、顧客知覚価値（5.8）、QCD（5.8）
考え方	問題解決ステップ（4.3）、5W2H（5.8）、四則演算（5.8）、対立概念（5.8）

▶ 図 5.8.1　知っておくと便利なフレーム・考え方

行動の結果が数値となる

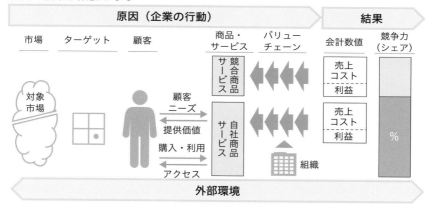

出典：高松康平『筋の良い仮説を生む 問題解決の「地図」と「武器」』朝日新聞出版，2020年＊11

▶ 図 5.8.2　ビジネスシステム

- 売上 ＝ 購入者数（新規顧客＋既存顧客）× 購入単価（基本商品＋付加サービス）× 購入回数
- 売上 ＝ 購入者数（新規顧客＋既存顧客）× 購入単価（商品単価×1回あたり購入点数）× 購入回数
- 売上 ＝ 市場規模（利用者数×1人あたり利用金額）× 自社シェア（想起率×製品力×価格・販売力）
- 売上 ＝ 商品利用機会の数 × 各利用機会における自社選択率 × 購入単価
- 売上 ＝ 客数 × 客単価（動線長×立寄率×視認率×買上率×買上個数×商品単価）× 購入回数

▶ 図 5.8.3　売上構成要素

● 戦略の方向性を検討する「成長ベクトル」

　成長ベクトルとは、市場と製品を「既存」と「新規」に分けて、戦略の方向性を検討するフレームです。経営戦略の父と呼ばれるアンゾフによって提唱されました。

　図5.8.4に示すように、戦略の方向性を市場と製品の2軸から「市場浸透戦略」「新製品開発戦略」「新市場開拓戦略」「多角化戦略」に分類しています。多くの人が「既存市場」における競争（市場浸透戦略、新製品開発戦略）を想起しがちですが、これら2つのアプローチだけでは売上の拡大には限界があります。新しい用途開発・提案も含めて、新市場開拓戦略を検討することが重要です。

● 戦略の立案に使いやすい「ターゲットアプローチ」

　これは「WHO×WHAT×HOW」としても有名なフレームです。市場の中から自社商品・サービスの特長を聞いて「それください！」とすぐに買ってくれる顧客を見つけ（WHO）、競合よりも優れた価値を創造し（WHAT）、適切なチャネル、価格、メッセージで伝達していく（HOW）フレームです（図5.8.5）。

　上記に加えて、筆者は「買わない理由・障壁（不安・不信・誤解）」「パーセプション（現状認識）」「PoP（競合との類似点）」「PoD（競合との相違点・独自性）」を含めて考えています。消費者が商品を買わないときは「良い商品だと思うけど、ちょっとね……」と躊躇することが多く、「購入の壁」の明確化がデータ分析（リサーチ）の重要な役割だと考えています。

● プロモーションに対する消費者の反応を分解する「態度変容モデル」

　適切なプロモーションの実施には、態度変容モデルとの組み合わせが有効です。態度変容モデルとは「プロモーションに対する消費者の反応と、購買決定プロセスをモデル化したもの」です（図5.8.6）。

　AIDMAが有名ですが、時代に応じて様々なモデルが提唱されています。電通がネット、SNS時代のモデルとして提唱した「AISAS」「SIPS」などがあります。また、ネット通販やテレビ通販では、注文期限を設けた特典などが多く、AIDMAの「M」を除外したAIDAが適しています。

		製品	
		既存	新規
市場	既存	市場浸透 戦略	新製品開発 戦略
	新規	新市場開拓 戦略	多角化 戦略

✓ 市場浸透
　　既存製品・市場で、広告宣伝費や販促を強化
✓ 新製品開発
　　既存市場に、新製品やライン追加などを開発・投入
✓ 新市場開拓
　　既存製品を、新しい市場に販売（用途提案も含む）
✓ 多角化
　　新しい製品を、新しい市場に向けて販売

▶ 図 5.8.4　成長ベクトル

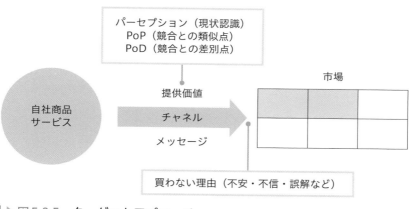

▶ 図 5.8.5　ターゲットアプローチ

▶ 図 5.8.6　態度変容モデル

159

● 関与度が高いときのファネルとして活用できる「マインドフロー」

マインドフロー*12は、ストラテジー＆タクティクスの佐藤義典氏によって提唱されたモデルです（図5.8.7）。佐藤氏は、どのような商品・サービスでも、顧客（消費者）は「知って・買って・使って・気に入る」というプロセスを経てファンになることから、「認知→興味→行動→比較→購買→利用→愛情」の7つのプロセスから構成されるマインドフローを提唱しています。パーチェスファネルと同じく、どのステップで脱落しているかを把握することで、施策と連動させやすいのが特徴です。

マインドフローは「行動」「比較」といったステップがあることから、関与度（こだわり）が高い商材で活用しやすいフレームです。なお、「比較」の段階では、同じカテゴリーにおける比較検討だけでなく、カテゴリー外で比較検討した商品・サービスを聴取することで、マーケティング上の競合関係（同じニーズを満たすために用いられる全ての代替品・行為）を把握することができます。

● 消費者の購買行動のループを分解する「商品・サービスの継続ループ」

ビジネスの安定的な成長には、消費者の継続利用が重要です。商品・サービスの継続ループとは、商品・サービスを継続して購入する流れを整理したものです（図5.8.8）。

消費者は、外的／内的きっかけをもとに、欲求（ニーズ）が発生し、その欲求の解消に向けて商品・サービスを探索・評価します。評価には、（1）購入を後押しする「報酬期待感（不の解消、周囲の使用・推奨、コスト抑制など）」と、（2）購入を阻害する「抑圧（経済的コスト、時間的コスト、心理的負担など）」が影響します。購入を後押しする要因が上回ったときに、商品・サービスを購入し、使用後に報酬（ベネフィット）を獲得します。

また、継続購入には「続ける仕組み」が必要です。小さな報酬の獲得、報酬の強い実感・体験などで報酬が強化されることで、継続購入するループにつながっていきます。スマホのゲームアプリでログインするたびに、特典が付与されることも小さな報酬です。行動を繰り返す中で、特定のきっかけと行動、報酬が結びつき、行動がルーチン化されていき、他の代替的な行動・手段へのスイッチングコストが強まる好循環に入っていきます。

160

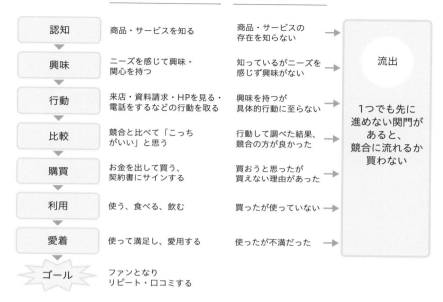

出典：佐藤義典『売れる会社のすごい仕組み~明日から使えるマーケティング戦略』青春出版社（2009）＊12

▶ 図5.8.7　マインドフロー

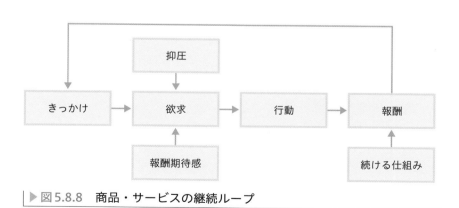

▶ 図5.8.8　商品・サービスの継続ループ

時系列のプロセス評価のベースとなる「ビジネスプロセス」「5E モデル」

ビジネスプロセスとは、顧客に価値を提供していく一連の流れを言います。付加価値を生み出す時間軸をMECEで捉えて、自社と競合の比較から自社の強み・弱みを整理するシーンなどで活用されます。

データ分析では、商品・サービスに関する体験を「導入→直前→体験中→直後→体験後のつながり」で整理した 5E モデルも有効です（図5.8.9）。各プロセスの行動と感情を中心に顧客体験を理解し、サービスの満足点や改善点を検討するときに活用できます。

なお、サービスの改善点は「体験中」だけでなく、体験前後のプロセス、プロセス間のつなぎ目に原因があることが多いです。コールセンターの評価は、オペレーターの対応（＝体験中）だけでなく、電話のつながりにくさ（＝直前）などのプロセス全体で決まることが代表例です。

施策の切り口を考えるときに役立つ「顧客知覚価値」

顧客知覚価値とは、顧客が商品・サービスから感じる知覚上の価値を言います。具体的には、（1）顧客価値、（2）顧客コストのバランスから決まります。金銭的コストを下げることは、短期的な価値向上に貢献しても、中長期的には価値の低下につながりやすいため、顧客価値を高めること、金銭的コスト以外の顧客コストを下げることが重要です（図5.8.10）。

顧客価値には、製品価値やサービス価値、イメージ価値などに加えて、従業員価値が含まれます。サービス業では、従業員満足度（ES）が向上すると「サービス品質の向上→顧客満足度（CS）の向上→業績の向上」といったループにつながりやすいです。

製造やサービス提供において重視すべき「QCD」

QCDとは、Quality、Cost、Deliveryの頭文字を並べた頭字語で、製造業において重視すべき3つの要素です（図5.8.11）。

3つの要素はトレードオフの関係にあり、品質を高めると、コストが増加し、納期が延びやすくなるため、バランスが大事です。QCDは、データ分析の成果物の検討でも活用できます。いつまでに、どの水準の分析を実施するか規定しないと、正確なコストを見積もることができなくなります。

● 商品・サービスの体験を、最初から順を追って整理したもの。
顧客目線で問題点や潜在ニーズを発見・改善する際に有用

| 導入 | 直前 | 体験中 | 直後 | 体験後の
つながり |

▶ 図 5.8.9　5E モデル

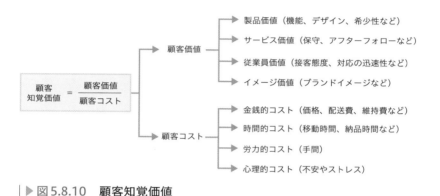

▶ 図 5.8.10　顧客知覚価値

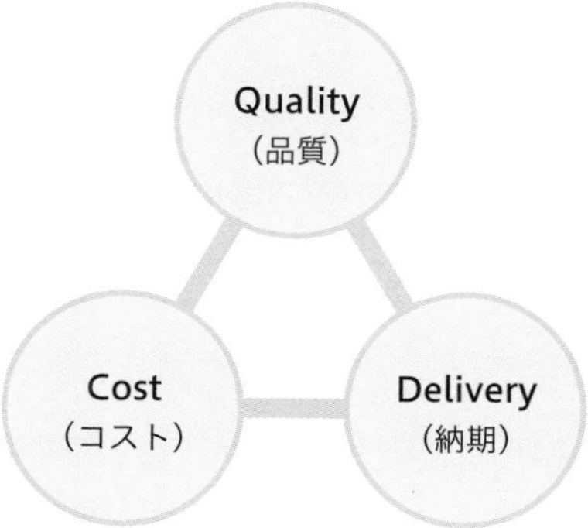

Quality
（品質）

Cost
（コスト）

Delivery
（納期）

▶ 図 5.8.11　QCD

● 情報の整理・分類・集約などに役立つ「5W2H」

5W2Hとは、「When（いつ）」「Where（どこで）」「Who（誰が）」「What（何を）」「Why（なぜ）」「How（どのように）」「How Much（いくらで）」の頭文字を取ったものです（図5.8.12）。5W2Hをもとに、情報を整理・分類・集約していくことで、抜け漏れや説明不足を減らすことができます。

5W2Hは、マーケティングや新規事業を検討するときにも、Who（ターゲット）、What（商品・サービス）、Where（提供チャネル、商圏）、When（時間帯、時期）、Why（提供する理由・意義）、How（販売方法、提供方法）、How much（価格、料金体系）と分解・整理することができます。ただし、各項目を整理することに注力しすぎて、項目間の関連性・ストーリーが矛盾しないように意識することが重要です。

● 考えるときの発想を広げてくれる「四則演算」「対立概念」

4.1の「MECE」「ロジックツリー」において、「現在どこを考えているかを意識して、他の視点はないかと自問自答することが重要である」と説明しました。そのとき役立つのが「四則演算」「対立概念」です。

図5.8.13の左側に、四則演算の例を掲載しています。四則演算で分解することで、抜け漏れなく考えることができます。割り算にある価値は「機能÷コスト」と経営工学では定義されます。価値を高めるには、（1）機能は横ばいで、コストを下げる、（2）コストは横ばいで、機能を高める、（3）コストは増えるが、それ以上に機能を高める、（4）コストを下げて、機能を高める、の4つがあるとされています。ちなみに、機能を下げることは「別の商品」になると、経営工学では考えられています。

対立概念は「メリット VS. デメリット」「賛成 VS. 反対」「原因 VS. 結果」など、2つの対立する関係を言います。図5.8.13の右側に、代表例を掲載していますが、両面から考えることで、視野が広がりやすくなり、検討する視点の抜け漏れを減らせる効果があります。

また、「悪魔の弁護人」というアプローチも有効です。これは「わざと反対の立場を取る人」という意味で、正しいと思っていても、わざと反対の立場を取ることで、議論を活性化させていく方法を言います。

▶ 図 5.8.12　5W2H

▶ 図 5.8.13　四則演算、対立概念

データ分析のスキルを高めたい！
どうしたらいい？

セミナーや勉強会などで、参加者から「データ分析する機会が少ないのですが、データ分析のスキルを高めるにはどうしたらいいですか？」といった質問をよく受けます。筆者が考えるスキル向上の流れを説明します。

まずは「クロス集計に慣れ親しむ」ことに全力集中

データ分析のスキルを高めたいと思ったとき、統計解析や機械学習などを学びがちですが、筆者は「クロス集計に慣れ親しむ」ことをお勧めしています。7.1で説明していますが、データ分析の基本は「PICO（＝クロス集計）」です。データ分析は、分析軸をもとに評価・指標を比較することで意味合いを抽出していくことです。つまり、クロス集計の「表側」と「表頭」にどの変数を設定するか、何を読み取れるかを訓練することが出発点です。

クロス集計表は、調査会社が公表する自主調査を使いましょう。自主調査には、簡易なクロス集計表（場合によってはローデータも）が提供されることが多いです。集計表のクロス軸をもとに架空の課題を設定して、クロス集計表を読んでいきます。観察のSo What?、洞察のSo What? を実践して、データを解釈するイメージを掴みましょう。

ベースを作ったら「前工程」と「後工程」を理解・実践していく

上記を複数回実施した後は、データ分析のステップの【STEP1&2】を勉強します。問い（イシュー）をサブイシューに分解するときは「何と何を比較して検証するか」まで落とし込みますが、これは「クロス集計をイメージできるか？」と同じことを意味しています。

最後は、調査会社の自主調査を使って、架空の課題を設定し、レポート作成とプレゼンを複数回実践します。プレゼンを意識してレポートが作成できるようになれば、確実にデータ分析のスキルは上達します。

筆者が、マーケティングリサーチの世界に足を踏み入れた最初の頃、多くのクロス集計を見て、「何を明らかにしたいために、このクロス軸があるのか？」「このクロス軸から何が言えるのか？」「これをグラフで表現するとどうなるか？」を繰り返し考える日々を送っていました。その積み重ねから、クライアントの課題を聞いたとき、クロス集計表、レポートイメージが自然と思い浮かぶ状態になっていました。参考になれば幸いです。

第6章

【STEP3】
データ収集・
前処理

本章では、「【STEP3】データ収集・前処理」について
説明します。ビジネスで活用されるデータの種類は拡
大しています。ただし、目的に合ったデータがない場
合は、1次データを収集することも必要です。Webアン
ケートを実施する際は、既刊『Webアンケート調査
設計・分析の教科書 第一線のコンサルタントがマク
ロミルで培った実践方法』を参照ください。また、
データ分析の作業時間の8割は、データの前処理に要
すると言われます。その概要を理解しましょう。

6.1 ビジネスで活用される データの種類

ビジネスで活用されるデータの種類の拡大

IoTの進展に伴い、膨大なデータが収集・蓄積されています。人や機械が生み出す多種大量のデータを「ビッグデータ」と言います。ビッグデータには、（1）Volume（データ量が大きい）、（2）Velocity（データが計測・記録されるスピードが速い）、（3）Variety（データの種類が多様である）、という3つの特性（3V）があります。

● 保有するデータ≠ビジネス価値が高いデータ

図6.1.1に、ビジネスで活用されるデータの種類を掲載しています。IoTの進展や大容量のデータを保存できるクラウドサービスの登場で、ログデータやセンサデータなどが大量に蓄積されるようになりました。ただし、保有するデータとビジネスで価値があるデータは、必ずしも一致しない点に注意が必要です。

マーケティング活動の成果を測定する指標に「パーチェスファネル」があります（図6.1.2）。これは消費者が商品・サービスを購入するにあたり、「認知→興味→購入意向→トライアル→リピート」の流れを通過することを表現したモデルです。この中で、ビジネスで課題になりやすいのが、トライアルの前段階にあたる「いかに自社商品・サービスを知ってもらい、興味を持ってもらうか」「競合と比べた自社商品・サービスの価値を、どのように伝えて購入を喚起させるか」などです。

一方、ビッグデータが得意なのは「トライアル」「リピート」といった購買行動の記録です。ここに保有するデータとビジネス価値が高いデータが一致しない理由があります。結果の行動データをもとにダッシュボードを作ったものの、アクションに活かせないという声をよく聞きますが、上記が主な要因です。認知や興味、購入意向などのトライアル前の消費者の態度・意識は、自ら企画して1次データ（意識データ）を収集する必要があります。

1 カスタマーデータ	CRMシステム等において管理されている顧客データ、DM等の販促データなど	
2 オペレーショナルデータ	販売管理等の業務システムにおいて生成されるPOSデータ、取引明細データなど	
3 Webサイトデータ	ECサイトやブログ等において蓄積される購入履歴、イベントエントリーなど	
4 ソーシャルメディアデータ	ソーシャルメディアにおいて参加者が書き込むプロフィール、コメントなど	
5 ログデータ	Webサーバ等において自動的に生成されるアクセスログ、エラーログ、検索ログなど	
6 センサデータ	GPS、ICカード、RFIDなどにおいて検知等される位置、乗車履歴、温度、加速度など	
7 調査データ	国勢調査や家計調査などの公的統計、民間企業が実施するアンケート、インタビューなど	

▶ 図6.1.1　ビジネスで活用されるデータの種類

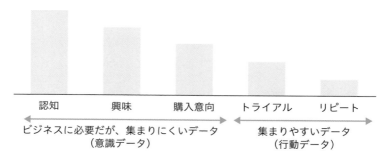

▶ 図6.1.2　パーチェスファネルとデータ取得のしやすさ

データの種類を理解する

　データには、（1）1次データ・2次データ、（2）行動データ・意識データ、（3）構造化データ・非構造化データ、（4）ロングフォーマット（縦持ち）・ワイドフォーマット（横持ち）などの分類があります。

◉「1次データ」と「2次データ」

　1次データとは「今取り組んでいる課題のために、自ら新たに調査・収集したデータ」を言います。費用・時間・手間がかかりますが、目的に合った情報が手に入りやすいです。

　2次データとは「別の目的のために調査・収集され、既に（社内・社外に）存在しているデータ」を言います。総務省統計局「e-Stat」で公開されている政府統計データなどが代表例です。低コストで入手できることが多いですが、目的に合った情報が手に入るとは限りません。

　新製品開発では、開発ステップに応じて「1次データ」と「2次データ」を使い分けます（図6.1.3）。開発初期では、開発に着手する価値があるかどうかを、あまり費用をかけずに素早く判断するため、2次データを主に活用します。必要に応じて1次データを収集します。

　商品開発の中期〜後期では、試作品評価などの具体的な課題を解決するため、自らリサーチを企画し、1次データを収集することが必要です。

　上市後は、1次データと2次データを目的に応じて使い分けます。1次データは「アンケートによる認知・使用状況・満足度調査」、2次データは「POSデータによる市場シェア把握」などで活用されています。

◉「行動データ」と「意識データ」

　行動データとは「何らかの計測機器で測定されたデータ」を言います（図6.1.4の左側）。購買データ、Web回遊データ、位置情報データ、M2Mデータなどが代表例です。事実ベースの行動を把握できるため、マーケティングのデジタル化、機械学習による予測・分類との親和性が高いです。一方で、その行動の背景・理由（WHY）を理解するには限界があります。

　意識データとは「消費者に質問して得られたデータ」を言います（図6.1.4の右側）。アンケートやインタビューが代表例です。行動データでは捕捉でき

ない行動を把握したり、ある行動を取った背景・理由・文脈などの「WHY」を理解することができる点が特徴です。

1次データ	2次データ
✓ 取り組んでいる課題のために、自ら新たに調査・収集したデータ ✓ 費用・時間・手間がかかるが、目的に合った情報が手に入る	✓ 別の目的のために調査・収集され、既に（社内・社外に）存在しているデータ ✓ 低コストで入手できることが多いが、目的に合った情報が手に入るとは限らない

＜商品開発におけるデータの使い分け＞

 開発初期

 開発中期～後期

上市後

主に2次データ
開発に着手する価値があるかどうかを費用を抑えて素早く判断

主に1次データ
具体的な「課題」を解決するため、自らリサーチを企画し、情報を収集

目的に応じて使い分け
1次データ
→アンケートによる認知・使用状況・満足度調査
2次データ
→POSデータによるシェア把握など

▶ 図6.1.3 「1次データ」と「2次データ」

行動データ	意識データ

✓ 事実ベースの行動を把握できる ✓ マーケティングのデジタル化との親和性が高い。個々の顧客に対するマーケティングができる ✓ 行動の背景・理由を理解することは難しい	✓ 行動データで捕捉できない行動を把握できる ✓ ある行動をとった背景・理由を理解することができる ✓ 行動データと意識データの結果はリンクしない（曖昧な記憶で回答）

▶ 図6.1.4 「行動データ」と「意識データ」

●「構造化データ」と「非構造化データ」

　構造化データとは「表形式のデータベースなど、事前にデータの並び方を定義しているデータ」を言います。データの観測対象を行方向、各変数を列方向に整理した表形式で、Accessなどのデータベース管理ソフト、Excelなどの表計算ソフトで扱うことが可能です。

　非構造化データとは「文章・画像・音声など、データの並べ方にルールがないデータ」を言います。画像認識や音声認識、翻訳などの分野で非構造化データの活用が進んでいます。分析手法に応じた加工が必要になります。

●「ロングフォーマット（縦持ち）」と「ワイドフォーマット（横持ち）」

　構造化データは「ロングフォーマット（縦持ち）」と「ワイドフォーマット（横持ち）」に分類できます（図6.1.5）。

　ロングフォーマットとは「1人の観測データが複数行にわたって保存されたデータ」で、縦持ちデータとも言われます。POSデータ、Web回遊データなどが代表例です。

　ワイドフォーマットとは「1人の観測データを1行になるようにまとめたデータ」で、横持ちデータとも言われます。アンケートが代表例です。

　1つの変数を集計・分析する場合は、ロングフォーマットが適していますが、クラスター分析やバスケット分析など複数の変数の関係性を分析したい場合は、ワイドフォーマットが適しています。

● その他のデータ種類（実験データ、メタデータ）

　実験データとは「何が原因でそのような現象が生じているかを検証するために測定されたデータ」を言います。検証対象の原因以外の条件を同一にして実験を実施します。実験計画に基づいて取得したデータは、因子間の相関が小さいという特徴があります。

　メタデータとは「データを説明するためのデータ」です。データ分析するには、データの各列の意味がわかっている必要があります。メタデータ管理とは「データの意味や状態などデータの属性情報を管理すること」を言います（図6.1.6）。テーブル名、列名、列の型、列の説明などを管理した「データ定義書」、データの生成場所や流れを追跡できるようにする「データリネー

ジ」、いつの時点のデータなのかを示す「データ鮮度」などがあります。データ利用者が、簡単にデータ構造を検索・確認できるようにメタデータを整備したカタログ（辞書）を「データカタログ」と呼びます。

| | ロングフォーマット（縦持ち） | | | | ワイドフォーマット（横持ち） | | | | | |

✓ 1人の観測データが複数行にわたって保存されたデータ

SAMPLE ID	年齢	商品	数量
1	52歳	A	1
1	52歳	B	1
1	52歳	C	2
2	34歳	A	2
2	34歳	D	1
2	34歳	E	2
3	21歳	B	1
3	21歳	C	1
3	21歳	E	1

✓ 1人の観測データを1行になるようにまとめたデータ

SAMPLE ID	年齢	商品A	商品B	商品C	商品D	商品E
1	52歳	1	1	2	0	0
2	34歳	2	0	0	1	2
3	21歳	0	1	1	0	1

▶ 図6.1.5 「ロングフォーマット」と「ワイドフォーマット」

①	データ定義書	データ集計・分析ができるように、テーブル名、列名、列の型、列の単位、列の意味合い、ラベルの定義などを整理
②	データオーナー	データに関する質問先として、そのデータを生成・管理しているのは誰かを記載
③	データリネージ	障害時の影響調査などにおいて、データの生成場所や流れを追跡できるように整理
④	データセキュリティ	情報漏洩を防止するため、データのアクセス権限者を整理
⑤	データ鮮度	質の悪いデータ利用を防止するため、いつの時点のデータなのかを整理

▶ 図6.1.6 メタデータ管理の主な内容

「オープンデータ」の利活用の推進

　2016年に施行された官民データ活用推進基本法において、国及び地方公共団体は、オープンデータの推進に取り組むことが義務付けられました。オープンデータとは「機械判読に適したデータ形式で、二次利用が可能な利用ルールで公開されたデータ」を言います。つまり、誰でも許可されたルールの範囲内で、自由に複製・加工や頒布などができるデータを言います。

　オープンデータの契機は、オバマ元米大統領が大統領就任直後、透明性とオープンガバメントに関する覚書に署名したことが始まりと言われています。オープンガバナンスとは、政府が持つ情報を市民と共有することで、行政への市民参加を促そうとする取り組みです。この覚書では「透明性」「国民参加」「協業」の3つがオープンガバメントの原則として掲げられました。このオープンガバナンスの取り組みの1つがオープンデータでした。

◉ 政府統計の総合窓口「e-Stat」

　政府統計の総合窓口（e-Stat）[1]は、各府省が公表する統計データを1つにまとめ、統計データの検索、地図上の表示などを可能とする政府統計のポータルサイトです。出典や編集・加工に関するクレジット表示を主な条件に、複製や公衆送信、翻訳・変形等の翻案等に、自由に利用することができます。商用利用も可能です（図6.1.7）。

　e-Statでは、17分野（人口・世帯、労働・賃金、商業・サービス業、住宅・土地・建設など）の統計データを検索することが可能です。また、統計データは、（1）表側や表側の表示項目の絞り込み（表示項目選択）、（2）表側と表頭の項目の入れ替え（レイアウト設定）をもとに、自身が欲しいレイアウト形式に変更することができます。ファイルは、Excel、CSVなどの形式でダウンロードできます。

　また、【統計データを活用する】の「グラフ」をクリックすると、主要な統計データをまとめた「統計ダッシュボード」[2]に遷移します。統計ダッシュボードでは、e-Statで提供している政府統計データに加えて、海外の統計作成機関や日本銀行等が提供している主要な統計データをまとめており、グラフ等による比較が可能です（図6.1.8）。

出典：政府統計の総合窓口（e-Stat）（https://www.e-stat.go.jp/）＊1

▶ 図6.1.7　政府統計の総合窓口（e-Stat）

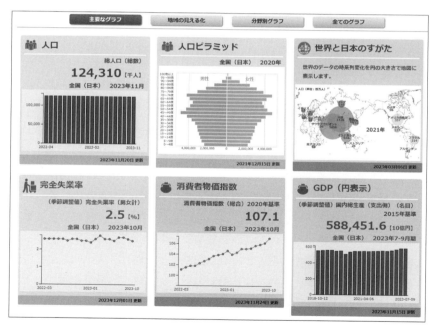

出典：統計ダッシュボード（https://dashboard.e-stat.go.jp/）＊2

▶ 図6.1.8　統計ダッシュボード

データの事前チェック・前処理・加工

分析に適したデータ形式を理解する

　データ分析を実施するには、図6.2.1に示すような「データセット（ローデータ）」を作成します。6.1で説明した「ワイドフォーマット（横持ち）」に該当します。

　データセットの各行を「ケース／レコード」と言い、分析単位あたりの個票データになります。行の総数（分析単位の総数）を「ケース数／レコード数」と呼びます。一方、列を「変数（変量）」と言います。変数とは「売上や性別など、測定された一つひとつの項目」のことを言います。

　データ分析はローデータ形式で収集できることが理想ですが、総務省などの公的統計、外部の2次データは、個人情報の秘匿などの理由から集計値での入手になることが多いです。

● データには「4つの尺度」があり、分析方法に影響を与える

　データ分析では、データ尺度を理解することが重要です。データ尺度により、分析できる内容が異なるためです。データの尺度には、（1）名義尺度、（2）順序尺度、（3）間隔尺度、（4）比率尺度、があります（図6.2.2）。

　名義尺度とは「男性：1、女性：2など、データを区別するために使われるもの」です。クロス集計による分析が中心になります。重回帰分析を実施する際は、ダミー変数化などの処理が必要になります。

　順序尺度とは「満足度など、データに順序関係があり、大小関係を比較できるもの」を言います。名義尺度と同じ分析に加えて、加重平均値による比較、量的データとみなした多変量解析を実施することがあります。

　間隔尺度と比率尺度は「体重や金額などの量的データ」です。数値の「0」が存在するかどうかで分類されます。カテゴリー化によるクロス集計や統計解析（平均値、標準偏差、相関係数など）、多変量解析など、分析方法は多岐にわたります。量的データは、小数点を含む「連続データ（連続値）」と、小

数点を含まない「離散データ（離散値）」に分類できます。

　データ分析の価値を高めるためには、収集したデータのチェック・前処理・加工を通じて、データ分析しやすい形に整形していくことが重要です。

表全体を「データセット」という

NO.	挨拶のよさ	レジ対応の早さ	お弁当の種類	お弁当の美味しさ	新商品の導入	立地のよさ	駐車のしやすさ	総合評価
1	4	3	1	1	1	4	4	2
2	1	1	3	3	3	1	5	3
3	2	3	4	14	3	4	5	4
4	3	3	2	1	4	5	5	3
5	4	4	2	2	4	3	4	3
6	3	4	4	4	5	3	4	4
7	4	5	4	4	3	4	2	5
8	1	1	3	3	1	1	1	4
9	2	2	2	2	1	2	2	4
10	3	4	4	4	1	5	4	4
11	1	1	4	4	2	4	4	4
12	5	5	3	3	3	4	5	4
13	3	2	3	2	2	3	3	2
14	3	2	3	2	2	3	2	2

← 変数（変量）

ケース／レコード
分析単位あたりの個票

ケース数
レコード数

カラム、フィールド

▶ 図6.2.1　データセットの形式・名称

データ尺度（分類）		内容・代表例	分析方法
質的データ（カテゴリーデータ）	名義尺度	✓ データを区別するための物差し ● 性別（男性＝1、女性＝2） ● 居住地（北海道＝1、沖縄＝47）	✓ クロス集計
	順序尺度	✓ データに順序関係があり、大小関係を比較できるもの ● 評価（大変満足 ～ 非常に不満） ● 順位（1位＝●●、2位＝△△）	✓ クロス集計 ✓ 統計解析 ✓ 多変量解析
量的データ	間隔尺度	✓ 順序のあるデータ間に等間隔の差があるもの。数値の「0」が存在しない ● 気温（10℃、20℃、30℃……） ● 西暦（2001年、2002年……）	✓ クロス集計（カテゴリー化） ✓ 統計解析 ✓ 多変量解析
	比率尺度	✓ 順序のあるデータに等間隔の差があり、比率にも意味があるもの ● 金額（0円、1,000円……） ● 人数（0人、1人、2人……）	✓ クロス集計（カテゴリー化） ✓ 統計解析 ✓ 多変量解析

▶ 図6.2.2　データ尺度とデータ分析方法

データの事前チェック・前処理・加工のステップ

　収集したデータはそのままでは分析できない場合が多く、データ分析に適した形式に修正する必要があります。「データ分析の作業時間の8割は、データの前処理に要する」と言われます。

　本節では、データの事前チェック・前処理・加工のステップを説明します（図6.2.3）。次節以降、「前処理」「データ加工」について説明します。

◉ (1)「信頼できるデータかを確認」する（データ品質の確認）

　最初のステップは「データ品質の確認」です。データの出所を確認して、信頼できるデータかをチェックします。具体的には、「誰が（Who）、いつ（When）、どこで（Where）、何を（What）、何のために（Why）、どのようにして（How）作ったデータであるか」を確認していきます。

◉ (2)「複数のデータを結合」する

　データベースから複数のデータを結合してデータ分析を実施することがあります。日々の行動が蓄積される「トランザクションデータ」と、購入者や商品情報などが1行ごとに整理されている「マスターデータ」を結合するのが代表例です。この場合は、トランザクションデータを分析対象単位で1レコードに集約し、マスターデータと結合していきます。

◉ (3)「探索的データ分析（EDA）」でデータの特徴や構造を理解する

　探索的データ分析（EDA）とは「データの特徴や構造を理解し、データの前処理や加工の必要性を把握するための分析」を言います。

　データの基礎集計や分布の特徴を把握し、「データのケース数／レコード数」「各列のデータの種類・意味合い」「各列のデータの桁数・単位」「欠損値、外れ値の有無」などを確認します。EDAを行うことで、具体的なデータ分析のイメージが付きやすくなります。

◉ (4)「データの前処理（データクレンジング）」でデータを整形する

　データ分析の成否は、どれだけ綺麗なデータで分析できるかにかかっています。そのためには、データの前処理が不可欠です。具体的には、（1）欠損

値の処理、（2）外れ値（異常値）の処理、（3）表記ゆれの統一、（4）データ方向の修正、などを実施します。

◉ **（5）「データ加工」で新しい変数を作成する**

データ分析の精度を高めるためには、新しい変数を作成することも重要です。具体的には、（1）順序ラベル・エンコーディング、（2）One-hotエンコーディング、（3）ビニング、（4）加重平均値の設定、（5）合成変数の作成、（6）回答反応個数の作成、（7）データの標準化、などがあります。

▶ 図6.2.3 データの事前チェック・前処理・加工のステップ

6.3 データの前処理（データクレンジング）

「欠損値」の発生メカニズム

欠損値とは「本来観測されるはずのデータが何らかの理由で欠けている状態」を言います。欠損値が発生するメカニズムには、図6.3.1に示す3つのパターンがあります。

1つ目は、MCARと呼ばれる「完全ランダムに欠損しており、欠損する確率とデータが全く関係ない状態」です。システムの設計上、10回中1回はランダムに欠損が発生しているような状態です。

2つ目は、MARと呼ばれる「条件付きでランダムに発生する状態」です。体重を測定するとき、性別で欠損する確率が異なるものの（女性の方が高い）、男性と女性の中ではランダムに欠損している状態です。

3つ目は、MNARと呼ばれる「ある値が欠損する確率が欠損データ自体に依存している状態」です。体重が重い人ほど、体重を測定したがらないといった状態です。

● 3つのステップで欠損値に対応する

上記の3つのパターンのうち、完全ランダムに発生するMCARは、欠損が生じている行（ケース／レコード）を削除しても問題ありません。一方、条件付きでランダムに発生するMARとランダムに発生しないMNARは、欠損が生じている行を削除するとバイアスが生じます。

現実の世界では、MARが欠損値の半数を占めると言われますが、どの発生メカニズムかを判断することは難しいです。

上記を踏まえて、欠損値の対応方法は、（1）データ作成者に欠損の理由を確認し、対応できるときは対応してもらう、（2）全ケース（レコード）数に占める欠損行の割合が数％のときは行を削除する（＝リストワイズ法）、（3）欠損値を特定の値で補完する（＝平均値などの定数を代入する、他の変数から推定する）する、の3つのステップを踏みます（図6.3.2）。

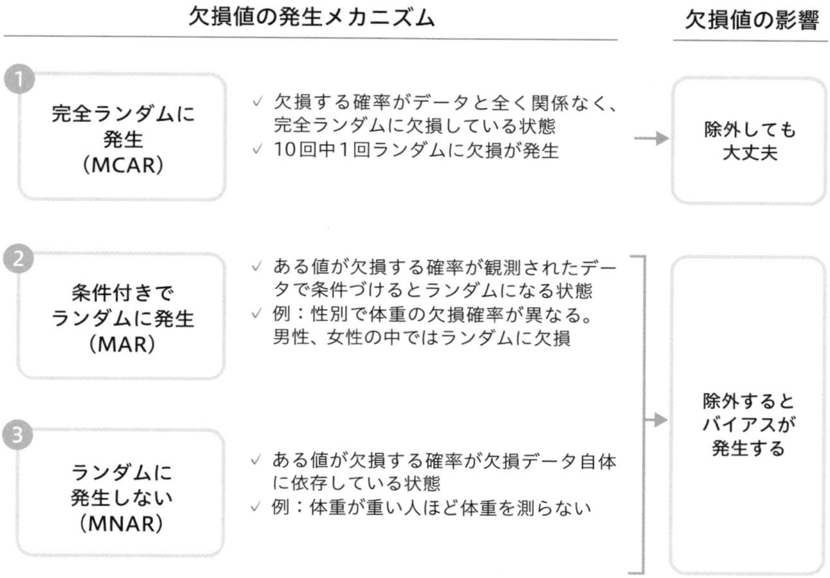

	欠損値の発生メカニズム		欠損値の影響

 完全ランダムに発生（MCAR）
- ✓ 欠損する確率がデータと全く関係なく、完全ランダムに欠損している状態
- ✓ 10回中1回ランダムに欠損が発生

→ 除外しても大丈夫

 条件付きでランダムに発生（MAR）
- ✓ ある値が欠損する確率が観測されたデータで条件づけるとランダムになる状態
- ✓ 例：性別で体重の欠損確率が異なる。男性、女性の中ではランダムに欠損

 ランダムに発生しない（MNAR）
- ✓ ある値が欠損する確率が欠損データ自体に依存している状態
- ✓ 例：体重が重い人ほど体重を測らない

→ 除外するとバイアスが発生する

▶ 図6.3.1　欠損値の発生メカニズム

STEP1
- ✓ データ作成者に欠損が発生している理由を確認する
- ✓ 対応できるときは対応してもらい、厳しい場合はSTEP2へ

STEP2
- ✓ 全ケース（レコード）数に占める欠損行の割合が数%のときは行を削除する（＝リストワイズ法）
- ✓ 欠損の割合が1割以上になる場合はSTEP3へ

STEP3
- ✓ 欠損値を特定の値で補完する
- ✓ 平均値や最頻値などの定数を代入する、他の変数から推定する方法がある

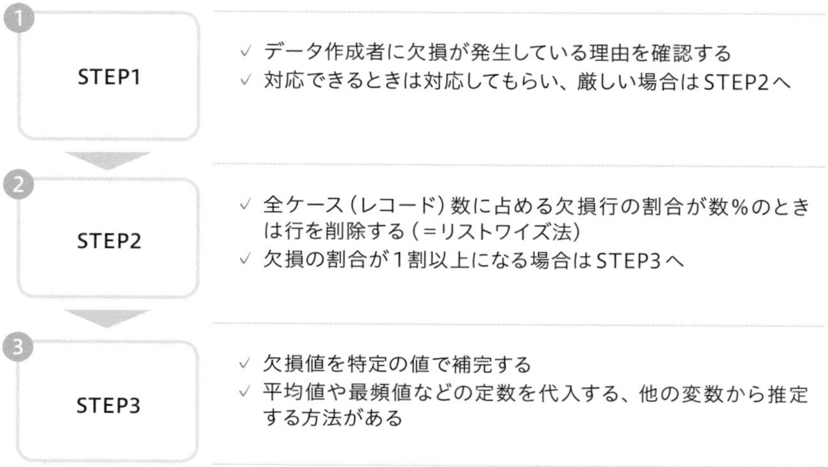

▶ 図6.3.2　欠損値の対応方法

◉ 安易に「平均値」を代入しない

　欠損値の割合が1割以上あるときに欠損する行を削除すると、バイアスが発生するだけでなく、重回帰分析やクラスター分析などの統計解析において分析対象のケース数が少なくなり、困ることがあります。そこで、欠損値を特定の値で補完する必要があります。

　図6.3.3に、欠損値を特定の値で補完する方法を掲載しています。平均値や中央値、最頻値などのある定数を代入する方法（単一代入法）、他の変数から値を推定して代入する方法があります。

　単一代入法は、わかりやすく操作も簡単ですが、欠損値の割合が多い場合は注意が必要です。図6.3.4に示すように、欠損値の割合が多い場合、平均値などの単一の値を代入すると、特定の値にデータが集中して分布が偏るだけでなく、平均値が上振れします。

　単一代入法を用いるときは、「性別×年代×職業」「性別×年代×○○利用頻度」などセグメントを細分化してから、それぞれのセグメントに平均値や中央値、最頻値を代入していきます。性別などの名義尺度の場合は「最頻値」を代入することが多いです。

◉ 他の変数から値を推定して代入する

　他の変数から値を推定する方法では、（1）回帰代入法（欠損以外のデータから欠損値を説明する回帰式を求めて代入する方法）、（2）多重代入法（欠損データの分布から無作為に抽出したデータセットを複数作成し、その結果を統合して欠損値を推定する方法）、が有名です。

　多重代入法のイメージを、図6.3.5の左側に掲載しています。観測されたデータから事後分布を構築し、その事後分布から無作為抽出を行って欠損値を代入したデータセットを複数作ります。その後、各データセットに対して解析（回帰分析など）を実施し、結果を統合していく方法です。

　上記以外の方法では、欠測データに最も類似した標本を、マハラノビス距離などで算出して、その標本の値を代入する「ホットデック法」（図6.3.5の右側）、同一企業の時系列データ（売上金額など）で欠損値があるとき、「前年値×母集団全体の変化率（比率）」で補完する「時点調整済LOCF法」などがあります。

① **ある定数を代入
（単一代入法）**

- ✓ 「平均値」「中央値」「最頻値」のいずれかの値を代入する
- ✓ 欠損割合が高い場合、特定の値にデータが集中してしまう

② **他の変数から値を
推定して代入**

- ✓ 回帰代入法
  - ・欠損以外のデータから欠損値を説明する回帰式を求める
- ✓ 多重代入法
  - ・欠損データの分布から無作為に抽出したデータセットを複数作成し、その結果を統合して欠損値を推定する
- ✓ ホットデック法
  - ・欠測データに最も類似した標本を抽出し、その値を代入する
- ✓ 時点調整済LOCF法
  - ・同一企業の時系列データで欠損値があるとき、「前年値×母集団全体の変化率（比率）」で補完する

▶ 図6.3.3　欠損値を特定の値で補完する方法

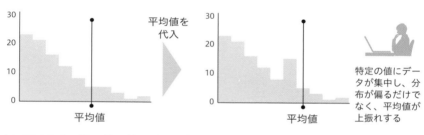

▶ 図6.3.4　単一代入法によるデメリット

▶ 図6.3.5　多重代入法、ホットデック法

183

「外れ値（異常値）」の処理

外れ値とは「データの大部分よりも極端に大きく外れた値」を言います。外れ値の中でも、記録ミス・測定ミスなど、値が極端な理由がわかっている値を「異常値」と言います。外れ値を考慮せずに平均値を算出すると、外れ値が影響して意思決定をミスリードする可能性があります（図6.3.6）。

● 外れ値のチェック・対応方法

外れ値のチェック方法には、(1) ヒストグラム、箱ひげ図など分布を描く、(2) データの標準化、スミルノフ＝グラブス検定で候補を抽出する、(3) クラスター分析で突出した標本を見つける、などがあります（図6.3.7）。

データの標準化では、標準得点（Ｚスコア）±3以上の値が外れ値の候補になります。標準得点±3は、偏差値では30以下、80以上を意味し、全体の0.3％程度になります。ただし、データの標準化は、正規分布を仮定しており、正規分布に従わない場合、うまく検出できないことがあります。

外れ値の対応方法は、最初にデータ作成者に外れ値が生じている理由を確認します。同時に、外れ値に問題の本質や発見があるのでは？ と自問自答します。データ分析では「外れ値は除外する」ことが多いですが、コンサルタントの世界では「ビジネスのヒントが隠れており、ヒアリング対象」と見ることが多いです。その可能性を含めて検討した上で、価値がない場合は、外れ値を除外して分析します。

その他の前処理（表記ゆれの統一、データ方向の修正）

欠損値、外れ値（異常値）以外では、表記ゆれの統一、データ方向の修正を行います。表記ゆれとは、「はさみ」「ハサミ」など同じ意味を表す内容が、表記が異なっている状態を言います。この場合、コンピュータは別商品として識別するため、表記を統一する必要があります。

データ方向の修正は、アンケートデータで実施することが多いです。満足度を5段階評価（非常に満足～非常に不満）で聴取する場合、「非常に満足：1」「非常に不満：5」としてデータ出力されることがあります。その場合、「非常に満足：5」「非常に不満：1」と逆値に変換します。

【商品の購買データ】

ID	商品Aの 購入金額（円）	商品Bの 購入金額（円）
1	2,060	2,300
2	1,510	1,430
3	1,350	1,900
4	1,670	2,250
5	740,000	1,860
6	2,150	1,950
7	1,890	2,180
8	2,240	2,100
9	2,100	2,000
10	1,840	2,034

どちらの商品のほうが有望かな？
平均購入金額を比べてみよう！

商品A：75,681円
商品B：2,000円

商品Aのほうが有望です！

✓ 商品Aはそんなに高い商品では
ないぞ……
✓ 外れ値を踏まえて分析してくれ
ないと、危なくて分析者として
信用できなくなるぞ……

▶ 図6.3.6　外れ値が意思決定をミスリードする

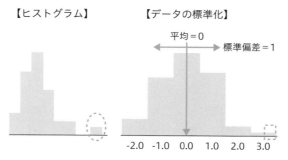

▶ 図6.3.7　「外れ値」のチェック方法

データ加工

・・・
データ分析しやすい状態に「データ加工」する

　データ分析の精度を高めるためには、データ加工を通じて、新しい変数を作成することが重要です。データ加工には、（1）順序ラベル・エンコーディング、（2）One-hotエンコーディング（ダミー変数化）、（3）ビニング（カテゴリー化）、（4）加重平均値の設定、（5）合成変数の作成、（6）回答反応個数の作成、（7）データの標準化、などがあります。

● データ形式を変更する「エンコーディング」

　エンコーディングとは「ある形式のデータを別形式のデータに変換すること」を言います。名義尺度や順序尺度の質的データで活用されます。

　順序ラベル・エンコーディングとは「コーヒーのサイズをS：1、M：2、L：3など、順序性を保持したまま数値化すること」を言います。

　One-hotエンコーディングとは「質的データを「1」と「0」の組み合わせで変数を作成すること」を言います。統計学の世界では、ダミー変数化とも言われます。質的データを説明変数に取り入れて重回帰分析する際は、One-hotエンコーディングが必須になります（図6.4.1）。

● 尺度を変更する「ビニング（カテゴリー化）」「加重平均値」

　ビニング（カテゴリー化）とは「購入金額などの量的データを「1,000円未満」「1,000円～2,000円未満」などの区間に離散化すること」を言います。ビニングしない場合、平均値や中央値での分析が中心になり、分布を把握しにくくなります。そこで、特定の区間（ビン、カテゴリー）に分類することで、分布の把握に加えて、クロス集計が実施しやすくなります。

　加重平均値とは「それぞれの選択肢に重み付けを行い、平均値を算出すること」を言います。世帯年収や金融資産、利用金額、満足度、意識質問などを選択肢形式で収集するときに使うことが多いです。5段階評価（満足度な

ど）の場合は、「5, 4, 3, 2, 1」「2, 1, 0, -1, -2」などが用いられます。選択肢間を等間隔で設定すれば、どちらを使っても大丈夫です（図6.4.2）。

順序ラベル・エンコーディング

✓ 選択肢の順序性を保持したまま数値化

顧客ID	注文サイズ	ラベル
001	S	1
001	M	2
002	L	3
003	M	2

One-hot エンコーディング

✓ 質的変数を「1」と「0」の組合せで変数を作成
  例：商品A、商品B、商品Cをダミー変数化

顧客ID	商品
001	A
002	B
003	C

顧客ID	商品A	商品B	商品C
001	1	0	0
002	0	1	0
003	0	0	1

▶ 図6.4.1　順序ラベル・エンコーディング、One-hotエンコーディング

ビニング（カテゴリー化）

✓ 量的変数を特定の区間（ビン、カテゴリー）に離散化

＜回答データ＞　　＜カテゴリー化＞

930円	900円〜 1,000円未満
940円	1,000円〜 1,100円未満
990円	1,100円〜 1,200円未満
1,050円	1,200円〜 1,300円未満
1,140円	1,300円〜 1,400円未満
1,210円	
1,245円	カテゴリー化することでクロス集計で傾向を把握しやすくなる
1,315円	
1,330円	
1,370円	

加重平均値

✓ 選択肢に重みづけして、平均値を算出
  例：満足度（5段階）に5〜 1点で重みづけ

ID	満足度	重みづけ
1	非常に満足	5
2	普通	3
3	普通	3
4	やや不満	2
5	満足	4

加重平均値 = (5*1+4*1+3*2+2*1)/5 = 3.4

▶ 図6.4.2　ビニング（カテゴリー化）、加重平均値

● データ分析に合わせて「合成変数」を作成する

合成変数とは「複数の変数から少数の変数に縮約・要約すること」を言います。複数の変数から新たな変数を合成する分析手法である「主成分分析」「因子分析」が代表例です（8.5参照）。

実務では、データを細かく聴取・収集してから統合することが多いです（図6.4.3）。例えば、（1）「年齢」「未既婚」「子ども有無」の変数から【ライフステージ】という新しい変数を作成する、（2）「年間売上金額」と「年間購入数量」から【1回あたり購入金額】を作成する、（3）「平日の利用時間」と「休日の利用時間」から【週平均の利用時間】を作成するなど、様々なパターンがあります。

● 項目を統合する「中分類」、解釈の幅を広げる「回答反応個数」

中分類の作成とは「選択肢／項目をいくつかのグループに分類し、該当する選択肢／項目を選んだ人の割合や合計額を集計すること」を言います。（1）機種などで購入商品を聴取した後に、「自社商品・計」に取りまとめる、（2）加入きっかけを細かく聴取した後に、「ライフイベントきっかけ」「経済面きっかけ」などに分類する、（3）いくつかの小分類をまとめて「合計額」を算出するなどの活用が多いです（図6.4.4の左側）。

回答反応個数とは「いくつの選択肢／項目が回答されたかを算出すること」を言います。アンケートのブランドイメージの質問で、1人あたりの回答個数を算出することがあります。また、カテゴリー意識質問の反応個数、商品の利用個数から、カテゴリー関与度を分類し、クロス軸に設定することで、解釈の幅を広げる使い方もあります（図6.4.4の右側）。

● 単位を消すことで比較しやすくする「データの標準化」

標準化とは「データの単位を消す方法」のことです。データの標準化とは「平均：0、標準偏差：1となるようにデータ変換（スケーリング）すること」を言います。正規化、規格化とも呼ばれます（図6.4.5）。

標準化した値は「標準得点」「Zスコア」などと呼ばれます。平均値や標準偏差、単位が異なる変数を分析するときに活用します。重回帰分析やクラスター分析などでは、データの標準化を実施することが多いです。

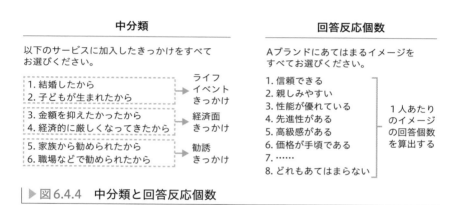

変数を組み合わせる

| 年齢 | 未既婚 | 子供有無 |

↓

ライフステージ

● 単身者　● 子どもあり
● 夫婦のみ　● シニア

単位あたりを算出する

| 年間
売上金額 | 年間
購入数量 |

↓

1回あたり購入金額

1回あたり購入金額 =
年間売上金額／年間購入数量

四則演算で変数を作成する

| 平日の
利用時間 | 休日の
利用時間 |

↓

週平均の利用時間

週平均の利用時間 =
$\dfrac{(平日 \times 5) + (休日 \times 2)}{7}$

▶ 図 6.4.3　複数の変数から新しい変数を作成する

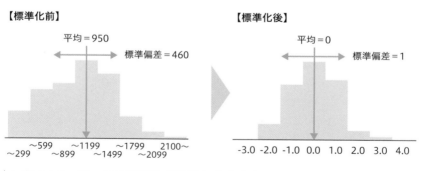

中分類

以下のサービスに加入したきっかけをすべて
お選びください。

1. 結婚したから
2. 子どもが生まれたから
→ ライフ
イベント
きっかけ

3. 金額を抑えたかったから
4. 経済的に厳しくなってきたから
→ 経済面
きっかけ

5. 家族から勧められたから
6. 職場などで勧められたから
→ 勧誘
きっかけ

回答反応個数

Aブランドにあてはまるイメージを
すべてお選びください。

1. 信頼できる
2. 親しみやすい
3. 性能が優れている
4. 先進性がある
5. 高級感がある
6. 価格が手頃である
7. ……
8. どれもあてはまらない

→ 1人あたり
のイメージ
の回答個数
を算出する

▶ 図 6.4.4　中分類と回答反応個数

【標準化前】

平均 = 950

標準偏差 = 460

～299　～599　～1199　～1799　2100～
　　　　～899　～1499　～2099

【標準化後】

平均 = 0

標準偏差 = 1

-3.0　-2.0　-1.0　0.0　1.0　2.0　3.0　4.0

▶ 図 6.4.5　データの標準化で比較しやすくする

「定量情報」と「定性情報」を
上手に組み合わせよう

データ分析に関する書籍は、行動データやアンケートなどの定量情報を扱うことが多いです。それは統計解析や分析手法を活用しやすいためです。一方で、数値の背景を理解する／洞察を深めるには、定性情報は不可欠です。本コラムでは、定性情報の代表的手法であるインタビューの種類、使い分け、留意点について説明したいと思います。

目的に応じて、「1回あたりのインタビュー人数」を使い分ける

インタビューは、1回あたりの人数で、「グループインタビュー」（5〜6人）、「デプスインタビュー」（1人）に分類されることが多いですが、筆者は、「トライアドインタビュー」（3人）を加えて、使い分けています。

グループインタビューは、1回あたり5〜6人×2時間のインタビューが多いです。その分野の知識が乏しいとき、様々な行動や思考パターンを理解したいときに活用します。個々人の詳細な深掘りはあまり期待していないです。

デプスインタビューは、1回あたり1人×1時間のインタビューが多いです。対象者の人物像、商品・サービスのカスタマージャーニーを知りたいときに活用します。また、センシティブな質問をしたときの心境変化を把握できる点も特徴です。筆者は、対象者が泣きながら発言するシーンに立ち合い、その人が抱えている不安・本音を垣間見た体験をしたことがあります。

一方で、デプスインタビューは費用が高いです。そのときは、1回あたり3人のトライアドインタビューを実施することが多いです。対象者条件・価値観をできるだけ揃えて、2時間インタビューします。少人数のため、すぐに発言機会が回ってくることから、対象者も積極的に参加します。グループインタビューよりも発言の質・量ともに高く、筆者は好んで使っています。

「定量情報」と「定性情報」を組み合わせて意思決定しよう

インタビューは、知りたい対象者に絞ることが多いため、インタビューの結果だけで意思決定せず、定量情報と組み合わせることが大事です。インタビューを実施すると、定量情報では限界がある対象者の心理を理解でき、多くの発想・示唆が得られます。一方で、代表性がない点は冷静に認識しましょう。インタビューを通じて、他社との違い（独自性）や成功のストーリーが思い描き、それを定量的に把握・補完していくことが重要です。

第 7 章

【STEP4】データ
の比較を通じた
解釈・考察

本章では、「【STEP4】データの比較を通じて解釈する」について説明していきます。分析とは「比較を通じて、意味合いを抽出すること」です。また、何と比較するかで意思決定が変わります。前半では、データ分析の基本となる「クロス集計」「意識すべき5つの視点」について説明します。後半では、データを解釈・考察していくための頭の使い方について説明します。本章では「クロス集計」「解釈・考察」を説明し、次章で、分析の幅を広げる「統計解析」を説明します。

データは比較することで価値が高まる

分析とは「比較を通じて、意味合いを抽出すること」

　分析とは「比較を通じて、意味合いを抽出すること」を言います。数値は比較対象があって初めて「高い・低い」「良い・悪い」の判断ができます。例えば、自社利用者の満足度が80％の場合、競合の満足度が60％だと「高い」、90％だと「低い」と判断できます。比較対象がない結果の解釈は主観になってしまい、人によって判断が異なってしまいます。

　また、何と比較するかで、その後の意思決定が変わる点にも注意が必要です（図7.1.1）。現状を「自社の新規利用者数が前年比で30％増加した」に置いた場合、比較対象（1）と比べると「今回の施策を継続しよう」、比較対象（2）と比べると「原因仮説を考えるプロジェクトを立ち上げよう」といった、180度方向性が異なる意思決定になる可能性が高いです。

いくつの変数を同時に分析するかで、比較視点が変わる

　データ分析では、いくつの変数を同時に分析するかで、分析手法や比較視点が異なります（図7.1.2）。

　1つの変数を分析するときは「全体集計」を用います。全体集計をもとに、「項目間の大小関係」を比較し、全体の傾向を把握します。なお、量的データの場合は「ヒストグラム」「代表値（平均値、中央値など）」「散布度（分散、標準偏差など）」をもとに傾向を把握します。

　2つの変数の傾向を見るときは「クロス集計」を用います。クロス集計とは、2つの変数をクロスさせて相互の関連を見るものを言います。クロス集計をもとに、「クロス軸間のスコアの大小関係」を比較します。また、量的データの場合は、「相関係数」「回帰式」を活用して、2つの変数間の関係性を分析します。

　3つ以上の変数の場合は、人間の処理能力を超えるため、多変量解析を活

用することが多いです。数理モデルを用いて、（1）多くの変数の分類・縮約、
（2）予測・キードライバーの発見で活用されます。第8章で説明します。

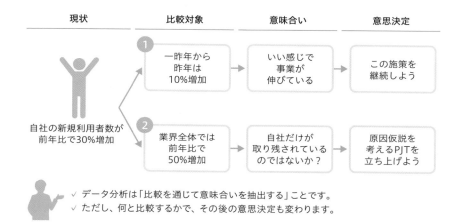

- ✓ データ分析は「比較を通じて意味合いを抽出する」ことです。
- ✓ ただし、何と比較するかで、その後の意思決定も変わります。

▶ 図7.1.1　何と比較するかで、その後の意思決定が変わる（図2.3.1を再掲）

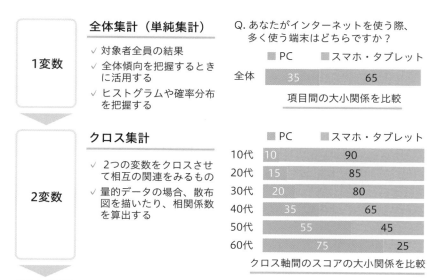

▶ 図7.1.2　変数とデータ分析手法

データの比較・解釈・考察には
「クロス集計」の理解が必要不可欠

図7.1.3に、データ尺度とデータ分析手法を掲載しています（6.2参照）。

全てのデータ尺度に共通するのが「クロス集計」です。データ分析の基本は「全体集計で大きな傾向を俯瞰し、クロス集計で詳細に分析する」です。クロス集計の理解が、データの比較・解釈・考察には不可欠です。

本章では「クロス集計」を中心に説明し、「統計解析」「多変量解析」は次章で説明します。

◉ データ分析の基本フレーム「PICO」

皆さんは「PICO」という言葉をご存知でしょうか。PICOとは、医学関連の論文レビューで使われるフレームで、どのような患者（Patient）に、どのような介入をすると（Intervention）、何と比較して（Comparison）、どのような結果になるのか（Outcome）という4つの要素に分けて定式化することを言います（図7.1.4）。

このPICOは、クロス集計と同じ意味合いになり、データ分析の基本フレームになります。つまり、データ分析とは「クロス軸（分析軸）をもとに評価・指標を比較することで、意味合いを抽出していくこと」を言います。比較を通じて、「大きい」「差がある」「変化がある」「バラツキがある」「パターンがある」を意識しながら意味合いを抽出していきます。

なお、「【STEP2】問い（イシュー）を分解し、分析ストーリーを描く」、「【STEP3】データ収集・前処理を行う」の段階で、PICOをもとに、どのようなクロス軸で傾向を見るかを検討しておくことが非常に重要です。

◉ 比較をするときは「Apple to Apple」が基本

データを比較するときは、同じ条件で比較する「Apple to Apple」が基本です。違う条件で比較することを「Apple to Orange」と言います。

例えば、スーパーA店とB店の売上を比較したところ、A店1,000億円、B店650億円だったとします。売上はA店のほうが大きいですが、B店が8月に新規開店していた場合は単純比較できません。売上規模の大小を判断するには、両店とも開店していた期間で比較すべきです。

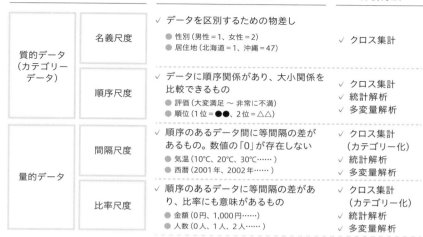

▶ 図7.1.3　データ尺度と分析手法（図6.2.2を再掲）

【PICOの4要素】

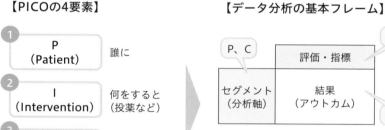

① **P**（Patient）　誰に

② **I**（Intervention）　何をすると（投薬など）

③ **C**（Comparison）　何と比較して

④ **O**（Outcome）　結果はどうなるか

【データ分析の基本フレーム】

「大きい」「差がある」「変化がある」「バラツキがある」「パターンがある」を意識しながら、意味合いを抽出していく

データ分析は、セグメント（分析軸）と評価・指標に、どのような変数を設定するかに帰結する

▶ 図7.1.4　分析の基本フレーム「PICO」

7.2 クロス集計を理解する（基本）

....

クロス集計の基本的な用語・読み方を理解する

クロス集計とは「2つの変数をクロスさせて相互の関連を見るもの」を言います。図7.2.1をもとに、クロス集計の基本的な用語を説明します。

傾向を掴みたい変数を「表側（クロス軸・集計軸・分析軸・BD軸）」、表側により傾向を見たい変数を「表頭」、クロス集計の母集団（図7.2.1の場合は600ss）を「表肩」と言います。

n=() と記載している列がサンプルサイズになります。図7.2.1の場合、全体で600ss、年代ごとに100ssの均等割付になります。升目の数字は「%」表示です。全体のPCの35.2%は「600人中35.2%がPCと回答している」ことを意味します。表頭が単一回答のときは合計が100%、複数回答のときは合計が100%を超えます。

クロス集計の内容を伝えるときは「表側→表頭」の順で説明します。図7.2.1では「年代別に見たインターネットの利用端末の割合」と呼びます。表肩を「全国」から「首都圏居住者」に絞ったときは、「首都圏居住者の年代別に見たインターネットの利用端末の割合」と呼びます。

● クロス集計を読むときは「視線の方向」に注意する

クロス集計を読むときは「視線の方向」に注意します。クロス集計は、表側（例：年代）による傾向の違いを把握するため、「縦方向に見る」ことが基本です。図7.2.2の場合、全体のPCの割合は35.2%ですが、10代から60代に視線を動かすとスコアが上昇しています。一方、スマホ・タブレットは、逆の動きになります。ここから「年代が上がるほどPC、年代が下がるほどスマホ・タブレットでインターネットを使う割合が高い」と読み取れます。

調査会社が提供するクロス集計には、集計結果を読みやすくするため、全体のスコアと比べて、5pt、10pt高い／低いスコアにハッチング（色づけ）されていることが多いです。これを参考にクロス集計を読んでいきます。

クロス集計は縦方向に見ることが基本ですが、1つの軸（例：40代）の傾向を見たいときは、その軸を「横方向に見る」流れになります。図7.2.2を見ると、40代はPCよりもスマホ・タブレットのスコアが高いですが、50代ではスコアが逆転しています。ここから「40代から50代にかけて利用端末が逆転している」ことが読み取れます。横方向に見ることで変曲点を掴むことができます。

表肩 クロス集計の 集計母集団		表頭　表側により傾向を見たい変数 Q. あなたが普段、インターネットを使う際に、 多く使う端末はどちらですか？	
	n=	PC	スマホ・タブレット
全体	(600)	35.2	64.8
10代	(100)	10.2	89.8
20代	(100)	15.3	84.7
30代	(100)	20.1	79.9
40代	(100)	35.4	64.6
50代	(100)	55.3	44.7
60代	(100)	75.0	25.0

表側
傾向を掴みたい変数
クロス軸、集計軸、
BD軸とも言います

年代別

▶ 図7.2.1　クロス集計の用語

表肩 クロス集計の 集計母集団		表頭　表側により傾向を見たい変数 Q. あなたが普段、インターネットを使う際に、 多く使う端末はどちらですか？	
	n=	PC	スマホ・タブレット
全体	(600)	35.2	64.8
10代	(100)	10.2	89.8
20代	(100)	15.3	84.7
30代	(100)	20.1	79.9
40代	(100)	35.4	64.6
50代	(100)	55.3	44.7
60代	(100)	75.0	25.0

表側
傾向を掴みたい変数
クロス軸、集計軸、
BD軸とも言います

年代別

視線は「縦に見る」ことが基本

▶ 図7.2.2　クロス集計の読み方

クロス集計は「2つの活用パターン」を押さえる

　クロス集計のパターンは、（1）表側に「属性」、表頭に「傾向を見たい変数」を設定する、（2）表側に「原因」、表頭に「結果」と推測される変数を設定する（逆のケースもあります）、の2つに集約されます。この2つでクロス集計の大部分をカバーできます。

◉（1）表側に「属性」、表頭に「傾向を見たい変数」を設定する

　表側に「属性」を設定するパターンは、クロス集計の基本です。表側には、「性別」「年代別」「性別×年代別」「世代別」「ライフステージ別」「エリア別」「職業別」「世帯年収別」「企業規模別」などがよく用いられます。

　図7.2.3に示す「年代別の不安や悩み」のクロス集計では、10～20代で「趣味・生きがい」「友人や知人との良好な関係づくり」「進学、就職、結婚などの問題」、20～40代で「現在の収入や資産」に不安を感じる傾向が強いことが伺えます。30代からは「親の健康」「親の老後の介護」、50代以上は「自分の老後の介護」と不安の対象者が変化していく様子が読み取れます。

◉（2）表側に「原因」、表頭に「結果」と推測される変数を設定する

　もう1つのクロス集計のパターンは、表側に「原因」、表頭に「結果」と推測される変数を設定する方法です。表側には、「使用・購入頻度別」「利用ブランド別」「顧客ピラミッド別」「利用きっかけ別」「利用シーン別」「利用目的別」「広告接触別」「満足度別」「購入意向別」などがよく用いられます。表側に「原因」と推測される変数を設定することが基本ですが、「結果」を設定することもあります。

　図7.2.4に示す「レトルトカレー喫食頻度別のレトルトカレーの食べ方」のクロス集計では、月1食未満喫食者は「単体」もしくは「サラダ、副菜を添える」食べ方が多いのに対し、週1食以上喫食者は「ナン／パン／麺類と一緒に食べる」「カレーソースとして使う」など、他の主食と組み合わせたり、調味料として使っている様子が伺えます。

　なお、週1食以上喫食者のサンプルサイズは150ssで、全体の6％のエクストリーム顧客です。このような使用方法を積極的に提案することで、レトルトカレーの購入機会を増やせないかと検討することも可能です。

あなたの生活の中で、不安や悩みを感じていることを
すべてお選びください。（いくつでも）

	n=	自分の健康	親の健康	進学、就職、結婚などの問題	現在の収入や資産	今後の収入や資産の見通し	趣味・生きがい	友人や知人との良好な関係づくり	自分の老後の介護	親の老後の介護	子どもの将来
全体	(10,397)	43.8	27.3	10.7	37.1	44.4	15.8	8.0	35.4	33.4	21.5
10代	(314)	24.8	20.4	40.8	30.6	32.5	28.3	24.2	18.8	18.8	3.2
20代	(1,568)	31.8	23.8	24.1	42.6	42.5	24.7	12.6	20.2	26.4	11.8
30代	(1,970)	40.5	31.1	12.8	44.7	49.5	17.0	9.3	29.8	39.4	27.2
40代	(2,314)	43.0	32.8	9.3	42.5	48.7	14.0	7.3	36.2	43.7	27.1
50代	(1,951)	47.8	32.4	5.4	35.4	47.3	13.5	5.2	44.0	39.4	22.5
60代	(2,280)	54.9	17.6	1.5	23.5	36.1	10.5	4.7	44.6	19.3	19.3

（年代別）

※全体よりも5pt、10pt高い／低い項目にハッチング

▶ 図7.2.3　クロス軸に「属性」を設定する

あなたが「レトルトカレー」を食べる際の食べ方として、
あてはまるものをすべてお選びください。

	n=	ナン／パンと一緒に食べる	麺類（うどん、そばなど）と一緒に食べる	サラダと一緒に食べる	福神漬けなどの副菜を添えて食べる	揚げ物や炒め物などにかけて、カレーソースとして使う	他の具材（野菜、肉、揚げ物など）を追加する	特になし（レトルトカレーとご飯で食べる）
全体	(2,500)	11.5	17.9	32.2	28.1	6.3	14.2	33.1
週1食以上	(150)	27.1	31.4	35.7	27.2	19.1	22.3	12.3
～月1食以上	(1,300)	11.2	17.7	35.1	29.6	6.2	12.1	23.8
月1食未満	(1,050)	9.4	14.4	31.0	30.9	3.8	9.8	45.7

（喫食頻度）

※全体よりも5pt、10pt高い／低い項目にハッチング

▶ 図7.2.4　クロス軸に「原因」と推測される項目を設定する

● クロス軸（集計軸）は「属性」「行動」「意識」の視点で考える

　図7.2.5に、活用頻度が高いクロス軸を掲載しています。クロス軸は「属性」「行動」「意識」の視点から考えることが重要です。

　属性では、「性別」「年代別」「性別×年代別」を基本に、「世代別」「ライフステージ別」「世帯形態別」「エリア別」「職業別」「年収別」などがあります。消費者が多様化する中では、有用度が低くなっています。

　行動面では、「カテゴリーの利用状況」に加えて、「利用ブランド」「自社ブランドの浸透度」「自社の顧客ピラミッド」などがよく活用されます。ニーズが反映されやすい「利用きっかけ」「利用シーン」も有効なクロス軸になります。また、不満点などを詳細に知りたい場合は、「カテゴリーのヘビー利用者」「先行性セグメント」で傾向を把握することがあります。消費者の行動は、何かしらのニーズが反映された結果であることが多く、マーケティング上の有用度は高いです。

　意識面では、「NPS」「愛着度」「今後継続意向」などのロイヤルティ指標がよく活用されます。また、「重視点・こだわり」「カテゴリー意識（関与度）」などの価値観からセグメンテーションすることもあります。

● 「行動と意識」「量と質」の組み合わせでクロス軸を設定する

　消費者を理解するには、「行動と意識」「量と質」などの組み合わせを意識することがポイントです。

　『たった一人の分析から事業は成長する 実践 顧客起点マーケティング』[1]等の多くの著書を持つ西口一希氏が提唱する9Segs（セグ）が該当します。同氏は「認知」「購買経験」「現在購買頻度」「次回購買意向」がマーケティング成果との相関が高いとして、4つを組み合わせたセグメンテーションを提唱しています。

　上記以外では、LANDと呼ばれる分類があります（図7.2.6の左）。これは「ブランド購入経験」と「ブランド購入意向」から、Loyalty層、Ability層、Non層、Decay層に分類し、各セグメントの特徴を分析していく方法です。

　「量と質」の組み合わせでは顧客ロイヤルティが代表例です（図7.2.6の右）。購入金額や購入頻度などの「行動ロイヤルティ」と、愛着度や他人推奨意向などの「態度ロイヤルティ」から4つのタイプに分類します。

視点		比較例

① 属性
- ✓ 性別、年代別（5歳、10歳刻み）、性別×年代別
- ✓ 世代別（Z世代、Y世代、X世代）、性別×世代別
- ✓ ライフステージ別、世帯形態別、エリア別、職業別、年収別

② 購買行動

行動

\<カテゴリー全体\>
- ✓ カテゴリー利用回数（利用頻度）、利用金額
- ✓ 利用ブランド（自社利用者、競合利用者）
- ✓ ブランド併用状況（単一ブランド利用者、ブランド併用者）
- ✓ 利用きっかけ、利用シーン、利用目的
- ✓ イノベーター分類（イノベーター、アーリーアダプター…）
- ✓ 先行性セグメント（どの商品も満足できず、特定ブランドに定着していない人）

\<個別ブランド\>
- ✓ 浸透度（認知者、利用経験者、現在利用者、メイン利用者）
- ✓ 顧客ピラミッド
  （未認知顧客、認知・未購買顧客、離反顧客、一般顧客、ロイヤル顧客）
- ✓ 利用頻度（ヘビー利用者、ミドル利用者、ライト利用者）
- ✓ 特定の行動有無（例：広告接触者／非接触者）

意識
- ✓ NPS、愛着度、継続購入意向
- ✓ 純粋想起（第一想起者、全想起者、非想起者）
- ✓ 重視点・こだわり、カテゴリー意識

行動×意識
- ✓ 9Segs（認知×購買経験×現在購買頻度×次回購買意向）
  ※西口一希氏が提唱したセグメント
- ✓ LAND（ブランド購入経験×ブランド購入意向）
- ✓ 顧客ロイヤルティ（行動ロイヤルティ×態度ロイヤルティ）

▶ 図 7.2.5　活用頻度が高いクロス軸

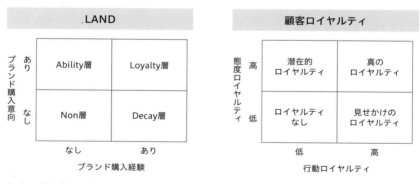

▶ 図 7.2.6　「行動と意識」「量と質」を掛け合わせる

出典：（右図）Dick, A.S. and K. Basu "Customer Loyalty; Toward an Integrated Conceptual Framework", Journal of the Academy of Marketing Science (1994) *2
注：日本語訳は著者によるもの

クロス集計を理解する（応用）

クロス集計を実施する際の留意点

クロス集計を実務で活用するときは、（1）集計ベースを意識して集計する／数値を読む、（2）クロス軸間で、対象者をできるだけ重複させない、（3）サンプリング誤差を意識して数値を読む、（4）グラフやハッチングで可視化する、（5）比較する相手を間違えない、（6）分析対象条件を「母集団構成比」「比較グループ」と合わせる、（7）表頭加工を有効活用する、ことを意識することが重要です。

◎（1）「集計ベース」を意識して集計する／数値を読む

クロス集計を読むときは「集計ベース（母集団）」を意識することが重要です。クロス集計は「比率」で結果を見ることが多いため、分母の集計ベースで数字が変わるためです。

図7.3.1に、集計ベースで意識すべき例を2つ掲載しています。1つ目は「どの集計ベースの数値かを意識する」です。図7.3.1の上段において、自社利用率を算出するとき、一般消費者ベースでは「5%」、カテゴリー利用者ベースでは「17%」と、スコアが3倍強変わります。

2つ目は、「無回答がある場合の絞り込み」です。世帯年収などセンシティブな質問では、「答えたくない」と回答する人が一定数存在します。その方を含めてクロス集計を実施すると、正しい比較ができないことがあります。そのため、金額を答えた方だけに集計ベースを絞る必要があります。

◎（2）クロス軸間で、対象者をできるだけ重複させない

表側は「クロス軸間で、対象者をできるだけ重複させない」ように設定します。年代別では、いずれかの年代に割り振られるため重複は発生しません。

一方で、普段利用するコンビニをクロス軸に設定する場合、ある対象者が「セブン - イレブン」「ローソン」「ファミリーマート」の全てを利用している

と、その対象者は3つの軸全てに含まれ、クロス軸間の違いが見えにくくなります。この場合は、最も利用しているコンビニをクロス軸に設定するなどの工夫が必要です（図7.3.2）。

実務では、加入きっかけ別、利用シーン別などをクロス軸に設定すると若干の重複が生じますが、できるだけ重複がないように意識します。

| どの集計ベースの数値かを意識する | 【一般消費者】1,000ss
【カテゴリー利用者】300ss
【自社利用者】50ss | 自社利用率
・一般消費者ベース：5%
・カテゴリー利用者ベース：17% |

ご家庭の最近1年間の世帯収入は、どのぐらいですか。

無回答がある場合の絞り込み	無回答も含めた割合			比較できる？	無回答を除外した割合		
	1	収入はない	1%		1	収入はない	2%
	2	100万円未満	2%		2	100万円未満	4%
	3	100～300万円未満	10%		3	100～300万円未満	26%
	4	300～500万円未満	9%		4	300～500万円未満	23%
	5	500～700万円未満	7%		5	500～700万円未満	17%
	6	700～1,000万円未満	6%		6	700～1,000万円未満	15%
	7	1,000～1,200万円未満	2%		7	1,000～1,200万円未満	5%
	8	1,200～1,500万円未満	2%		8	1,200～1,500万円未満	4%
	9	1,500万円以上	1%		9	1,500万円以上	3%
	10	わからない・答えたくない	60%		10	わからない・答えたくない	0%

▶ 図7.3.1 「集計ベース」を意識して集計・数値を読む

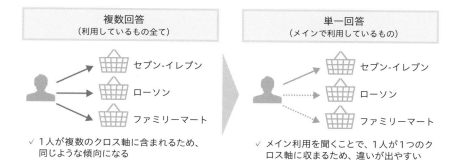

複数回答 （利用しているもの全て）	単一回答 （メインで利用しているもの）
セブン-イレブン ローソン ファミリーマート	セブン-イレブン ローソン ファミリーマート
✓ 1人が複数のクロス軸に含まれるため、同じような傾向になる	✓ メイン利用を聞くことで、1人が1つのクロス軸に収まるため、違いが出やすい

▶ 図7.3.2 クロス軸間で、対象者をできるだけ重複させない

⦿ (3)「サンプリング誤差」を意識して数値を読む

　一般的なデータ分析は、母集団から一定の標本（サンプル）を抽出して、そのデータを分析する「標本調査」です。全員を対象に分析できない以上、母集団からランダムに標本を抽出しても、必ず誤差が発生します。この誤差を統計的に測定したのが「サンプリング誤差早見表」です（図7.3.3）。

　データ分析におけるサンプリング誤差早見表の使い方は、（1）どのぐらいのサンプルサイズを確保すれば、統計的に信頼できるスコアになりやすいか（＝設計段階）、（2）クロス軸間のスコア差は、統計的に見て差があると判断してよいか（＝分析段階）に分かれます。

　サンプリング誤差早見表は、サンプルサイズ（横軸）と比率（縦軸）から構成されます。升目の数字が誤差範囲になります。誤差を最大±5ptに抑えるには、分析単位ごとに400ss、±10ptの場合は100ssが必要になります。

　クロス集計を読むときは、各クロス軸の「サンプルサイズ」と「集計結果の比率」から誤差範囲を意識してスコアを比較するのが理想です。ただし、現実的には大変です。筆者は、簡易的に、30ss程度は±15pt、50〜100ss程度は±10pt、150〜400ss程度は±5pt、それ以上は±3ptの誤差を意識して数値を読むようにしています。統計的に見てスコア差があるかどうかを判断したい場合は、有意差検定（仮説検定）を実施します。仮説検定もサンプリング誤差早見表がベースとなっています。

⦿ (4) 数値だけと格闘しない。「グラフやハッチングで可視化する」

　クロス集計は、ハッチング（色づけ）がないと味気ない数値の羅列です。そこで、（1）ハッチングで強調する、（2）折れ線グラフで差を見つける、（3）データバーで可視化する、などの工夫が必要です（図7.3.4）。

　ハッチングには、（1）全体（特定の行）を基準に、どのクロス軸のスコアが高い・低いかを見つける「縦ハッチング」、（2）自社のブランドイメージの順位、プロセスごとの順位など、行単位の「横ハッチング」があります。

　筆者は、ハッチングに加えて、Excelでの操作が簡単な「折れ線グラフ」を中心に、クロス軸の数が多い場合は「データバー」で可視化しています。「奇麗さ」よりも「効率性」を重視して、クロス集計から示唆を出していくことが重要です。

サンプルサイズ

%		30	50	80	100	150	200	400	500	1000	1500	2000
1%	99%	3.6	2.8	2.2	2.0	1.6	1.4	1.0	0.9	0.6	0.5	0.4
5%	95%	8.0	6.2	4.9	4.4	3.6	3.1	2.2	1.9	1.4	1.1	1.0
10%	90%	11.0	8.5	6.7	6.0	4.9	4.2	3.0	2.7	1.9	1.5	1.3
15%	85%	13.0	10.1	8.0	7.1	5.8	5.0	3.6	3.2	2.3	1.8	1.6
20%	80%	14.6	11.3	8.9	8.0	6.5	5.7	4.0	3.6	2.5	2.1	1.8
25%	75%	15.8	12.2	9.7	8.7	7.1	6.1	4.3	3.9	2.7	2.2	1.9
30%	70%	16.7	13.0	10.2	9.2	7.5	6.5	4.6	4.1	2.9	2.4	2.0
35%	65%	17.4	13.5	10.7	9.5	7.8	6.7	4.8	4.3	3.0	2.5	2.1
40%	60%	17.9	13.9	11.0	9.8	8.0	6.9	4.9	4.4	3.1	2.5	2.2
45%	55%	18.2	14.1	11.1	9.9	8.1	7.0	5.0	4.4	3.1	2.6	2.2
50%	50%	18.3	14.1	11.2	10.0	8.2	7.1	5.0	4.5	3.2	2.6	2.2

<読み方> n=100の調査で認知率20%の場合、標本誤差は±8.0pt
（100回調査すると95回は12.0%～28.0%の間に入る）

データ分析における活用方法	✓ どのぐらいのサンプルサイズを確保すれば、統計的に信頼できるか？ ✓ クロス軸間のスコア差は、統計的に見て差があると判断してよいか？

▶ 図7.3.3　サンプリング誤差早見表

全体（特定の行）を基準に、ハッチングする
例：年代別に、サービス利用理由に違いがあるかを見る

n=30以上の場合

[比率の差] 全体 +10pt 全体 +5pt 全体 -5pt 全体 -10pt		n=	利用に応じてポイントが貯まる	貯まったポイントを決済時に利用できる	不正利用された際に補償される	スマホで決済ができる	利用明細が即時で反映される	即時に利用したことが通知される	個人間送金や割り勘ができる
全体		(2,119)	58.7	54.5	51.3	45.1	34.1	29.4	17.8
年代別	15～19歳	(156)	48.7	44.2	44.2	56.4	24.4	32.7	32.7
	20～29歳	(314)	57.3	50.0	43.0	48.4	30.6	26.4	30.6
	30～39歳	(358)	58.1	57.8	43.9	47.5	35.2	25.1	17.6
	40～49歳	(466)	60.9	57.3	51.5	46.4	32.6	30.5	14.4
	50～59歳	(426)	60.8	53.5	57.3	46.2	35.2	30.3	14.3
	60～65歳	(399)	59.1	56.6	60.9	33.3	40.1	32.3	9.8

※「全体」の値で降順にソート

行単位で、スコアが高い順にハッチングする
例：アルコール飲料の選び方に違いがあるかを見る

各項目ごとの順位
n=30以上の場合

1位 2位 3位	n=	のどを潤すため	味がすっきりしているから	飲みやすいから	気軽に飲めるから	何杯も飲むため	甘いから	時間をかけてゆっくり楽しめるから	酔えるから	酔わずに済むから	料理と合うから
生ビール	(2,495)	49.7	21.8	31.7	32.6	15.4	1.8	3.3	8.0	2.1	17.1
ノンアルコールビール	(368)	21.2	9.8	16.0	20.7	10.3	5.7	6.0	1.0	30.2	6.3
ワイン	(1,452)	6.7	6.9	21.6	15.6	8.7	4.4	20.6	11.1	1.4	39.7
焼酎	(1,121)	8.5	10.2	21.5	19.5	13.4	2.2	17.7	17.4	3.0	17.3
日本酒	(1,175)	5.0	6.7	14.7	11.4	6.2	2.6	25.3	19.6	2.0	35.2
ハイボール	(1,054)	18.1	20.6	34.2	26.4	13.7	3.1	6.6	11.0	3.0	10.8

縦方向にハッチング

横方向にハッチング

▶ 図7.3.4　ハッチングで集計表の特徴を把握する

(5) 比較する相手を間違えない

データ分析の基本は「Apple to Apple」です。一方で、無意識に「Apple to Orange」で比較しているケースが散見されます。

図7.3.5に、ブランド別の性別構成比を掲載しています。本来、ブランド間のスコアを比較するはずが、全体からのハッチングがバイアスとなり、「全体 vs. ブランドA」「全体 vs. ブランドB」を比較して、ブランドAの特徴がない（＝ハッチングがない）と間違った解釈をする方が一定数います。何と何を比較するかを間違えないようにしましょう。

(6) 分析対象条件を「母集団構成比」「比較グループ」と合わせる

一般的なデータ分析は、母集団から一定の標本（サンプル）を抽出して、そのデータを分析する「標本調査」です。

標本調査では「選択バイアス」が発生します。選択バイアスとは、対象者を抽出する際のバイアスです。例えば、男性の登録者が多い母集団からあるサービス利用者を抽出すると、女性よりも男性の割合が多くなります。仮に、サービス利用者の性別構成比が同じとした場合、抽出した数値をもとに「このサービスは男性に支持されている」と記載すると、違和感があります。

上記の場合、母集団に合わせて補正するウェイトバック集計を検討します。ウェイトバック集計とは「ある調査の構成比を、母集団構成比に合わせて補正集計すること」を言います（図7.3.6）。

ウェイトバック集計を実施するには、事前に母集団構成比がわかっている必要があります。図7.3.7に示すアプローチで、補正値（ウェイト値）を算出していきます。補正値は、1人に1つのスコアを付与します。1人が複数のセル（図7.3.6では、男性20代、男性30代など升目のこと）に所属していると、補正値の算出ができない点に注意が必要です。

複数データから分析する場合も「基本条件を合わせる」

複数のデータを使って分析するときも、基本的な条件は合わせることが大事です。例えば、「自社が保有するサービス利用者のデータ」と、「調査会社でアンケートを実施したサービス利用者のデータ」から、サービス利用者の特性を把握するときは、性年代構成などの条件を合わせて分析しましょう。

	サンプルサイズ	男性	女性
全体	1,000	80%	20%
ブランドA	950	84%	16%
ブランドB	50	60%	40%

ブランドAの特徴は
どうなっているかな？

間違った比較・コメント　　　　　　　　正しい比較・コメント

✓ ブランドBは、全体よりも「女性」の利用が多い
✓ ブランドAは、全体と比べて特徴がみられない

✓ ブランドAとブランドBを比べると、ブランドAは「男性」、ブランドBは「女性」の利用割合が高い

▶ 図7.3.5　比較する相手を間違えない

調査回答者・母集団構成比

	サンプルサイズ	調査構成比	母集団構成比
男性20代	250	25.0	19.5
男性30代	250	25.0	22.9
男性40代	250	25.0	30.2
男性50代	250	25.0	27.4
計	1,000	100	100

補正値（ウェイト値）

	ウェイト値
男性20代	0.78
男性30代	0.92
男性40代	1.21
男性50代	1.10

ウェイト値
＝母集団構成比/
調査構成比

ウェイトバック集計後

	サンプルサイズ	調査構成比	母集団構成比
男性20代	195	19.5	19.5
男性30代	229	22.9	22.9
男性40代	302	30.2	30.2
男性50代	274	27.4	27.4
計	1,000	100	100

▶ 図7.3.6　ウェイトバック集計のイメージ

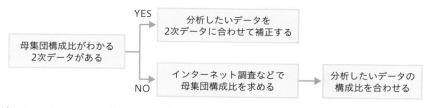

母集団構成比がわかる
2次データがある

YES → 分析したいデータを
2次データに合わせて補正する

NO → インターネット調査などで
母集団構成比を求める → 分析したいデータの
構成比を合わせる

▶ 図7.3.7　ウェイトバック集計のアプローチ

● (7) 表頭加工を有効活用する

クロス集計では「表頭加工」を有効活用することが重要です。6.4のデータ加工で説明した「中分類」「回答反応個数」の活用例を説明します。

●「中分類」を設定し、項目間の基準を揃える

図7.3.8に、「現在利用している決済手段」の全体集計を掲載しています。左側のグラフでは「QRコード決済」が最も高いですが、これをもとに分析するとミスリードします。それは、「クレジットカード」が「タッチ決済除く」と「タッチ決済」に分かれている（交通系電子マネーも同じ）ため、Apple to Appleになっていないからです。

そこで、クレジットカード、交通系電子マネーを中分類でまとめて、改めて比較したのが右側のグラフです。その結果、クレジットカードの利用率が最も高いことがわかります。

データ分析では、特定の領域を細かく把握したいニーズが多いですが、比較するときは「Apple to Appleになっているか？」を問いかけましょう。

●「回答反応個数」をもとに、消費者行動の広がり・順番を掴む

図7.3.9の上段に、「QRコード決済利用金額別におけるQRコード決済利用シーン」のクロス集計を掲載しています。

利用金額が増えるほど、利用シーンが増えますが、1人どのぐらい利用しているかを把握できるのが「回答反応個数」です。月1万円未満の人は平均3.1個、月2万円以上の人は平均7.5個になっています。

この回答反応個数を見ることで、消費者行動の広がり・順番がわかります。月1万円未満の人は「コンビニ」「カフェ」「ドラッグストア」で利用し、月1万円〜2万円未満の人は「スーパー」でも利用し始めます。月2万円以上になると、1回あたり利用金額が高額になりやすい「ホームセンター」「家電量販店」に利用が拡大していく流れが見て取れます。

また、図7.3.9の下段のように、回答反応個数をクロス軸に設定すると、その流れがより一層わかりやすくなります。これらを応用すると、関連購買や追加提案などの示唆、KPI設定などに活用できるようになります。

粒度がバラバラで比較

項目	%
QRコード決済	60.0
クレジットカード（非タッチ決済型）	55.0
交通系電子マネー（カード型）	30.0
交通系電子マネー（モバイル型）	25.0
クレジットカード（タッチ決済型）	20.0
電子マネー（カード型）	15.0
キャリア決済	15.0

✓「QRコード決済」がトップ。でも、「クレジットカード」「交通系電子マネー」は選択肢がばらけてる……

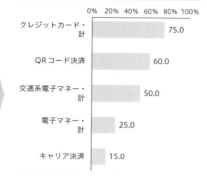

中分類で基準を揃える

項目	%
クレジットカード・計	75.0
QRコード決済	60.0
交通系電子マネー・計	50.0
電子マネー・計	25.0
キャリア決済	15.0

✓ 基準を揃えると、「クレジットカード」がトップ

▶ 図7.3.8 「中分類」を設定し、項目間の基準を揃える

QRコード決済利用金額別におけるQRコード決済利用シーン

n=30以上の場合
[比率の差]
■ 全体 +10pt
□ 全体 +5pt
□ 全体 -5pt
■ 全体 -10pt

		n=	カフェ・ファストフード	居酒屋	焼肉・高級レストラン	ファミリーレストラン	コンビニエンスストア	スーパーマーケット	ドラッグストア	ホームセンター	自動販売機	書店	家電量販店	タクシー	ホテル・宿泊施設	・・・	回答個数平均
	全体	(1,000)	47.5	16.3	13.7	23.2	74.4	42.9	47.0	18.1	7.3	11.3	12.6	6.1	9.0	…	5.3
月額利用金額別	1万円未満	(600)	38.9	10.8	8.2	15.5	68.5	29.6	34.1	10.3	4.2	6.6	7.1	2.4	6.3	…	3.1
	1万円〜2万円未満	(200)	51.6	18.0	14.0	27.6	80.8	52.4	61.6	20.8	6.0	11.6	10.8	5.6	11.6	…	4.9
	2万円以上	(200)	67.4	29.7	28.7	40.1	84.6	70.3	68.8	36.9	16.8	24.0	29.0	16.5	14.0	…	7.5

QRコード利用シーン回答個数別のQRコード決済利用シーン

個数	CVS	SM	Drg	HC	カフェ	FR	家電	書店
1〜2	●	●						
3〜4	●	●	●		●			
5〜6	●	●	●	●	●	●		
7〜	●	●	●	●	●	●	●	●

▶ 図7.3.9 「回答反応個数」をもとに、消費者行動の広がり・順番を掴む

第7章 【STEP4】データの比較を通じた解釈・考察

クロス集計で「差をつけたい」と思ったときに……

本章の冒頭で「何と比較するかで、意思決定が変わる」と説明しました。データ分析からの示唆を得るには、比較を通じて「それは知らなかった！」「なんでそうなの？」といった結果を積み上げていくことが大事です。

筆者が、クロス集計で「差をつけたい」と思ったときに、よく思い浮かべるクロス軸の切り口を紹介します（図7.3.10）。

◉(1) 直近利用開始者におけるロイヤル顧客／一般顧客

1つ目は「同じ条件なのに違いが生じるのはなぜ？」という切り口です。「直近利用開始者におけるロイヤル顧客／一般顧客」が代表例です。ただし、年代やカテゴリー関与度などの交絡因子（第3因子）になりそうな変数の影響を除外する（条件を合わせる）などの工夫が必要です。

◉(2) 利用金額／頻度が高いのに、ロイヤルティが低い顧客

2つ目は「利用金額／頻度が高いのに、ロイヤルティが低い顧客」です。この層は、どのような理由（＝スイッチングコスト）から使い続けているのでしょうか？ 自社が気づいていない強みが眠っている可能性があります。実際は、インタビューも踏まえて考察していくことが多いです。

◉(3) ボリュームから外れたエクストリーム顧客

3つ目は「ボリュームから外れたエクストリーム顧客」です。エクストリーム顧客とは、通常とは異なる使い方をしている顧客です。自分達が気づいていない使い方を発見し、シーン提案につなげられる可能性があります。ただし、ビジネス利用している場合もあるため、注意が必要です。

◉(4) 利用きっかけ／利用シーンに着目する

4つ目は「利用きっかけ／利用シーンに着目する」です。消費者は何かしらの問題認識のもと、それを解消するために行動を起こします。そのため、きっかけ／シーンによって、ニーズや魅力に感じる要素は異なります。多様な行動パターンを知ることは、顧客理解の解像度を高めることになります。

◉（5）消費者の時系列の変化を押さえる

5つ目は「消費者の時系列の変化を押さえる」です。図7.3.10に示すように、「現在の満足度」と「過去からの満足度変化」から消費者を分類し、その背景を理解します。筆者の実務経験上、1人の満足度の変化、利用状況の変化からセグメンテーションすると、わかりやすい傾向になることが多いです。

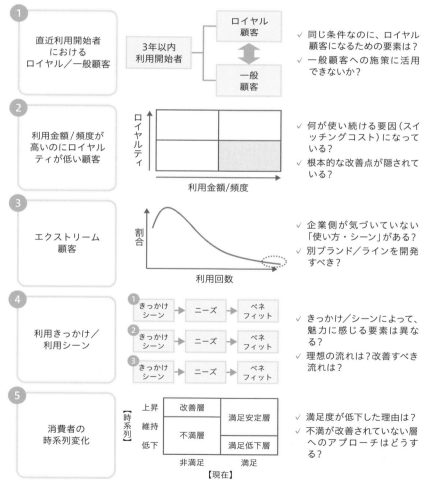

▶ 図7.3.10　クロス集計で「差をつけたい」と思ったときに役立つ切り口

比較で意識すべき5つの視点（大きさ・インパクト）

5つの視点を意識してデータを比較する

　比較を通じて意味合いを抽出する際は、図7.4.1に示す、5つの視点を意識して数値を見ると、有益な示唆が出やすくなります。

「大きさ（インパクト）」をもとに、優先順位をつける

　意識すべき1つ目は、「大きさ（インパクト）」をもとに優先順位をつけるです。データ分析の時間は有限であるため、優先順位が高い領域に絞ることが重要です。

　図7.4.2に、自社が展開する市場における自社シェアを表した面グラフ（マリメッコグラフ）を掲載しています。横軸の幅が各市場のボリューム、縦軸が自社シェアを意味します。このグラフから「市場規模が大きく、自社シェアが低いA市場」を優先的に対応すべきであると判断できます。

● ABC分析（パレート図）で、優先順位を明確にする

　大きさ（インパクト）を把握する手法に「ABC分析（パレート図）」があります（図7.4.3）。ABC分析とは、売上の高い順に商品を並べ、棒グラフと、高い順に足し上げた累積構成比を表す折れ線グラフを作成し、重点的に管理すべき領域を特定する手法です。Aグループを重点的に管理し、Cグループは優先度を下げます。

　ABC分析は、パレートの法則（80対20の法則）がベースになっています。これは、全体の一部が、全体に対して大きな影響を持っていることを表した経験則です（60対40などになるケースも見られます）。この考え方をベースに、デシル分析は、利用者を利用金額で10等分し、利用金額が高い優良顧客に絞って分析します。また、RFM分析では、優良顧客を対象に特別感・限定感のある優待・イベントなどを提供していきます。

データを比較するときは

を意識して数値をみると、ビジネスに有益な示唆が出やすくなる

▶ 図 7.4.1　比較で意識すべき 5 つの視点

市場別の自社シェア比較

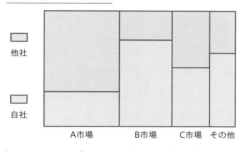

✓ A市場は、市場規模が大きく、自社が取れていない（伸びしろ）がある、リソースを投入すべき
✓ B市場は、シェアが十分とれているため、競合に奪われないように、顧客との関係を強化
✓ C市場は、最低限のリソースにすべき

▶ 図 7.4.2　「大きさ（インパクト）」をもとに、優先順位をつける

ABC分析（パレート図）

✓ 売上の高い順に商品を並べ、棒グラフと、高い順に足し上げた累積構成比を表す折れ線グラフを作成する
✓ グループごとに対応方法を変えていく

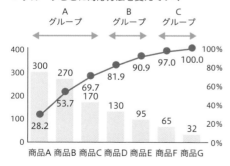

パレートの法則（80対20の法則）

✓ イタリアの経済学者パレートが発見した経験則
✓ 一部が全体に大きな影響を持っていることが多い

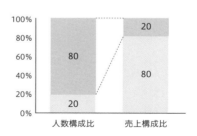

▶ 図 7.4.3　ABC分析（パレート図）で、優先順位を明確にする

ビジネスの問題点・課題・打ち手のヒントは「ギャップ」に潜むことが多い

　ビジネスにおける問題点・課題・打ち手のヒントは「差（ギャップ）」に潜むことが多いです。

　具体的には、(1) 絶対値（施策ＡとＢで効果が異なるか）、(2) 構成比（自社と競合の年代構成比は異なるか）、(3) 差分（ロイヤル顧客と一般顧客において、傾向が異なる点はどこか）、(4) 歩留まり（どのステップでの落ち込みが大きいか）などをもとに、意味合いを抽出していきます（図7.5.1）。

◉ 構成比・比率で比較するときは「全体の大きさ」に要注意

　複数グループを比較する場合、「絶対値」だと比較しにくいことが多く、「構成比」「比率」に変換してから比較するケースが多いです。

　ただし、構成比や比率で比較する際は「全体の大きさが見えない」ことに注意が必要です。例えば、不良品発生率1％（10万個）と5％（100個）を比較した場合、比率だと後者が問題になりますが、実数では前者が問題になります。構成比・比率は「分母が見えないため、大きさを見誤る」という欠点があります。頭の片隅で「全体の大きさは？」と問いかけることが重要です。

◉「パーチェスファネル」を通じて、競合との顧客化の程度を比較する

　マーケティング活動では、定期的に「顧客化」の程度を測定し、改善すべき点がないかをチェックします。具体的には、自社と競合のパーチェスファネル（認知→興味→店頭接触→トライアル→リピートなど）を測定し、競合との絶対値、歩留まり率（次のステップへの転換率）を比較し、問題がある箇所を発見していきます（図7.5.2）。

　パーチェスファネルは、マーケティング・ミックスとの相性が良く、トライアル以前に問題がある場合は「プロモーション」「チャネル」「価格」、リ

ピート以降に問題がある場合は「製品」「価格」と連動しています。また、各ステップの数値と歩留まりから、競合と同じリピート率を実現するために、歩留まり率を何pt改善すべきかなどのシミュレーションも可能です。

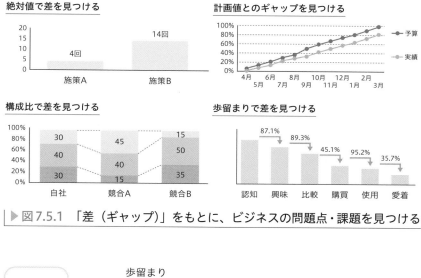

▶ 図7.5.1 「差（ギャップ）」をもとに、ビジネスの問題点・課題を見つける

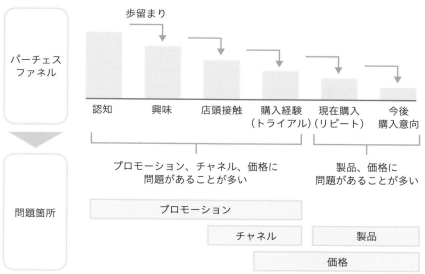

▶ 図7.5.2 パーチェスファネルで、自社の改善点を見つける

●「2軸のギャップ」から今後の方向性を見つける

　ギャップを見つける際は、「市場シェア×市場成長率」「重視度×満足度」「重視度×イメージ」など2軸で考えることが有効です。1軸では当然の結果になりがちですが、2軸にすることで示唆が発見しやすくなります。

　2軸で表現する際は、片方の軸に「インパクト・重要度・影響度」などの大きさ（インパクト）を設定すると、「重要であるが、○○」といったギャップを生み出し、今後の方向性につながりやすくなります（図7.5.3）。

●「CSポートフォリオ分析」から、自社の改善点を見つける

　図7.5.4に、CS調査で有名なCSポートフォリオ分析と、改良版を掲載しています。CSポートフォリオ分析とは、項目別満足度と総合満足度への影響度から、優先改善項目を抽出する分析手法です。図7.5.4の左側に示すように、横軸に「総合満足度に対する影響度（相関係数）」、縦軸に「個別項目の満足度」を設定したプロット図を作成します。そして、右下の「総合満足度への影響度が高い割に、満足度が低い個別項目」が優先改善項目になります。ただし、自社と競合商品で、それぞれでCSポートフォリオ分析を実施すると、ほぼ同じ結果になることがある点がデメリットです。

　そこで、筆者は、図7.5.4の右側の改良版を活用しています。棒グラフで「カテゴリー全体の総合満足度に対する影響度」を表現し、折れ線グラフで「自社と競合の個別評価項目の満足度」を表示することで、「影響度が高いが、競合に負けている領域」が明確になります。

●「レート・シェア分析」で、特異点を見つける

　レート・シェア分析とは、セグメントごとに「レート（増減率：拡大係数）」と「シェア（割合：特化係数）」の散布図を作成し、各セグメントの特異点を抽出する分析手法です。

　図7.5.5に、エリア別の商品のレート・シェア分析の例を掲載しています。横軸では、全体とエリア別の商品シェアを比較します（1を超えるほどエリア特有の売れ行き商品）。縦軸では、全体とエリア別の時系列における売上増減率を比較します（1を超えるとエリア特有の成長商品）。なお、係数だけでは商品の売上高が見えないため、円の大きさで示しています。

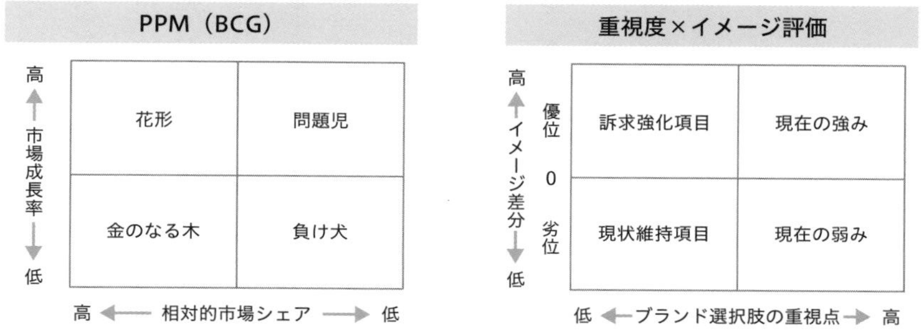

PPM（BCG）

花形	問題児
金のなる木	負け犬

高 ↑ 市場成長率 ↓ 低

高 ← 相対的市場シェア → 低

重視度×イメージ評価

訴求強化項目	現在の強み
現状維持項目	現在の弱み

高 ↑ 優位 イメージ差分 0 劣位 ↓ 低

低 ← ブランド選択肢の重視点 → 高

▶ 図7.5.3 「2軸のギャップ」から今後の方向性を見つける

CSポートフォリオ分析

現状維持項目	現在の満足度の源泉
最低評価項目	最優先改善項目

高 ↑ 満足度 ↓ 低

低 ← 総合満足度への影響度 → 高

✓ 自社と競合で、それぞれ分析したら、ほぼ同じようにプロットされてしまった…

改良版

高 ↑ 影響度／満足度 ↓ 低

影響度　自社　競合

個別評価項目

 ✓ 自社と競合の比較から、自社の強み・改善点が見える

▶ 図7.5.4 CSポートフォリオ分析と改良版

レート・シェア分析

✓ セグメントごとの「レート（増減率）」と「シェア（割合）」の散布図を作成し、セグメントの特異点を抽出する

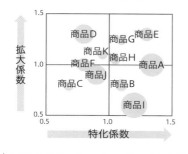

拡大係数（縦軸、0.5〜1.5）、特化係数（横軸、0.5〜1.5）

商品D、商品G、商品E、商品K、商品H、商品F、商品A、商品J、商品C、商品B、商品I

● 特化係数
　当該商品のシェア ÷ 自社全体の商品シェア
　　→右に行くほど、その商品の売上構成が高い

● 拡大係数
　当該商品の増加率 ÷ 自社全体の商品増加率
　　→上に行くほど、セグメント特有の成長商品

▶ 図7.5.5 レート・シェア分析

比較で意識すべき５つの視点
（時系列・トレンド）

過去データの分析から将来を予測できる
唯一の比較方法

　時系列（トレンド）は、時間軸から意味合いを抽出する分析方法です。図7.6.1に示すように、データ分析には、（1）一時点の分析である「クロスセクション分析」、（2）時系列の分析である「タイムシリーズ分析」があります。

　『FACTFULNESS 10の思い込みを乗り越え、データを基に世界を正しく見る習慣』*3に取り上げられている「世界の０歳児の死亡者数」を掲載していますが、どちらの分析を行うかで、意味合いは全く異なります。

　時系列分析は、過去から現在に至る増加／減少の方向だけでなく、変化のスピード・大きさも把握できる点がメリットです。変化が安定している場合は、従来の変化を伸ばして今後を予測することが可能です。その場合は「CAGR（年平均成長率）」を用います。

◉ 時系列を見るときは「何を基準にするか」を意識する

　時系列データを分析するときは、何を基準に比較するかを意識することが重要です。図7.6.2に示すように、「絶対値」「ある年を100とした場合の増減率」のどちらで見るかで、分析からの意味合いが変わります。

　なお、伸び率の表現方法には、（1）指数（基準時点を100として、比較時点を相対値で表現。指数から100を引くと増減率になる）、（2）増減率（基準時点と比較時点の差を、基準時点の値で割って求めた値）、（3）成長率（基準時点を常に一時点前に置いて、増減率を求めた値）があります。

◉「変曲点」「外れ値」に注目して、背景となる構造の変化を考える

　時系列分析では、変曲点（傾向が変わった点）、外れ値に注目します。背景となる構造の変化、想定外の力が働いている可能性を考えることで、ビジネス機会を捉えるヒントになります。アンケートを活用する場合は、個々人の

時系列の行動変化を聴取し、そのきっかけ・理由などを聴取することで代替することもあります。

データ分析の視点

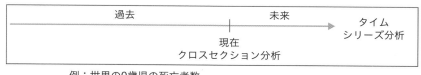

例：世界の0歳児の死亡者数

【2016年】
420万人
これはひどい数字だ！何とかせねば…

【1950年】
1,440万人
1950年に比べて、1,000万人も減った！

出典：ハンス・ロスリング, オーラ・ロスリング, アンナ・ロスリング・ロンランド、上杉周作, 関美和 訳『FACTFULNESS 10の思い込みを乗り越え、データを基に世界を正しく見る習慣』日経BP社（2019）をもとに著者作成[*3]

▶ 図7.6.1　クロスセクション分析とタイムシリーズ分析

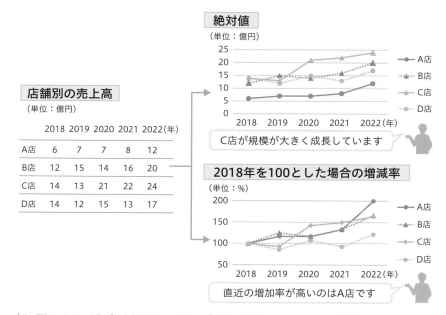

▶ 図7.6.2　時系列を見るときは「何を基準にするか」を意識する

時系列データは4つの変動成分に分解される

時系列データは「傾向変動」「循環変動」「季節変動」「不規則変動」の4つの変動区分に分解されます（図7.6.3）。

傾向変動は、長期的な傾向で、直線などの単純な関数で表されることが多いです。循環変動と季節変動は、ともに循環的変動ですが、前者は「周期が定まっていない」、後者は「周期的に繰り返される」といった違いがあります。周期性を把握する方法に「自己相関」があります。これは「元のデータ」と「元のデータから時間をずらしたデータ」との相関係数のことを言います。その時間のズレ（ラグ）を横軸に、相関係数を縦軸に表示したグラフをコレログラムといい、そのグラフの波形から周期性を判断します。

移動平均と季節調整値で、時系列データを分解する

時系列データを眺めているだけでは、変化のパターンがわかりにくいため、移動平均を算出することが多いです。移動平均とは「一定の区間（期間）をずらしながら平均を算出すること」を言います。

移動平均の算出方法には、（1）該当する区間（例：月）の前後で平均を算出する「中央移動平均」、（2）該当する区間を含めて、それ以前の平均を算出する「後方移動平均」などがあります。Excelの「分析ツール」を使うと、後方移動平均の区間を設定するだけで、移動平均を算出できます。

移動平均は、季節変動と不規則変動を除去していますが、季節変動だけを除去した季節調整済みデータも活用されています。季節変動を除去することを「季節調整」と呼び、元のデータから季節変動だけを除去したデータを「季節調整済みデータ」と言います。季節調整値は、元のデータを季節指数で割ることで算出できます。

増減率の要因を分解する（寄与度、寄与率）

全体の増減率に対して、各セグメントの貢献度を算出したい場合は「寄与度」「寄与率」を活用します（図7.6.4）。寄与度とは「特定セグメントの増減が、全体をどれだけ増減させたかを示したもの」で、セグメントの増減率にセグメントのシェアを掛けた値です。一方、寄与率とは「寄与度を100％構成比に変換した値」を言います。

		長期間にわたる持続的な傾向
	傾向変動 (Trend)	✓ 長期間にわたる持続的な傾向 ✓ 一般的には、直線などの単純な関数で表される
時系列 データ	循環変動 (Cyclical)	✓ 周期が定まっていない循環的変動 ✓ 景気変動など
	季節変動 (Seasonal)	✓ 12ヶ月間（1年）を周期として規則的に繰り返される変動 ✓ 週別、時間帯別などの変動も同じ
	不規則変動 (Irregular)	✓ 上記で説明がつかない変動 ✓ ランダムノイズ

▶ 図7.6.3　時系列データの4つの変動成分

	前年	今年	増減 (今年−前年)	増減率 (%)	寄与度 (%)	寄与率 (%)
セグメントA	34,000	31,500	-2,500	-7.4	-0.8	-3.9
セグメントB	46,000	48,000	2,000	4.3	0.7	3.1
セグメントC	65,000	81,000	16,000	24.6	5.4	25.2
セグメントD	8,700	6,700	-2,000	-23.0	-0.7	-3.1
セグメントE	142,000	192,000	50,000	35.2	16.9	78.7
全体	295,700	359,200	63,500	21.5	21.5	100.0

増減率	寄与度	寄与率
ある基準時点の値を分母として、基準時点から比較時点までの増減分を分子とした比率	ある内訳の増減が全体をどれだけ増減させたかを示したもの。寄与度の合計と全体の増減率は一致する	ある内訳の増減の全体の増減に対する構成割合。各寄与率の合計は100%

$$\frac{比較（今年）−基準（前年）時点の値}{基準時点の値（前年）}$$

$$\frac{A の}{増減率} × 基準時点のAのシェア$$

$$\frac{A の寄与度}{全体の増減率}$$

▶ 図7.6.4　増減率の要因を分解する（寄与度、寄与率）

比較で意識すべき5つの視点（分布・バラツキ）

「均質化の程度」「グループ分け」の示唆が得られる

　図7.7.1に、ビジネスでよくある分布を掲載しています。分布を見ることで、「均質化の程度」「グループ分けの必要性」などの示唆が得られます。

　山の形（正規分布）は、製造業における品質管理、投資リスクの定量化などで活用されることが多いです。

　二峰性の分布は、ニーズ・背景が異なる人が混ざっているときに多くみられます。男女の身長の分布が代表例です。右肩下がりの分布は、商品の購入回数などに多くみられる分布です。二峰性、右肩下がりの分布ともに、複数グループに分類して傾向を把握することの示唆が得られます。

● 分布から「代表値（平均値、中央値、最頻値）」を使い分ける

　分布を把握するときは、「代表値（平均値、中央値、最頻値）」「散布度（分散、標準偏差など）」といった統計値を活用します（8.2参照）。

　図7.7.2に示すように、代表値は分布に応じた使い分けが重要です。平均値は外れ値の影響を受けやすいため、「分布が左右対称の1つの山で、外れ値がない」ときに活用します。一方、中央値は「平均値よりも中央値のほうが分布の山に近い」ときに活用します。筆者は、平均値を使うと違和感があることが多いため、中央値もしくは最頻値を使うことが多いです。

●「散布度」を見ることで、改善余地・改善状況を調べる

　散布度（分散、標準偏差など）は、品質管理における異常値の発見、金融商品のリスク評価、改善余地が大きい店舗の発見、施策前後のサービスのバラツキ改善状況の把握などに活用されています。

　図7.7.3に示すように、2つのグループの平均値は同じでも、パターン2の改善余地が大きいことがわかります。また、施策前後の平均値と標準偏差を比べることで、サービス水準と均質化の変化を測定することができます。

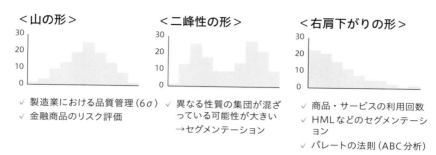

<山の形>

<二峰性の形>

<右肩下がりの形>

✓ 製造業における品質管理（6σ）
✓ 金融商品のリスク評価

✓ 異なる性質の集団が混ざっている可能性が大きい
　→セグメンテーション

✓ 商品・サービスの利用回数
✓ HMLなどのセグメンテーション
✓ パレートの法則（ABC分析）

▶ 図7.7.1　ビジネスでよくある分布

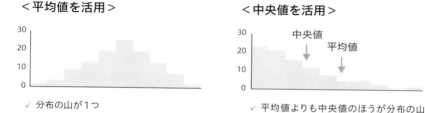

<平均値を活用>

<中央値を活用>

✓ 分布の山が1つ
✓ 左右対称な分布で、外れ値がない

✓ 平均値よりも中央値のほうが分布の山に近い

▶ 図7.7.2　分布による代表値の使い分け

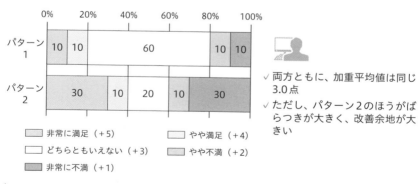

✓ 両方ともに、加重平均値は同じ3.0点
✓ ただし、パターン2のほうがばらつきが大きく、改善余地が大きい

<凡例>
□ 非常に満足（＋5）　　　□ やや満足（＋4）
□ どちらともいえない（＋3）　　　□ やや不満（＋2）
□ 非常に不満（＋1）

▶ 図7.7.3　平均だけでなく、散布度（散らばり）を把握する

7.8 比較で意識すべき5つの視点（相関・パターン）

2つの変数の関係から「パターン」「外れ値」「変曲点」を見つける

　図7.8.1に、2つの変数をプロットした散布図を掲載しています。2つの変数の相関から、「パターン」「外れ値」「変曲点」を見つけることができます。散布図は、横軸に「原因」、縦軸に「結果」の変数を設定して作成します。

　相関を見るときは、外れ値を安易に除外しないことが大事です。外れ値にはビジネスのヒントが隠れていることがあります。その可能性を考慮した上で、除外する／しないを判断します。また、変曲点を見つけることも重要です。「最高気温」と「かき氷、アイスクリームの売上」の散布図を描くと、30℃まではアイスクリームの売上が高く、30℃からかき氷が急増し始めます。

●「相関係数」は有益だが、「曲線」「交絡因子（第3因子）」に要注意

　2つの変数の関係性を統計的に表現する際は「相関係数（ピアソンの積率相関係数）」を用いることが多いです（8.3参照）。

　相関係数とは「2つの変数間の「直線的関係の方向と強さ」を表す指標」を言います。相関係数は「－1～1」の範囲をとり、絶対値が1に近いほど関係が強く、0は相関がないことを意味します（図7.8.2）。

　相関係数は「直線的関係である」点に注意が必要です。図7.8.3の2つの散布図の相関係数は「0」ですが、違和感があります。左側はAとBで分けて分析すべきであり、右側は外れ値を除外して算出します。相関係数を算出するときは、最初に「視覚化」することが重要です。

　また、「疑似相関」にも注意が必要です。疑似相関とは「本来は相関がないにもかかわらず、別の要素の影響で見せかけ上の相関が発生している状態」を言います。図7.8.3の右側では、「猛暑」が交絡因子（第3因子）となっています。見かけ上の相関がある場合は、相関係数ではなく交絡因子の影響を除いた「偏相関係数」を用いて相関関係を評価します（8.3参照）。

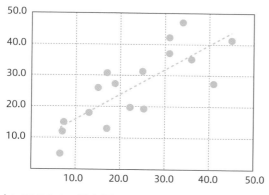

✓ 2つの変数の相関が高いもの
　は設定しない（横軸：数量、
　縦軸：売上。数量が多いと売
　上が高いのは当然）

✓ 伸び率（変化率）を表示したい
　場合は、対数表示にする

▶ 図7.8.1　散布図で2つの変数の関係性を把握する

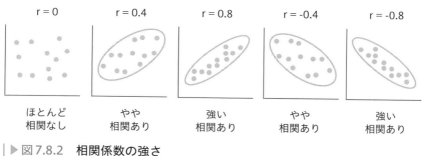

▶ 図7.8.2　相関係数の強さ

① 相関がありそうで、相関係数「0」

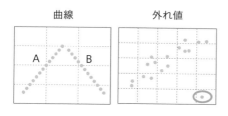

② 疑似相関（交絡因子・第3因子）

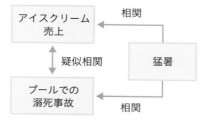

疑似相関の可能性がある場合は
「偏相関係数」で評価する

▶ 図7.8.3　相関係数の留意点

●「全体の相関」と「セグメントの相関」は必ずしも一致しない

　統計学の世界に「シンプソンのパラドックス」という言葉があります。シンプソンのパラドックスとは「全体の相関と、セグメントの相関は必ずしも一致しない」ことを言います。

　具体的には、図7.8.4の左側に示すように、「男女ともに、施策Aの反応率が高いにもかかわらず、全体では施策Bの反応率が高い」といった形です。シンプソンのパラドックスは、（1）セグメント間のサンプルサイズの構成比が大きく異なる（施策AとBの性別構成比）、（2）年齢などの交絡因子の存在がある（図7.8.4の右側）、ときに発生します。セグメント間のサンプルサイズ内の構成比が大きく異なるときは「全体だけでなく、セグメント別（層別）に分けて確認する」ことを覚えておきましょう。

相関関係≠因果関係

　相関関係に似た概念に「因果関係」がありますが、両者は異なります。図7.8.5に示すように、相関関係は「どちらか一方が変化すれば、他方も変化するような関係」を言います。「キャンペーンの接触有無とブランド好意度」を例に考えると、キャンペーンに接触したからブランドに好意を抱いたのか、ブランドに好意を抱いていたからキャンペーンに気づいたのかといった複数の可能性があります。どちらが原因、どちらが結果と明確に判断できない場合は相関関係になります。

　因果関係とは「物事の関係が原因と結果が明確である関係」を言います。ビジネスでは、Aが原因でBが起こる（結果）の因果関係がわかることが重要です。Aを操作することで、Bをコントロールできるからです。なお、因果関係が成立するには、（1）時間的順序が正しい、（2）相関関係が存在する、（3）交絡因子（第3因子）が存在しない、といった3条件が必要です。

　データ分析者の立場からすると、「○○と☆☆の間には、因果関係がある」と言いたいですが、安易に使わないことが大事です。図7.8.6に、交絡因子（第3因子）の例を掲載していますが、交絡とは「2つの変数の両方に関連するような外部の変数が存在すること」を言います。2つの変数の相関が高いときは「交絡因子の存在がないか？」と問いかけることが重要です。

	対象者		反応者		反応率	
	施策A	施策B	施策A	施策B	施策A	施策B
男性	100	20	20	3	20%	15%
女性	20	100	15	45	75%	45%
全体	120	120	35	48	29%	40%

サンプルサイズ内の構成比が大きく違う

年齢が交絡因子になっている

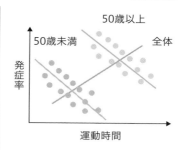

▶ 図7.8.4　シンプソンのパラドックス

相関関係

因果関係

✓ キャンペーンに接触したから、好意者が増えた？
✓ 好きなブランドだから、キャンペーン接触率が高い？

両方の可能性がある場合は、
相関関係になります

▶ 図7.8.5　相関関係と因果関係

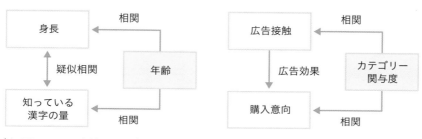

▶ 図7.8.6　交絡因子（第3因子）の例

● 理想は「ランダム比較試験」で因果関係を推論。でも、現実は難しい

　因果関係を証明したいときは「ランダム比較試験（RCT）」が理想です。
（図7.8.7）。ランダム比較試験とは「対象者をランダムに割付することで、因
果効果を正しく評価する手法」を言います。薬の投与の場合は、あるグルー
プには薬を投与（＝処置群）し、別のグループには偽薬を投与（＝対照群）
して効果を測定します。ランダムに割付することで、交絡因子の影響を除外
するアプローチです。ABテストとして実施されています。

　ただし、広告やキャンペーンでは、施策の実施前に、対象者をランダムに
割付することができず、施策実施後の観察データで効果を測定することにな
るため、ランダム比較試験を適用できないといった制約があります。

● 「因果関係があると言いたい！」ときは？

　ランダム比較試験ができない中で因果関係を説明するときは、（1）統計的
因果推論（傾向スコアマッチング、差の差分法など）、（2）層別で分ける、
（3）因果関係の定義を意識する、のアプローチがあります。本節では、後者
の2つについて説明します（統計的因果推論は8.14参照）。

　層別で分けるとは、交絡因子と想定される変数で分けて分析することで
す。図7.8.8に示すように、顧客間の特徴を把握しようとすると、「年代」「カ
テゴリー関与度」の違いが大きく、判断に悩むことがあります。その場合は、
「年代」「カテゴリー関与度」で層別して影響度を除外することで、顧客間の
特徴を抽出していきます。アクションに結び付きにくい因子が強い場合は、
層別で対象者を絞ることが有効です。

　因果関係の定義を意識するとは、因果関係の成立条件を意識して分析する
ことです。例えば、ショッピングセンター（SC）において、特定のテナント
を入れ替えた結果、SCの来店客数が増加したとします。ここで「SCの来店
客数の増加は、そのテナントを入れた結果である」と断定するのは尚早です。
他のテナントで大規模セールを実施していた場合、いずれの影響か判断でき
ないためです。

　そこで、（1）言いたいこと自体の評価（特定テナントは集客効果が高い）、
（2）時間的順序の整合性（特定テナントの入店前後で、SCの来店客数が大
幅に伸びている）、（3）交絡因子の存在（他にイベントなどの要因がない）の

3つをデータ分析で説明します。

　なお、因果関係を厳密に証明することは難しいため、聞き手が「確かに、因果関係がありそうだ」と納得してもらうことが大事です。

ランダム比較試験（RCT）

対象者をランダムに割付することで、因果効果を正しく評価していく手法

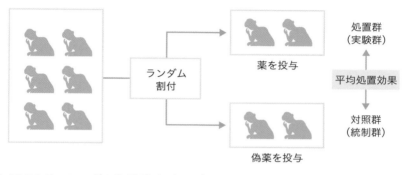

▶ 図7.8.7　ランダム比較試験（RCT）

 ✓「認知未購買顧客→一般顧客」「一般顧客→ロイヤル顧客」に育成するポイントを明らかにしたい！

✓ 認知未購買顧客と一般顧客を比較したら「**年代による違い**」です！
✓ 一般顧客とロイヤル顧客を比較したら「**カテゴリー関与度による違い**」です！

✓ アクションは「時間が過ぎるのを待つ？」「ライト層にたくさん買わせる？」

「年代」「カテゴリー関与度」で層別して、それぞれの顧客を比較する

▶ 図7.8.8　層別に分けて分析する

7.9 自由回答の分析方法

自由回答は「定量化＋定性情報」で傾向を把握する

　自由回答とは、「選択肢形式ではなく、質問に対して対象者が自由に文章や単語で記入する」回答形式です。具体的には、（1）単語（もしくは1文）で記述する形式、（2）長文形式で記述してもらう形式に分かれます。

● 単語形式は「アフターコーディング」で定量化する

　ブランドの純粋想起などを単語形式で聴取した場合は、各ブランドの回答数をカウントする「アフターコーディング」が分析の中心になります。

　純粋想起は、回答欄を5つほど設定し、「○○と聞いて」思いつく順にブランドを記載する形式が一般的です。最初に記入されたブランドを「トップ・オブ・マインド（第一想起）」と呼びます。第一想起は、市場シェアとの相関が強いため、マーケティング上の重要指標です。また、いずれかの回答欄に記入された割合を「マインドシェア」と呼びます。想起されないブランドは購入される可能性が低くなるため、想起集合も重要な指標になります。

● 長文形式は「アフターコーディング」「テキストマイニング」を活用する

　長文形式の場合は、（1）一覧表、（2）項目分類、（3）アフターコーディング、（4）テキストマイニングなどの分析方法があります（図7.9.1）。

　一覧表とは、回答データに「年齢」「利用ブランド」などの付加情報を追加した表です。どのような意見があったかを1つずつ見ていく方法です。

　項目分類とは、商品の満足度、コンセプトの購入意向などを「良い評価・悪い評価」「機能、価格、使い勝手」などにざっくり分類する方法です。

　アフターコーディングとは、自由回答の中から類似の回答をまとめ上げてカテゴリーに分類し、少数の選択肢に絞り込んでいく方法です。選択肢として定量化することで、クロス集計を実施することができます。

　テキストマイニングとは、大量の文章データから有益な情報を抽出する分

析手法です。自然言語処理を活用して、文章を形態素解析（品詞分解）し、キーワードの出現頻度や関係性を分析します。単語間の共起性をネットワーク図で表示する「共起ネットワーク」が有名です（8.11参照）。

アフターコーディング、テキストマイニングは、自由回答を定量化できる点がメリットですが、文章を単語に切り分けることで、文脈が伝わりにくくなります。そのため、代表的な自由回答も一緒に掲載することで、具体的なイメージを湧きやすくさせる工夫が必要です。

① 一覧表

自由回答	性別	年齢
×××××	男性	35
×××××	女性	41
×××××	女性	24
×××××	男性	54
×××××	女性	31
×××××	男性	45
×××××	男性	26

② 項目分類

良い評価
- ディスプレイが大きくて見やすい・きれい
- スタイル・形状が気に入っている
- 今までにない機能が搭載されている
- ……

悪い評価
- 電池がすぐになくなる
- ボタンがわかりにくく、押し間違えがある
- レスポンスが遅い、動きや反応が鈍い
- ……

③ アフターコーディング

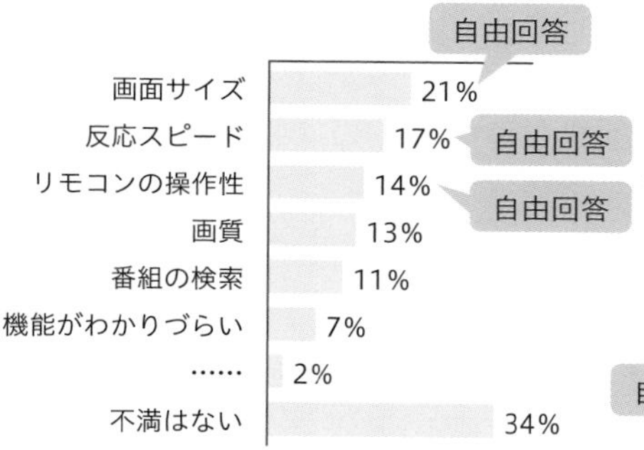
自由回答
画面サイズ 21%
反応スピード 17%
自由回答
リモコンの操作性 14%
自由回答
画質 13%
番組の検索 11%
機能がわかりづらい 7%
…… 2%
不満はない 34%

④ テキストマイニング

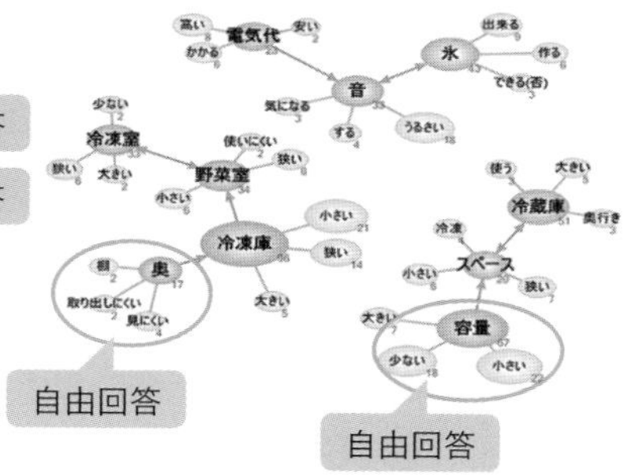
電気代
氷
音
冷凍室
野菜室
冷凍庫
奥
冷蔵庫
スペース
容量
自由回答
自由回答

▶図7.9.1 自由回答（長文形式）の分析方法

7.10 シナリオ分析（What-If分析、ソルバー機能）

シミュレーションを通じて、アクションの最適化を図る

ビジネスでは、売上や利益に関するシミュレーションをしたい、最大の利益を獲得できる価格を知りたい、目標利益を達成するために必要な売上高を知りたいなどのシナリオ分析をしたいシーンがあります。そのときは、Excelの「What-If分析」「ソルバー機能」を活用すると便利です。

◉ What-If分析をもとに「シミュレーションする」

図7.10.1に、Excelの「What-If分析」を活用した、営業利益の増加に向けた「販売数」と「販売単価」のシナリオ分析の例を掲載しています。

最初に、損益計算書を計算式で作成します。そして、販売単価の変化（横軸）と販売数の成長率（縦軸）の組み合わせをもとに、営業利益がどのように変化するかを算出します。営業利益を2百万円にしたい場合は、販売単価を高めたほうがよいことがわかります。

◉ ソルバー機能をもとに「最適化する」

図7.10.2に、Excelの「ソルバー機能」を活用した利益を最大化する販売価格を求める例を掲載しています。

ソルバー機能は、複数の変数における最適化、変数に制約条件があるときに活用する分析ツールです。なお、販売価格を上げると、販売数は減少するため、過去の販売価格と販売数のデータから単回帰分析を実施し、販売数を算出しています。ソルバーで算出すると、販売価格を「165円」→「193円」に値上げすることで、販売数は若干減少するものの、売上総利益は「3,179円」→「3,299円」に増加することがわかります。

ソルバーでは、目的変数（例：売上、利益、費用）を最大化／最小化する、目標金額を指定するなどの方法があります。損益分岐点分析を活用して、目標営業利益を獲得するための目標売上高を算出することも可能です。

損益計算書	（単位：円）
売上高	5,050,000
販売数	10,100
販売単価	500
売上原価	2,272,500
売上総利益	2,777,500
販管費用	1,010,000
営業利益	1,767,500

✓ 営業利益を2,000,000円にするには、販売数の成長率と販売単価をどのように変化させたらいいかな？

What-If分析によるシナリオシミュレーション

販売単価の変化

		400	450	500	550	600	650
販売数の成長率	-5%	1,330,000	1,496,250	1,662,500	1,828,750	1,995,000	2,161,250
	0%	1,400,000	1,575,000	1,750,000	1,925,000	2,100,000	2,275,000
	5%	1,470,000	1,653,750	1,837,500	2,021,250	2,205,000	2,388,750
	10%	1,540,000	1,732,500	1,925,000	2,117,500	2,310,000	2,502,500
	15%	1,610,000	1,811,250	2,012,500	2,213,750	2,415,000	2,616,250

▶ 図7.10.1　What-If分析によるシナリオシミュレーション

販売・仕入データ （単位：個、円）

販売数	26
販売価格	165
仕入単価	45
売上総利益	3,179

✓ 売上総利益を最大化させる販売価格を知りたい
✓ 販売価格が上がると、販売数は減少するので、販売数は過去の実績をもとに回帰分析で算出しよう

回帰分析による販売数の回帰式 （回帰係数）

販売価格	-0.15
定数項	51.24

ソルバーによるシミュレーション

● 販売価格　：165円　→　193円
● 販売数　　：26個　→　22個
● 売上総利益：3,179円　→　3,299円

▶ 図7.10.2　ソルバーによる利益を最大化させる販売価格の算出

7.11 データを解釈・考察する ポイント

「事実 → 解釈・洞察 → 行動・提案」を セットで考える

本節では、データを解釈・考察していく際のポイントを説明していきます。最初に、「データ分析でやりがちな報告スタイル」をもとに、基本的な考え方を理解していきましょう（図7.11.1）。

やってしまいがちな報告スタイルの1つ目は、「事実の列挙だけで終わってしまうパターン」です。事実の列挙だけの場合、報告を受けた分析依頼者は「自分が全て読んで考えるの？」と感じてしまいます。事実を上手に組み合わせることで、依頼者の負担を減らすことは可能ですが、データ分析から得られた解釈・洞察の記載がないと、データ分析としては不十分です。

2つ目は、「事実、解釈・洞察が不十分なまま行動・提案をするパターン」です。分析依頼者は「なんでそうなるの？ 根拠は？」と感じやすいです。根拠がない行動・提案は思いつきに見えます。データを解釈・考察するときは「事実 → 解釈・洞察 → 行動・提案のワンセット」で考えることが重要です。

● データ分析の解釈・考察スキルを高める「頭の使い方」

図7.11.2に、データを解釈・考察する（意味合いを抽出する）際の「頭の使い方」を掲載しています。最初に、何に答えを出すべきか（＝問い）を疑問形で考えます。その後、集計結果をもとに、事実を並べて絵が思い浮かぶように、観察のSo What? を行います。観察のSo What? を積み上げた後は、洞察のSo What?（だから何なの？）を問いかけます。必要に応じて「背景の洞察」「将来の洞察」も問いかけます。洞察のSo What? を行った後は、「では、どうする？」と問いかけて、行動・提案を考えていきます。

また、文章にする際も、「事実→解釈・洞察→行動・提案」の順に記載していきます。「事実」と「解釈・洞察」を分けて書くことで、読み手が混乱しにくくなり、理解されやすい文章になります。

空
事実

 雨
解釈・洞察

 傘
行動・提案

空に黒い雲が広がっている　　よって、雨が降りそうだ　　だから、傘を持っていくべき

事実の列挙だけでは、
データ分析とは言えない

できました！　　俺が全部読んで
　　　　　　　考えろと言うのか？
　　　　　　　　　　　　　　　※

解釈なし

根拠がない行動・提案は
思いつきに見える

●●すべきです！　　何でそうなる？
　　　　　　　　　　根拠は？
　　　　　　　　　　　　　※

提案のみ

事実→解釈・洞察→行動・提案のいずれも欠けてはダメ

▶ 図7.11.1　やってしまいがちなデータ分析の報告スタイル

❶ 目的の明確化

❷ 事実

❸ 解釈・洞察

❹ 行動・提案

「何に答えを出すべき
か」を疑問形で書く

観察のSo What?
（事実→事実）

事実を並べて、
絵が思い浮かぶ
ように具体的に
まとめる

洞察のSo What?
（事実→洞察）

「だから何なの？」と問いかける。
必要に応じて、以下も考える

1. どうしてそうなの？（背景の洞察）
2. そのままだったら、どうなる？（将来の洞察）

「では、どうする？」
と問いかける

 「事実」「解釈・洞察」を区別して、順番を意識することが大事

事実と解釈・洞察が混同

自社の商品力が弱いため、
経常利益が赤字に転じて
いる

事実と解釈・洞察を分けて考える

事実	自社の経常利益が赤字に転じている
解釈・洞察	このままでは長期的な競争力が低下する恐れがある。要因には、商品力の低下、販促費の増加、チャネル変化への対応不足などが考えられる
行動・提案	影響度が高い要因を検証し、施策を検討すべき

▶ 図7.11.2　データを解釈・考察するための頭の使い方

(1) 何に答えを出すべきかを疑問形で明確にする

データを解釈・考察していく最初のステップは「何に答えを出すべきかを疑問形で明確にする」ことです。【STEP1～2】で検討した、今回のデータ分析で解くべき問い（イシュー）を再度確認します。経験が浅いデータ分析者は「すぐに集計結果を見たがる」傾向が強いです。立ち止まって「何に答えを出すべきか？」を考える時間を持つことが大事です。

◉ 問い（イシュー）が明確だと、見るべき箇所がクリアになる

何に答えを出すべきかを疑問形で考えることで、情報洪水の海に溺れず、最短距離でゴールにたどり着きやすくなります。

図7.11.3の、自社ブランドのイメージアップに1年間取り組んできた例で説明します。KPIを「先進的である」とした場合、明らかにすべき問い（イシュー）は、「1年間のプロモーションは、先進的であるイメージの向上に寄与したのか？」になります。その結果、先進的であるイメージの自社の時系列比較、競合とのスコア差を見ていきます。これが「高級感がある」をKPIとした場合、フォーカスすべき箇所が変わります。

◉ Quick & Dirtyで、全体感を早めに押さえる

時間は有限です。Quick & Dirtyの考えのもと、いきなり100%の精度ではなく、70～80%の精度を目指すことが重要です。データ分析においても、短時間で全体像をざっくり理解し、その後、深く掘り下げるべきところを見極めて、分析していくアプローチが有効です（図7.11.4）。

そのためには、データには「本丸データ」と「脇役データ」があることを意識することが重要です。例えば、30問のアンケートがあった場合、全ての調査項目の重要度が同じということはありえません。調査項目は、（1）調査目的の回答に直結する「重要な質問（本丸データ）」、（2）本丸データを支える「補完的な質問（脇役データ）」に分かれます。

最初に「何を明らかにすべきか？」といった分析目的・課題を明確にし、「主要なクロス軸、重要な質問（本丸データ）」を特定することで、データ分析をスムーズに実施することができます。

236

自社、ベンチマーク企業のブランドイメージ

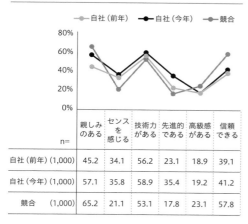

KPIが「**先進的である**」
イメージの向上

n=	親しみのある	センスを感じる	技術力がある	先進的である	高級感がある	信頼できる
自社（前年）(1,000)	45.2	34.1	56.2	23.1	18.9	39.1
自社（今年）(1,000)	57.1	35.8	58.9	35.4	19.2	41.2
競合　　(1,000)	65.2	21.1	53.1	17.8	23.1	57.8

【問い（イシュー）】
✓ 1年間のプロモーションは「先進的である」イメージの向上に寄与したのか？

【集計結果で見るべき箇所】
✓ 自社の「先進的である」の前年と今年のスコア変化
✓ 自社と競合の「先進的である」のスコア比較

▶ 図7.11.3　問いが明確だと、見るべき箇所がクリアになる

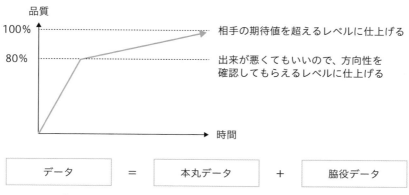

品質

100%　相手の期待値を超えるレベルに仕上げる

80%　出来が悪くてもいいので、方向性を確認してもらえるレベルに仕上げる

時間

データ	=	本丸データ	+	脇役データ

「問い（イシュー）」を中心に、全体感を早めに把握することで、
どこを深掘りするかを決めることができる

新しい発見を得られやすくなり、相手の期待値を超えられる可能性が高まる

▶ 図7.11.4　Quick & Dirty で、全体感を早めに押さえる

(2) 目的を意識し、
「観察のSo What?」を積み上げる

　何に答えを出すべきかを考えた後は、主要な集計結果を確認し、全体感を把握するとともに、仮説が検証／反証されたかをチェックします。筆者の実務経験上、9割ぐらいが当然の結果になることが多いです。ここで終わると、「データ分析した意味あったの？」と言われる可能性が高いです。

　ここからが本当のデータ分析です。「何か違和感はないか？」「＋αの視点はないか？」と、データと向き合う時間を作ります。追加のクロス軸の設定、集計ベースの絞り込みなどを通じて、データを深掘りしていきます。

◉ データ解釈・考察の成否を分ける「観察のSo What?の積み上げ」

　筆者は、データ解釈・考察の成否を決めるのは、「観察のSo What? の積み上げ」だと考えています。一般的に、So What? は「だから何？ 要するに？」など、短い文章で抽象化した表現をするイメージが強いと思います。実は、So What? には「観察のSo What?」と「洞察のSo What?」の2種類あり、この使い分けがデータ分析の質を大きく変えます。（図7.11.5）。

　観察のSo What? とは「事実→事実、アクション→アクションなど、同じ次元で、複数の事実・情報から言えることを要約すること」を言います。観察のSo What? のステップを正しく踏まないと、洞察のSo What? の精度が落ちます。事実を正しく「観察」し、聞いた相手が同じ絵を描けるぐらい具体的にまとめることが、データ分析の出発点です。スティーブ・ジョブズがスピーチでも使った「Connecting the dots（点と点をつなげる）」を意識して、事実と事実を組み合わせていくことが大事です。

◉「観察のSo What?」を行うときのポイント

　観察のSo What?では、「それは知らなかった！」「なんでそうなの？」「それも大事なんだ……」といった結果を積み上げていきましょう。この量が増えるほど、「解釈・洞察」「行動・提案」の質が高まっていきます。

　上記を実現するためには、（1）ギャップを生み出すことにこだわる、（2）安易に数値をまとめない、（3）数値の背後にあるニーズ・想いを妄想する、（4）バイアスの罠を意識することが重要です（図7.11.6）。

目的の明確化　 事実　 解釈・洞察　④ 行動・提案

「何に答えを出すべき
か」を疑問形で書く

観察の So What?
（事実→事実）

事実を並べて、絵が
思い浮かぶように具
体的にまとめる

洞察の So What?
（事実→洞察）

「だから何なの？」と問いかける。必要に応じ
て、以下も考える
・どうしてそうなの？（背景の洞察）
・そのままだったら、どうなる？（将来の洞察）

「では、どうする？」
と問いかける

	新型コロナで、消費者の行動が変化している	消費者行動の変化に対応しよう	具体的には？
○	新型コロナにより、消費者行動として「大手を指名買いする行動」と「偶然見かけた独自性が高い商品を購入する行動」が増えている	「トップ企業」と「独自性があるニッチャー」が生き残り、存在感がないブランドは淘汰されるのではないか 自社は中堅だが、独自性が乏しいため、今後売上が減少する可能性が高い	自社ブランドの独自性をホームページの前面に打ち出すべきである 早急に、自社の独自性を洗い出すべきである

▶ 図 7.11.5　「観察の So What ？」がその後の方向性を決める

1	ギャップを生み出すことにこだわる
2	安易に数値をまとめない
3	数値の背後にあるニーズ・想いを妄想する
4	バイアスの罠を意識する

▶ 図 7.11.6　「観察の So What?」を実施するときのポイント

● 「ギャップを生み出す」ことに徹底的にこだわる

　ビジネスの問題点・課題・打ち手のヒントはギャップに潜むことが多く、うまくギャップを生み出すことが大事です。そのためには、(1) 違いを生み出すクロス軸を設定する、(2) グラフで可視化する、(3) クロス軸の差分で並び替える、(4) 2軸から考える、(5) A but Bの状態を創り出す、などを意識することが重要です（図7.11.7）。

　違いを生み出すクロス軸では、「ニーズが分かれるか？」「新しい気づきが得られるか？」を意識します。カフェチェーンの利用実態の場合、「年代別」よりも「ライフステージ別」のほうが顧客ニーズは分かれます。また、図7.3.10のクロス軸を参考に、「なぜ、それが生じているのか？」を考えやすいクロス軸を設定することが大事です。

　グラフの可視化では、奇麗なグラフを作る必要はありません。筆者は、Excelでの操作が簡単な「折れ線グラフ」を中心に、クロス軸数が多い場合は「データバー」で可視化しています。効率重視で可視化し、数値だけでは気づきにくい差を見つけていきます。

　クロス軸の差分を並び替えるでは、項目（選択肢）数が多く、どの項目のスコア差分が大きいかを把握しにくいときに活用します。例えば、愛着者と非愛着者、購入意向者と非購入意向者のスコア差分を算出し、差分で降順ソートすると、示唆を発見しやすくなります。

● 2軸にすることで「A but B」の状態を創り出す

　上記に加えて、「市場シェア×成長率」「重視度×満足度」「認知度×魅力度」などの2軸で考えることも有効です（7.5参照）。1軸では当たり前の結果も、2軸にすることで、示唆を発見しやすくなります。

　2軸で考えると近い概念で、A but Bの状態を創り出すことも大事です。「年平均3回の利用回数なのに、10回以上利用する方」「夜利用が大半なのに、昼にも利用している方」「直近利用開始で、すでにロイヤル顧客」など、特異な状況にある方を分析することで、示唆を得られるケースが多いです。

　また、図4.2.2に提示した洞察的帰納法の例のように、「成功例⇔失敗例」「現状⇔理想」などの相反する事実を設定することで、考えを深めていくことも重要です。

違いを生み出すクロス軸を設定する

☕ 「カフェチェーン」で、顧客ニーズ・背景が分かれそうなのは？

| 比較軸1 | 年代別（20代、30代、40代、50代、60代） |

VS.

| 比較軸2 | ライフステージ別（学生、会社員、主婦、シニア） |

 「生命保険加入者」のニーズ・背景が分かれそうなのは？

| 比較軸1 | 年代別（20代、30代、40代、50代、60代） |

VS.

| 比較軸2 | 加入きっかけ（ライフイベント、勧誘、周囲の出来事、経済面） |

クロス集計で「差をつけたい」と思ったときに役立つ切り口（図7.3.10参照）

● 直近利用開始者におけるロイヤル／一般顧客
● 利用金額／頻度が高いのにロイヤルティが低い顧客
● エクストリーム顧客
● 利用きっかけ／利用シーン
● 消費者の時系列変化

② グラフで可視化する

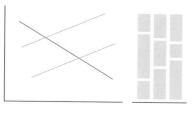

③ 差分で並び替える

④ 2軸から考える

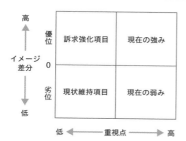

⑤ A but Bの状態を創り出す

| 商品の利用回数は「年平均3回」 |

VS.

| 一部の顧客は「年10回」も利用 |

この違いは？
気付いていないニーズ・使い方がある？

| この商品は「夜」の使用を想定 |

VS.

| 一部の顧客は「昼」にも使用 |

▶ 図7.11.7 集計結果から「ギャップ」を見つける切り口

● Top2、平均値、相関係数などで「安易に数値をまとめない」

　集計結果を「Top2」「平均値」などに縮約して分析する方は多いです。満足度や重視点などを5段階評価（非常に満足〜非常に不満など）で聴取したにもかかわらず、Top2（満足・計）だけで分析する、利用回数や利用金額、世帯年収などを平均値（加重平均値）だけで分析するケースです。

　安易に数値をまとめることは、データ分析の効率が上がる一方で、有益な情報を捨てている可能性が高いです（図7.11.8）。

　満足度の例で説明します。パターン1は、2つともに「満足度・計（Top2）」が50％で同じです。ただし、「非常に満足」のスコアを考慮すると、1-1のほうが満足度は高いです。また、パターン2では、加重平均値が3.0で同じですが、2-2のほうが改善余地は大きいです。まずは「分布を描く」が大原則です。

　データ分析の経験が浅い方から「クロス軸で違いがないが、どうしたらいいか？」といった相談を受けますが、丹念に見ると傾向が見えることが多いです。「森を見て木を見ず」では、分析を放棄していることと同じです。

● 人間は「善意のウソ」をつく。対象者の「ニーズ・想い」を妄想する

　人間は、社会的規範や世間体、見栄などから善意のウソをつくことがあります。選挙の事前投票意向と実際の投票率が違うのがわかりやすい例です。また、顧客満足度調査において、営業担当などの人物評価は、営業担当者を喜ばせたいという心理が無意識に働き、評価が高くなる傾向があります。

　また、5.3でも説明しましたが、消費者は「システム1（直感的に判断）」と「システム2（じっくり判断）」を使い分けて商品の評価・購買決定をしています。また、置かれた「状況」により、意思決定が変わります。その結果、データ分析では、矛盾する結果が多く出てきます。そのときは「消費者は一見、不合理な行動を取るが、特定の置かれた状況では合理的な行動を取っている」と意識して、消費者の心の想いを想像することが大事です。

　図7.11.9の「サラダマック」の失敗は、直接的な回答を信じすぎた結果だと考えられます。その背景にある「マクドナルドを利用しようと思ったときの気持ち・状況」「頭に思い浮かんだ競合」を聴取し、複数のデータをつなぎ合わせ、対象者が「マクドナルドでヘルシーなものを食べたいニーズ・想いがあるのか」を推測していくことが重要です。

Top2、加重平均値

<パターン1>

Top2は「同じ50%」でも、満足度は異なる

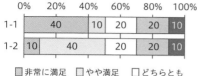

	非常に満足	やや満足	どちらともいえない	やや不満	非常に不満
1-1	40	10	20	20	10
1-2	10	40	20	20	10

□ 非常に満足　□ やや満足　□ どちらとも
いえない
□ やや不満　■ 非常に不満

<パターン2>

加重平均値は「同じ3.0点」でも、改善余地に
違いが見られる

2-1	10	10	60	10	10
2-2	30	10	20	10	30

□ 非常に満足（＋5）　□ やや満足（＋4）
□ どちらともいえない（＋3）　□ やや不満（＋2）
■ 非常に不満（＋1）

平均値、相関係数

多くの人は「平均値＝正規分布」と想起するが、
現実には、正規分布にならないことがある

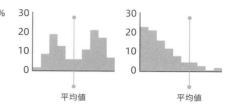

平均値　　　　　　平均値

相関係数は「曲線」「外れ値」があると、
相関がないように見える

【曲線】　　　　　【外れ値】

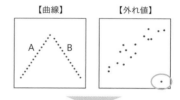

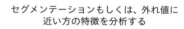

セグメンテーションもしくは、外れ値に
近い方の特徴を分析する

▶ 図7.11.8　Top2、平均値、相関係数などで「安易に数値をまとめない」

✓ アンケートで「どんな商品が欲しいですか？」と聞くと、「低カロリー」「オーガニック」「ヘルシー」が毎回上位にランクイン

✓ 2006年に「サラダマック」を発売したが、売上が上がらず、ほどなく撤退

✓ その後、ハンバーガーの肉量を大幅に増やした「メガマック」「クォーターパウンダー」を発売。若い女性が普通に食べていて、大ヒット

✓ 建前は「健康に配慮した自分でありたい」だが、本音は「お肉たっぷりのハンバーガーにかぶりつきたい」だった

「利用時の気持ち」「頭に思い浮かんだ競合」などを聴取して、
回答者の気持ちを想像することが重要

▶ 図7.11.9　マクドナルド「サラダマック」の失敗

第7章 【STEP4】データの比較を通じた解釈・考察

243

●「バイアスの罠」を意識して数値を見る

バイアスとは「インプットした情報から判断するまでに生じる、統計的に推論が不可能な誤差」を言います。データ分析では、(1) 選択バイアス、(2) 確証バイアス、(3) 利用可能性ヒューリスティック、(4) 交絡バイアス、(5) 前後即因果の誤謬、(6) 確率加重関数、(7) フレーミング効果、などに注意が必要です（図7.11.10）。

●「母集団の偏り」を意識して数値を読む

選択バイアスとは、対象者を抽出する際のバイアスです。インターネット調査の回答者は「インターネットのリテラシーが高く、高学歴の割合が高い人」が多いです。対象者の偏りを意識して数値を見ることが重要です。

●「自分に不都合な情報、想起しにくい事実」を集める

確証バイアスとは、自分の仮説や信念に整合する情報ばかり集め、それらに矛盾する情報を無視または集めようとしないことを言います。これを回避するには、自分の仮説を否定する情報を集めることが有効です。多くの情報を集めた上で、自分の仮説が正しいか（自分の仮説を否定する情報が少ないか）を判断していきます。

利用可能性ヒューリスティックとは、自分の入手しやすい情報や想起しやすい情報に頼って判断することを言います。頭に浮かびやすい事柄の頻度や確率を過大評価し、想起しにくい事柄を過小評価してしまう傾向があります。「自分が見逃している事実がないか」と考える時間を設けることが大事です。筆者のデータ分析での口癖は「他にもないのかな？」です。

●「相関がありそうなときは、交絡因子の存在がないか」を問いかける

交絡バイアスとは、2つの事柄の関係を見るときに見かけ上の相関が発生するバイアスです。背後に隠れて存在する交絡因子（第3因子）が影響しています。交絡因子、見かけの相関（疑似相関）は7.8を参照ください。

交絡バイアスに関連して、「前後即因果の誤謬」というバイアスがあります。これは「ある事象Aが起きた後に、別の事象Bが起きると、AがBの原因であると考えてしまう傾向」を言います。コーヒーを飲んで仕事して仕事

の成果が高いとき、「コーヒーを飲むことで、仕事の成果が上がる」と勘違いする例があります。たまたまの偶然の可能性、別の要因（質の高い睡眠が影響しているなど）の存在を疑うことが重要です。

◉「人間は、確率を正しく読めない」と認識する

　人間は、実際の確率を額面通りに受け取れないと言われています。小さい確率は過大に、大きな確率は過小に見積もる傾向があります。これを「確率加重関数」と言います。

　また、本質的には同じ事柄でも、表現次第で評価が大きく変わることを「フレーミング効果」と言います。人は「得るものを強調されると、確実性を求めてリスクを避ける」「損失を強調されると、リスクを求める（損失を回避する行動を取る）」ことを覚えておきましょう。

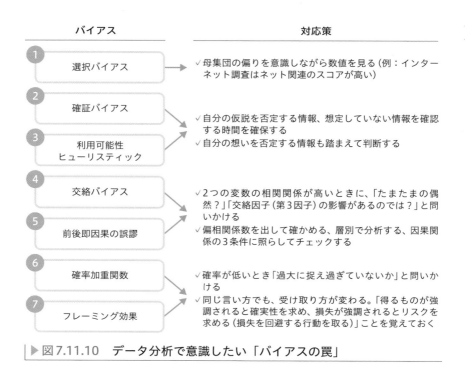

バイアス	対応策
1 選択バイアス	✓母集団の偏りを意識しながら数値を見る（例：インターネット調査はネット関連のスコアが高い）
2 確証バイアス 3 利用可能性ヒューリスティック	✓自分の仮説を否定する情報、想定していない情報を確認する時間を確保する ✓自分の想いを否定する情報も踏まえて判断する
4 交絡バイアス 5 前後即因果の誤謬	✓2つの変数の相関関係が高いときに、「たまたまの偶然？」「交絡因子（第3因子）の影響があるのでは？」と問いかける ✓偏相関係数を出して確かめる、層別で分析する、因果関係の3条件に照らしてチェックする
6 確率加重関数 7 フレーミング効果	✓確率が低いとき「過大に捉え過ぎていないか」と問いかける ✓同じ言い方でも、受け取り方が変わる。「得るものが強調されると確実性を求め、損失が強調されるとリスクを求める（損失を回避する行動を取る）」ことを覚えておく

▶ 図7.11.10　データ分析で意識したい「バイアスの罠」

(3) 観察の So What? をもとに 「洞察の So What?」をする

　観察の So What? を積み上げた後は、洞察の So What?（だから何なの？）を問いかけます。必要に応じて「背景の洞察」（どうしてそうなのか？）、「将来の洞察」（このままだったら、どうなるか？）を問いかけます。

　このステップでは、解釈・洞察の「幅広さ」と「深さ」を重視しましょう。図7.11.11に示すように、解釈・洞察が幅広く、深くなるほど、行動・提案が豊富になり、「データ分析の価値」が高まります。また、考えていく過程で、「あ、そういうことか」「ここがボトルネックか」と閃くことが多いです。

　解釈・洞察が少ないと感じたときは「観察 So What? が足りない」と考えましょう。インプットが少ないと、良質なアウトプットは出てきません。

◉ 洞察的帰納法を使いこなそう

　洞察の So What? を行うときは、4.2で説明した洞察的帰納法を意識し、事実の掛け算をもとに「何を言えるか？」を考えます（図7.11.12）。

　事実の設定は「成功例 ⇔ 失敗例」「理想 ⇔ 現状」「自分の仮説を支持する事実 ⇔ 否定する事実」などの相反する事実を設定しながら、「何が言えるか？」を考えることで、有益な結論が導きやすくなります。

◉「データの論理」だけで考えない。「データ×感性（センス）」が大事

　質の良い解釈・洞察を行うには、データ分析者の感性（KKD・暗黙知）をフル稼働していくことが大事です。全てをデータで把握できないため、見えない部分を推測・発想で補っていきます。

　発想を広げるには、（1）1次情報（インタビュー、店頭・行動観察、体験など）を取りに行く、（2）フレームワーク・インタビューをもとに、顧客ストーリーを思い描く、（3）ニーズ・ジョブに置き換える（リフレーミングする）、（4）異業種で、類似の問題・課題を解決している事例を調べる／比べる、（5）紙に書き出して、人に話してみる、を意識することが大事です。

　1次情報の中でも、定性情報や直感は大事にしましょう。筆者もインタビューを実施したり、実際に商品・サービスを使ってみて、データは表面的な部分しか見えないことを何度も実感しています。

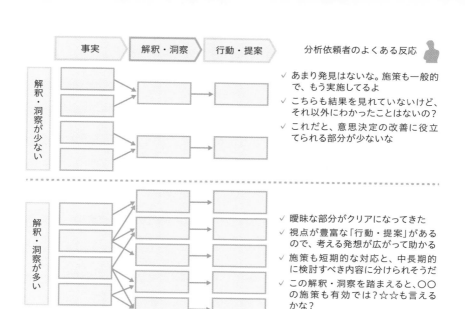

| 事実 | 解釈・洞察 | 行動・提案 | 分析依頼者のよくある反応 |

解釈・洞察が少ない

- ✓ あまり発見はないな。施策も一般的で、もう実施してるよ
- ✓ こちらも結果を見れていないけど、それ以外にわかったことはないの?
- ✓ これだと、意思決定の改善に役立てられる部分が少ないな

解釈・洞察が多い

- ✓ 曖昧な部分がクリアになってきた
- ✓ 視点が豊富な「行動・提案」があるので、考える発想が広がって助かる
- ✓ 施策も短期的な対応と、中長期的に検討すべき内容に分けられそうだ
- ✓ この解釈・洞察を踏まえると、○○の施策も有効では?☆☆とも言えるかな?

解釈・洞察の「幅を広げる」と「深める」ことがデータ分析の価値を高める。
その結果、「データ分析による意思決定の改善度(確率向上)」につながっていく

▶ 図7.11.11 「解釈・洞察」の幅・深さが「データ分析の価値」に影響する

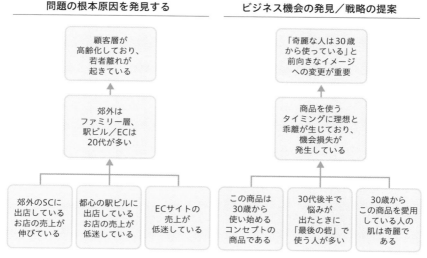

問題の根本原因を発見する

顧客層が高齢化しており、若者離れが起きている
↑
郊外はファミリー層、駅ビル/ECは20代が多い
↑
- 郊外のSCに出店しているお店の売上が伸びている
- 都心の駅ビルに出店しているお店の売上が低迷している
- ECサイトの売上が低迷している

ビジネス機会の発見/戦略の提案

「奇麗な人は30歳から使っている」と前向きなイメージへの変更が重要
↑
商品を使うタイミングに理想と乖離が生じており、機会損失が発生している
↑
- この商品は30歳から使い始めるコンセプトの商品である
- 30代後半で悩みが出たときに「最後の砦」で使う人が多い
- 30歳からこの商品を愛用している人の肌は奇麗である

▶ 図7.11.12 「洞察的帰納法」を使って、データ分析からの示唆を出す
（図4.2.2を再掲）

◉「フレームワーク」「N1 インタビュー」をもとに、顧客ストーリーを思い描く

　背景の洞察では、対象が置かれた状況を理解することが大事です。具体的には、ターゲットアプローチ、商品・サービスの継続ループ（5.8参照）といった企業×顧客視点の両面を意識して、顧客のストーリーを思い描きましょう。必要に応じて、N1 インタビューも実施します。フレームワークを活用して、顧客のストーリーを分解して考えていくことで、背景の洞察の視点が広がるだけでなく、行動・提案にも幅が出やすくなります（図7.11.13）。

　また、消費者は、所属集団（実際に所属している集団）、願望集団（憧れの集団）、拒否集団（避けたいと思う集団）との関わりの中で生活しています。それらの集団の中での振る舞いが、人間の行動を無意識に規定していることが多いです。対象者を取り巻く環境から推測していくと、背景の洞察が深まることが多いです。

◉「ニーズ・ジョブに置き換える」「リフレーミング」で視野を広げる

　データ分析をすると、「〇〇に問題がある」「☆☆しか対策が思い浮かばない」といった細部に入り込み、袋小路になることが多いです。そのときは「手段（ウォンツ）ではなく、ニーズ・ジョブに置き換える」ことが大事です。これは違う枠組みで見る「リフレーミング」にも通じる考え方です。

　図7.11.14 に、リフレーミングの例を掲載しています。ニーズ・ジョブを意識してリフレーミングすることで、様々な手段が発想しやすくなります。

　ニーズ・ジョブを考えるときは、4つのニーズ（維持、予防、復元、向上）、3つのベネフィット（機能、情緒、自己表現）、消費者の不（不満・不便・不都合・不安・不快）を意識して妄想していきます。これらの視点は、洞察のSo What?だけでなく、行動・提案を考える際にも大きなヒントになります（図7.11.15）。

◉「考えたことを書き出して、人に話す」ことの重要性

　紙に書き出すことで相対的・具体的に考えることができます。また、人に話すことでアドバイスをもらえるだけでなく、自分の思考が整理されます。斬新なアイデアは、大勢で議論した後に、個人が考えているときに生まれると言われます。筆者は、お風呂で考えているときに閃くことが多いです。

（4）洞察のSo What? を踏まえて、「行動・提案」を考える

　最後は「洞察のSo What? を踏まえて、行動・提案を考える」です。具体的には、（1）解釈・洞察と結び付けて、行動・提案を思いつく限り考える、（2）フレームワークを意識して抜け漏れを防ぐ、（3）短期だけでなく、中長期の視点を意識する、ことが大事です。制約をかけずに考え出した後は、分析依頼者の状況をもとに修正し、行動・提案における優先順位（インパクト、取り組みやすさ、時間など）をつけることが大事です。

　上記ができていると、報告会で自信を持って説明できます。分析依頼者から質問されても、根拠をもとに話せるため、建設的な議論になりやすいです。

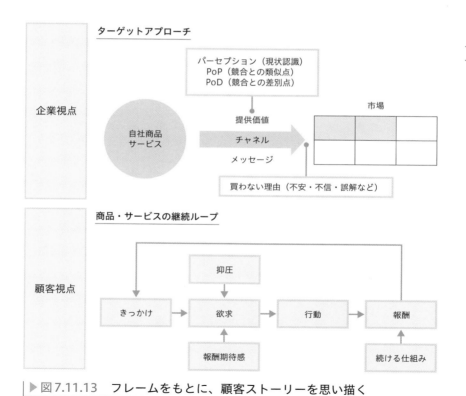

▶ 図7.11.13　フレームをもとに、顧客ストーリーを思い描く

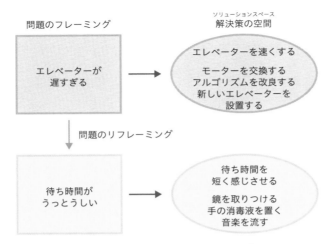

出典：トーマス・ウェデル＝ウェデルスボルグ、千葉 敏生 訳『解決できない問題を、解決できる問題に変える思考法』実務教育出版（2022年）＊4

▶ 図 7.11.14　ニーズ・ジョブを意識してリフレーミングする

ポジティブ、ネガティブの両面から顧客ニーズ（満たされていない、もっと満たしたいなど"〇〇したい"という結果を求める思い）を考えることで、様々な手段を思い浮かびやすくする

▶ 図 7.11.15　ニーズ・ジョブを考えるときの3つの視点

第8章

【STEP4】データ分析の幅を広げる「統計解析」

前章では、【STEP4】のうち「クロス集計」「解釈・考察」を中心に説明しました。本章では、【STEP4】の後半として、データ分析の幅を広げる「統計解析」について説明していきます。前半では、記述統計における「代表値」「散布度」「相関」「回帰」「多変量解析」などを説明します。後半では、推測統計における「統計的推定」「仮説検定」、効果を正しく測定する「統計的因果推論」について説明します。なお、統計ソフトのツール操作は、専門書を参照ください。

統計解析は「記述統計」と「推測統計」から構成される

統計解析とは「統計学の理論に従い、統計をもとにデータ解析を行うこと」を言います。統計解析は、（1）記述統計、（2）推測統計から構成されます（図8.1.1）。

データ分析では、分析対象となる母集団から一定の標本（サンプル）を抽出（サンプリング）し、得られたデータをもとに分析を実施していきます。得られたデータを整理し、そのデータの特徴を簡潔に表現する手法を「記述統計」と言います。記述統計は、得られたデータに注目して、データ自体の性質を理解しようとするアプローチです。

一方、得られたデータから母集団の状況を推測する手法を「推測統計」と言います。対象の理解や未知のデータを予測するために、データそのものではなく、母集団の性質を理解しようとするアプローチです。

● 「記述統計」は、分析対象の尺度・変数で分析手法が異なる

記述統計は、データの尺度によって、分析手法が異なります（図8.1.2）。

名義尺度などの質的データは「クロス集計」、比率尺度などの量的データは「統計解析」「多変量解析」による分析が中心になります。

また、1変数の場合は「代表値（平均値、中央値、最頻値）」「散布度（分散、標準偏差、箱ひげ図など）」、2変数の関係性は「相関係数」「単回帰」、3変数以上の関係性は「多変量解析」をもとに分析していきます。

● 「推測統計」は、統計的推定と仮説検定が分析の中心

得られたデータから母集団の状況を推測する推測統計は、「統計的推定」「仮説検定」が分析の中心です。また、得られたデータをもとに母集団の確率分布を推測する（＝得られたデータは、確率生成装置から一定の確率に基づいて生成されたと仮定）ことで、未知のデータへの予測も可能になります。

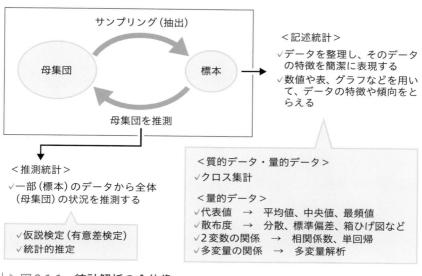

▶ 図 8.1.1　統計解析の全体像

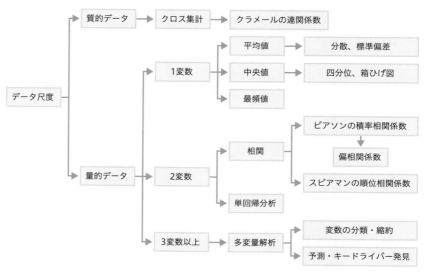

▶ 図 8.1.2　記述統計の主な分析ステップ

8.2 記述統計（代表値、散布度）

データ分析の出発点は「分布を描く」

　量的データの分析の出発点は「データの分布を描く」ことです。データの分布を可視化する手法が「度数分布表」「ヒストグラム」です。

　度数分布表とは「度数（特定のデータ区間の個数）を表形式に整理したもの」を言います。そして、度数分布表をグラフで表現したものが「ヒストグラム」です。ヒストグラムにすることで、分布の形・散らばり方・中心位置・外れ値の有無を視覚的に把握することができます（図8.2.1）。

● ビン（区間）の設定次第で、ヒストグラムの形状が変わる

　ヒストグラムは、ビン（区間）の数と幅を任意に決定できるため、設定次第でヒストグラムの印象が変わります。ビンの数（階級数）を決める方法として「スタージェスの公式」がありますが、正しいビンの幅は存在しないため、ヒストグラムだけで何かを結論づけないことが大切です（図8.2.2）。

　そこで、分析者の主観を排除するため、基本統計量（代表値、散布度）をもとに、データの性質（分布の中心位置と幅の広さ）を分析していきます。

分布の中心的な傾向を捉える「代表値」

　代表値とは「分布の中心的な傾向を捉える統計量」を言います。代表値には「平均値」「中央値」「最頻値」があります（図8.2.3）。

　平均値は「全データを合計してデータ数で割った値」、中央値は「データを降順に並べたときに、真ん中の順位にくる値」です。平均値は外れ値の影響を受けやすく、中央値は受けにくい特徴があります。

　平均値、中央値、最頻値は、分布に応じてそれぞれの位置が変わるため、使い分けが重要です。平均値は「左右対称の1つの山＆外れ値がない」、中央値は「平均値よりも中央値のほうが分布の山に近いとき」に活用します。

なお、比率や割合で変化するものに対する平均値は「幾何平均」を使います。過去3年間の売上高増加率が5％、10％、15％のとき、1年で平均何％上昇したかを求めるシーンで活用します。

▶ 図8.2.1　実務でよくあるヒストグラム

サンプルサイズをN、階級数をKとするとき、
ヒストグラムの階級数は、以下で計算できる

$$K = 1 + \log_2 N$$

- サンプルサイズ：64　　→　階級数：7
- サンプルサイズ：128　→　階級数：8
- サンプルサイズ：256　→　階級数：9
- サンプルサイズ：512　→　階級数：10

▶ 図8.2.2　スタージェスの公式

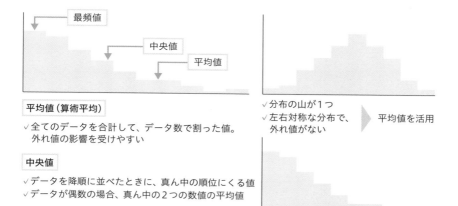

平均値（算術平均）

✓ 全てのデータを合計して、データ数で割った値。
　外れ値の影響を受けやすい

中央値

✓ データを降順に並べたときに、真ん中の順位にくる値
✓ データが偶数の場合、真ん中の2つの数値の平均値

最頻値

✓ データ数が最も多い値
✓ データの区切りで変わる点に注意

▶ 図8.2.3　分布に合わせて「代表値」を使い分ける

データの「ばらつき（散布度）」を知ることの重要性

　散布度とは「分布がどの程度散らばっているかを捉える統計量」のことを言います。データ分析では、「リスク評価」「外れ値の発見」「ばらつきの影響を除外した比較」などで活用されています。

　リスク評価では、金融資産の運用が代表例です。金融資産の運用では、運用の損益を「プラス／マイナスのリターン」、リスクを「リターンのばらつき度合い」で表現します。リスクを回避した運用をする場合は、リターンのばらつきが小さい金融資産（例：国債）を選ぶことになります。

　また、データ分析では、ばらつきの影響を除外して比較を行うシーンが多くあります。平均点や単位が異なる数値を比較するために、変動係数やデータの標準化、偏差値などが活用されています。

● 平均値を使うときは「分散」「標準偏差」で散らばりを把握する

　散布度の代表的な統計量が「分散」と「標準偏差」です。分散とは「平均値から各データの距離の二乗値を足し上げて、データ数で割った値」を言います。ただし、分散は各データを二乗しており、平均値と単位が異なるため使いづらいです。そこで、分散の正の平方根である「標準偏差」に変換し、単位を元のデータに戻して活用することが一般的です（図8.2.4）。

　また、標準偏差がわかると、対象者の分布割合がわかる点も大きな特徴です。平均値±1×標準偏差で、データ全体の「68.2%」、平均値±2×標準偏差で、データ全体の「95.4%」が含まれます。

　なお、分散、標準偏差には、不偏分散、標本標準偏差という別の指標があります。分析するデータが母集団であるときは「分散」「標準偏差」、標本（サンプル）であるときは「不偏分散」「標本標準偏差」で計算します。Excelの関数も異なっているため、注意しましょう。

● 中央値は「箱ひげ図」で、データの散らばりを把握する

　中央値を代表値として用いるときは「箱ひげ図」で散らばりを把握します（図8.2.5）。箱ひげ図とは「データの分布を四分位数で表したヒストグラムを簡略化した図」を言います。データを昇順に並び替えて、含まれるデータの数が均等になるように4グループに分けた四分位から「箱」が作成されます。

そして、箱の外側にある「ひげ」が最大値、最小値を表します。

　また、第3四分位と第1四分位の差を「四分位範囲（IQR）」と呼び、データ分析では「第3四分位＋1.5×IQR」「第1四分位－1.5×IQR」の外側に位置する値を外れ値とみなします。Excelでは自動的に外れ値を算出してくれます。

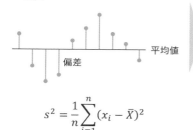

分散
✓ 平均値からのデータの散らばり度合い
✓ 平均値から各データの距離（偏差）の2乗値を足し上げて、データ数で割った値

$$s^2 = \frac{1}{n}\sum_{i=1}^{n}(x_i - \bar{X})^2$$

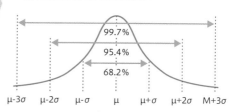

標準偏差
✓ 分散の正の平方根をとったもの
✓ 平方根をとることで元データの単位に戻すことができるため、値の解釈がしやすくなる
✓ 平均値と標準偏差から、対象者の分布がわかる

＜標準偏差と対象者の分布割合＞

99.7%
95.4%
68.2%

μ-3σ　μ-2σ　μ-σ　μ　μ+σ　μ+2σ　M+3σ

▶ 図8.2.4　分散と標準偏差

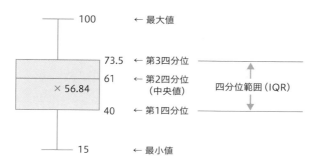

100　← 最大値
73.5　← 第3四分位
61　← 第2四分位（中央値）
× 56.84
40　← 第1四分位
15　← 最小値

四分位範囲（IQR）

✓「第3四分位＋1.5×IQR」「第1四分位－1.5×IQR」の外側に位置する値を外れ値とみなす
✓ Excelでは、外れ値を自動的に検出して、箱ひげ図を作成する

▶ 図8.2.5　箱ひげ図

●「変動係数」で、基準を揃えて比較する

　図8.2.6に示すように、大型店と小型店で平均売上高が大きく異なるときや、売上の構成要素といった単位が異なるとき、標準偏差を算出しても、どのように解釈・活用すべきか迷うことがあります。

　このときは「変動係数」を算出して分析します。変動係数とは「標準偏差を平均値で割った値」を言います。変動係数を活用することで、売上高（＝規模）や単位が異なる変数の基準を揃えて比較することができます。図8.2.6の右側では、季節変動があるため、購入単価よりも利用者数のばらつきが大きいことがわかります。

　また、変動係数は平均値に対するばらつきの幅（変動幅）がわかる点も大きな特徴です。図8.2.6では、小型店の売上高の変動幅が平均14％（0.14）、利用者数の変動幅が平均24％（0.24）であることがわかります。

●「データの標準化」で、個々のデータの相対的な位置を比較する

　変動係数は集団単位のばらつきを比較する統計量ですが、個々のデータの相対的な位置を比較したいときは「データの標準化」を活用します。

　標準化とは「平均値との差分（偏差）を標準偏差で割ることで、平均：0、標準偏差：1となるようにデータ変換すること」を言います。つまり、標準化とは、元のデータの平均値が0になるように位置をずらし（＝中心化）、標準偏差が1になるように幅を変換することを言います（図8.2.7）。

　標準化することで、データの単位がなくなるため、平均値や単位が異なる変数同士を比較・分析できるようになります。多変量解析を実施するときは、データの標準化を実施してから分析することが多いです。

　標準化を実施すると、個々のデータに「標準得点（Ｚスコア、Ｚ値、標準化スコア）」が算出されます。標準得点は、平均からの距離が標準偏差の何個分であるかを表し、元の平均値や標準偏差に関係なく、分布における相対的な位置がわかります。標準得点1の場合は「上位15.9％」、標準得点2の場合は「上位2.3％」、標準得点3の場合は「上位0.1％」に位置していると判断することができます。

　Excelで標準得点を算出するときは、集団全体の平均値、標準偏差を事前に算出し、「STANDARDIZE関数」を用いて算出していきます。

<売場規模が異なる店舗の比較>

	大型店	小型店
平均売上高①	1,500万円	175万円
標準偏差②	50万円	25万円
変動係数 （②/①）	0.03 （3%）	0.14 （14%）

<売上の要素分解>

	売上金額	利用者数	購入単価
平均①	294,366円	241人	1,145円
標準偏差②	16,550円	57人	193円
変動係数 （②/①）	0.06 （6%）	0.24 （24%）	0.17 （17%）

✓ 売場規模が違ったり、変数の単位が違う場合、標準偏差は
  どう見たらいいの？

変動係数を算出することで、同じ変数で基準が異なる、異なる変数のばらつきを比較できる。
売場規模では「小型店」、売上の要素分解では「利用者数」のばらつきが大きいことがわかる。

▶ 図8.2.6 「変動係数」で、基準を揃えて比較する

データの標準化

✓ 標準化とは、データの単位を消す方法の
  こと
✓ 平均値との差分（偏差）を標準偏差で割
  ることで、平均：0、標準偏差：1とな
  るようにデータ変換する
✓ 平均値や単位が異なる変数を分析する
  ときに活用する

$$標準得点 = Z_i = \frac{X_i - \bar{X}}{\sigma}$$

標準得点から、対象者の順位がわかる

● 標準得点：0　→　全体の上位 50.0%
● 標準得点：1　→　全体の上位 15.9%
● 標準得点：2　→　全体の上位 2.3%
● 標準得点：3　→　全体の上位 0.1%

【標準化前】

【標準化後】

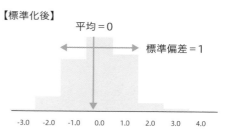

▶ 図8.2.7 「データの標準化」で、個々のデータの位置を比較する

● 偏差値は「科目間の比較ができるように標準化された数値」

学生時代に、国語や社会、数学などのテストの点数を「偏差値」として、自身の学力を判断した方が多いと思います。

偏差値とは「標準得点の平均値を50と設定して、標準偏差に10を乗じた数値」を言います。テストや模試を受けた集団の中で、自分がどれくらいの位置にいるのかを表す数値として、教育現場で広く活用されています。

偏差値を用いることで、偏差値50を集団の中央として、偏差値60（＝標準得点1）の場合は「上位15.9%」、偏差値70（＝標準得点2）の場合は「上位2.3%」に位置していると判断できます。

Excelで「基本統計量」を計算する

図8.2.8に、代表値、散布度、相関（次節で説明）に関連した、Excel関数を掲載しています。

分散と標準偏差、不偏分散と標本標準偏差では、用いる関数が異なるため注意が必要です。また、最頻値には、最頻値が複数ある場合に、全ての最頻値を返す関数と最初に登場する値のみ返す関数があります。

Excelの「分析ツール」を活用すると、主要な基本統計量を一覧で表示することが可能です（図8.2.9）。まずは、平均値、中央値、最頻値、標準偏差をもとに、分布の形状をイメージしましょう。平均値や単位が異なる変数がある場合は、変動係数を計算して、ばらつき度合いを比較していきます。

● 相関を把握するときは、「事前に散布図を描く」ことを忘れずに

次節で説明する相関（相関係数）は、関数で算出するよりも「分析ツール」を活用したほうがスムーズです。複数の変数同士を「相関行列」として一度に算出することができます。

ただし、相関係数を算出するときは、事前に散布図を描くことは忘れないようにしましょう。図8.2.10は外れ値がある場合と除外した場合の相関係数を掲載していますが、相関係数が大きく異なっています。

分析ツールは便利ですが、データ分析の出発点は「分布を描く」ことを肝に銘じておきましょう。

統計量	関数	備考
平均値	AVERAGE	算術平均
	GEOMEAN	幾何平均
中央値	MEDIAN	
最頻値	MODE.MULT	最頻値が複数ある場合、すべての最頻値を返す
	MODE.SNGL	最頻値が複数ある場合、最初に登場する最頻値のみ返す
最大値	MAX	
最小値	MIN	

統計量	関数	備考
分散	VAR.P	母集団を対象とする場合
不偏分散	VAR.S	標本を対象とする場合
標準偏差	STDEV.P	母集団を対象とする場合
標本標準偏差	STDEV.S	標本を対象とする場合
標準化	STANDARDIZE	
相関係数	CORREL	

▶ 図 8.2.8　主要な基本統計量の Excel 関数

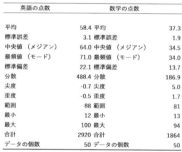

英語の点数		数学の点数	
平均	58.4	平均	37.3
標準誤差	3.1	標準誤差	1.9
中央値 （メジアン）	64.0	中央値 （メジアン）	34.5
最頻値 （モード）	71.0	最頻値 （モード）	34.0
標準偏差	22.1	標準偏差	13.7
分散	488.4	分散	186.9
尖度	-0.7	尖度	5.0
歪度	-0.5	歪度	1.7
範囲	88	範囲	81
最小	12	最小	13
最大	100	最大	94
合計	2920	合計	1864
データの個数	50	データの個数	50

▶ 図 8.2.9　Excel「分析ツール」による基本統計量

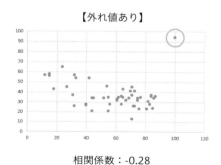

相関係数：-0.28

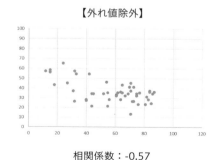

相関係数：-0.57

▶ 図 8.2.10　相関係数を算出する前に、散布図を描く

記述統計（相関、回帰）

2つの変数の関係性を示す「相関係数」

2つの量的データの関係性を見るときは、最初に「散布図」を作成します。散布図とは「2つの変数を横軸と縦軸にとり、データをプロットしたグラフ」を言います。散布図から2つの変数間の関係を把握できますが、統計量として把握するときは「相関係数（ピアソンの積率相関係数）」を活用します。

相関係数とは「2つの変数間の直線的関係の方向と強さを表す値」を言います。相関係数は「−1〜1」の範囲をとり、絶対値が1に近いほど関係が強く、0は相関がないことを意味します（図8.3.1）。

相関係数がいくつを超えると相関が強いかといった決まった解釈はありませんが、相関係数が0.7を超えると「相関が強い」と判断することが多いです。相関係数をもとにデータ分析することを「相関分析」と言います。

◉ 相関係数を使うときは「2つの変数が別個である」ことが大前提

相関係数を使うときは「2つの変数が別個である」ことが大前提です。図8.3.2に示すように、2つの変数（X、Y）をもとに、横軸：X、縦軸：Y/Xとして相関係数を算出すると、本来は無相関であっても、負の相関があるように見えてしまいます。人口密度など「人口あたり○○」などが代表例です。また、横軸に「利用者数」、縦軸に「売上高」を設定する場合も適切ではないため、注意が必要です。

◉ 相関係数は「直線的関係」であることに注意する

相関係数は「直線的関係である」点に注意が必要です。図8.3.3に示す、2つの散布図の相関係数は「0」になりますが、違和感があります。相関係数は「曲線・外れ値」があると、相関があるのに相関がないように見えてしまいます（その逆もあります）。図8.3.3の左側は「AとBで分けて」分析すべきであり、右側は「外れ値を除外」して相関係数を算出します。

相関係数（ピアソンの積率相関係数）

- 2つの変数間の「直線的関係の方向と強さ」を表す指標
- 相関係数の範囲　：−1≦ r ≦1
- 符号　　　　　　：関係の方向（正か負か）
- 絶対値　　　　　：関係の強さ（1に近いほど関係が強い）

【相関関係の強さ】

0.0 ≦	r	≦ 0.2	⇒	ほとんど相関なし
0.2 <	r	≦ 0.4	⇒	弱い相関あり
0.4 <	r	≦ 0.7	⇒	比較的強い相関あり
0.7 <	r	≦ 1.0	⇒	強い相関あり

r = 0	r = 0.4	r = 0.8	r = -0.4	r = -0.8
ほとんど 相関なし	やや 相関あり	強い 相関あり	やや 相関あり	強い 相関あり

▶ 図8.3.1　「相関係数」で、2つの変数の関係の強さを測定する

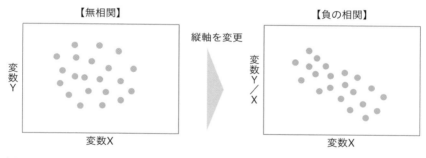

▶ 図8.3.2　2つの変数は別個であることが大前提

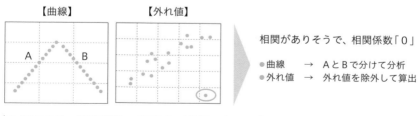

相関がありそうで、相関係数「0」

- 曲線　→　AとBで分けて分析
- 外れ値　→　外れ値を除外して算出

▶ 図8.3.3　相関係数の留意点（曲線、外れ値）

「見かけ上の相関（疑似相関）」を意識する

相関係数が大きいときは、「見かけ上の相関（疑似相関）」を意識することが重要です。疑似相関とは「本来は相関がないにもかかわらず、別の要素の影響で見せかけ上の相関が発生している状態」を言います。別の要素のことを「交絡因子」「第3因子」と言います。

図8.3.4の左側では「年齢」、右側では「猛暑」が「交絡因子（第3因子）」となっています。見かけ上の相関がある場合は、相関係数ではなく、交絡因子の影響を除いた相関係数である「偏相関係数」を用いて相関関係を評価します。Excelの「分析ツール」では偏相関係数は算出できませんが、図8.3.5の計算式で算出することができます。

正規分布を仮定できないときは「スピアマンの順位相関係数」を使う

相関係数（ピアソンの積率相関係数）は、平均や分散に基づいたパラメトリックな統計手法であり、2つの変数ともに正規分布を前提に置いています。

もし、一方の変数で外れ値が存在している、もしくは順序尺度（順位データ）などで正規分布ではない場合は、ノンパラメトリック版の相関係数である「スピアマンの順位相関係数」を活用します。相関係数は、ピアソンの積率相関係数と同じで「−1〜1」の範囲をとります。

クロス集計の表側と表頭の関連の強さを示す「クラメールの連関係数」

クロス集計の表側と表頭の関連性の強さを示す指標に、「クラメールの連関係数」があります。

具体的には、集計したクロス集計（＝観測度数）と、2つの項目に関係がないと仮定したクロス集計（＝期待度数）から、観測度数が期待度数からどれだけ離れているかの統計量（＝カイ二乗統計量）を算出します。算出したカイ二乗統計量をもとに、クロス集計の行数や列数の大きさ（サイズ）を調整したのがクラメールの連関係数です（図8.3.6）。

クラメールの連関係数は「0〜1」の範囲をとります。観測度数と期待度数が一致している場合が0、1に近づくほど2つの変数の連関が強いと判断します。複数のクロス集計を出力した際、どの項目間の相関が強いかを比較する際に活用されることが多いです。

264

【疑似相関】

● 本来は相関がないにもかかわらず、別の要素の影響で見せかけ上の相関が発生している状態

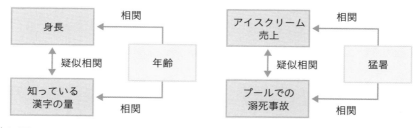

▶ 図8.3.4　見かけ上の相関（疑似相関）に注意する

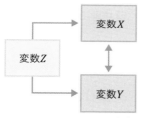

変数Zの影響を除いた、変数Xと変数Yの偏相関係数

$$r_{xy \cdot z} = \frac{r_{xy} - r_{xz} r_{yz}}{\sqrt{1 - r_{xz}^2}\sqrt{1 - r_{yz}^2}}$$

B2 0.89 ← 変数Xと変数Zの相関係数
B3 0.95 ← 変数Yと変数Zの相関係数
B4 0.90 ← 変数Xと変数Yの相関係数

偏相関係数 = (B4-(B2*B3))/(SQRT(1-B2^2)*SQRT(1-B3^2))
　　　　　 = 0.37

▶ 図8.3.5　偏相関係数で、交絡因子（第3因子）の影響を取り除く

【実際のクロス集計（＝観測度数）】

		商品への関心度		
		ある	ない	計
性別	男性	160	50	210
	女性	120	60	180
	計	280	110	390

【関係がないと仮定したクロス集計（＝期待度数）】

		商品への関心度		
		ある	ない	計
性別	男性	150.8	59.2	210
	女性	129.2	50.8	180
	計	280	110	390

＊男性 × ある ＝ 280×(210/390) ＝ 150.8

観測度数が期待度数からどれだけ離れているかで項目間の関連性を測定する

▶ 図8.3.6　クロス集計の項目間の関連性を測定する「クラメールの連関係数」

2つの変数の関係をモデル式で表す「回帰」

2つの量的データの関係性を分析するもう1つの手法として「回帰（回帰分析）」があります。

回帰分析とは「目的変数に対する説明変数の影響度を算出する分析手法」を言います。説明変数（独立変数）を「原因」、目的変数（従属変数）を「結果」と仮定し、その関係を数式で表す数理モデルとして表現されます（図8.3.7）。回帰式が得られることで、説明変数と目的変数の関係性を知ることができ、新しく得られた説明変数のデータから目的変数を予測することが可能になります。

説明変数が1つのときは「単回帰分析」、説明変数が複数あるときは「重回帰分析」と呼ばれます。重回帰分析は、多変量解析で取り上げます。

◉ 回帰分析は「観測データとの残差を最も小さくする回帰式」を作る

図8.3.8に、回帰分析の回帰式を算出するイメージを掲載しています。

回帰分析の回帰式は「最小二乗法」で求められます。これは観測データと回帰直線から得られるデータ（予測値）の差（＝残差）の二乗値の総和が最も小さくなるように、回帰式のパラメータである「切片」と「回帰係数」を求めていく手法です。

◉「決定係数」で、回帰式のあてはまりの良さを評価する

回帰分析の解析結果は「決定係数」「回帰係数」「P値」の3つに注目します。本節では、決定係数と回帰係数について説明します。

決定係数（R2。Excelでは重決定R2）とは、求めた回帰式のあてはまりの良さを示す指標です。求めた回帰式で全体をどの程度説明できているかを表し、「0～1」の値を取ります。決定係数0.6の場合は、回帰式で全体の60%が説明できたことを意味します。単回帰分析の場合は、決定係数は相関係数の二乗値になります。相関係数0.7以上で「相関が強い」と想定すると、決定係数は0.5以上が1つの目安になります。

回帰係数とは、他の影響を一定としたときの各説明変数の目的変数に対する影響度を表しています。絶対値が大きいほど影響度が高いです。正の値であれば、説明変数と目的変数に正の関係、負の値であれば、説明変数と目的

変数に負の関係があることを意味します。図8.3.7では、右下がりの直線であるため、負の関係になっています。

　単回帰分析は、Excelの散布図の「グラフ要素」から「近似曲線」を選択することで、回帰式と決定係数を表示することが可能です。

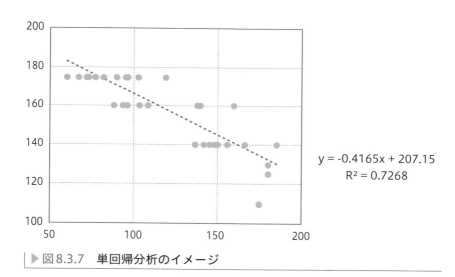

y = -0.4165x + 207.15
R² = 0.7268

▶ 図8.3.7　単回帰分析のイメージ

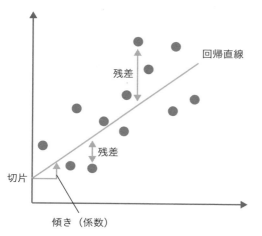

回帰直線

残差

残差

切片

傾き（係数）

✓ 観測データと回帰直線の差（残差）が最も小さくなるように直線を求める
✓ この手法を「最小二乗法」という
✓ 回帰直線をもとに、切片、回帰係数（傾き）が算出される

▶ 図8.3.8　「最小二乗法」のイメージ

8.4 3つ以上の変数の関係性を分析する「多変量解析」

多変量解析の定義・活用シーン

　多変量解析とは「3つ以上の変数の関係性から、データが持つ重要な部分（共通性）を抽出する分析手法」を言います。多変量解析の活用目的は、（1）変数を分類・縮約して見通しを良くする、（2）予測・キードライバーを見つける、の2つに分類されます。

　店舗の満足度調査を例に説明します（図8.4.1）。前者は、個別項目が多いため、「スタッフ関連」「お弁当関連」に縮約して傾向を把握しやすくすることです。「コレスポンデンス分析」「因子分析」「主成分分析」「クラスター分析」などがあります。これらの手法はシンプルに整理してくれる一方で、「この分析単体では、次に何をすべきかが発見しにくい」という点に注意が必要です。クロス集計や属性分析とのセットで価値が生まれる手法です。

　後者は、総合満足度に最も影響を与えているのは「お弁当の種類の豊富さ」であるといった影響度を把握することです。「重回帰分析」「ロジスティック回帰分析」「決定木分析」などがあります。これらの手法は、「○○するためにはどうしたらよいか？」といった方向性を示すことがゴールです。

◉ マーケティングにおける多変量解析の活用シーン

　図8.4.2に、マーケティングにおける多変量解析の代表的な活用シーンを整理しています。市場環境分析～STPにおいて「コレスポンデンス分析」「因子分析」「クラスター分析」、STP～マーケティング・ミックスの開発において「コンジョイント分析」、商品・ブランドの評価・改善において「重回帰分析」「決定木分析」などが活用されることが多いです。

◉ 多変量解析は「質問形式」「結果の読み取り」「モデルの説明力」に注目する

　多変量解析を活用するときは、（1）分析手法に応じた質問形式（アンケート実施の場合）、（2）解析結果の読み取り、（3）モデルの説明力を高める方

法、の3つを理解することが重要です。

　ここでは「モデルの説明力」について説明します。多変量解析は「3つ以上の変数の関係性から、データが持つ重要な部分（共通性）を抽出する分析手法」であるため、全体のどのぐらいをモデルで説明できたか（＝共通性）に着目します。重回帰分析の決定係数、因子分析の累積寄与率、コレスポンデンス分析の寄与率（固有値）などが該当します。

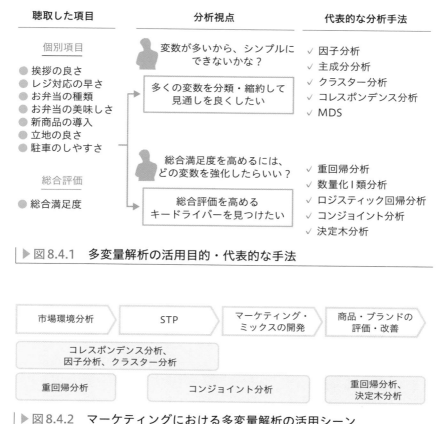

満足度調査から、店舗の満足度を高める施策を検討したい

聴取した項目	分析視点	代表的な分析手法
個別項目	変数が多いから、シンプルにできないかな？	✓ 因子分析
● 挨拶の良さ		✓ 主成分分析
● レジ対応の早さ	多くの変数を分類・縮約して見通しを良くしたい	✓ クラスター分析
● お弁当の種類		✓ コレスポンデンス分析
● お弁当の美味しさ		✓ MDS
● 新商品の導入		
● 立地の良さ		
● 駐車のしやすさ	総合満足度を高めるには、どの変数を強化したらいい？	✓ 重回帰分析
		✓ 数量化I類分析
総合評価	総合評価を高めるキードライバーを見つけたい	✓ ロジスティック回帰分析
● 総合満足度		✓ コンジョイント分析
		✓ 決定木分析

▶ 図8.4.1　多変量解析の活用目的・代表的な手法

市場環境分析	STP	マーケティング・ミックスの開発	商品・ブランドの評価・改善

コレスポンデンス分析、因子分析、クラスター分析		
重回帰分析	コンジョイント分析	重回帰分析、決定木分析

▶ 図8.4.2　マーケティングにおける多変量解析の活用シーン

8.5 因子分析、主成分分析（変数の分類・縮約）

変数を分解する「因子分析」、合成する「主成分分析」

　データ分析では、変数の数を減らすことを「次元削減（次元圧縮）」と言います。その代表的な手法が「因子分析」「主成分分析」です。ただし、両者は発想が真逆です。因子分析は「背後にあるものを探索する」、主成分分析は「変数をコンパクトにまとめる」ときに活用します（図8.5.1）。

　因子分析とは「商品・サービスに対する態度などの背後に潜む要因（潜在因子）を抽出する分析手法」を言います。具体的には、相関が強い変数同士（例：国語、英語）を潜在因子（例：文系能力）として縮約します。アンケートで多く実施され、クラスター分析とセットで分析することが多いです。

　一方、主成分分析とは「複数の変数から新たな変数を合成する分析手法」を言います。都道府県の豊かさ指標などは主成分分析をもとに算出されています。主成分分析は、できるだけ多くの情報量（＝分散）を持つようにモデル化するため、第1主成分が総合点になることが多いです。主成分分析は、因子分析のように対象者の構造を考慮することが少ないため、機械学習における次元削減（次元圧縮）の手法として活用されています。

　本節では、アンケートにおける利用頻度が高く、人々の意識や態度の分析に多く活用されている「因子分析」について説明していきます。

【因子分析】商品・サービスへの態度の背後に潜む要因を探る

　因子分析とは「商品・サービスに対する態度などの背後に潜む要因（潜在因子）を抽出する分析手法」を言います。図8.5.1に示すように、各教科（変数）の点数といった観測データをもとに、各科目の相関が強い変数同士を潜在因子（文系能力、理系能力）として縮約する分析手法です。

　アンケートで因子分析を実施する場合は、商品・サービスに対する意識・

態度を「非常にあてはまる〜まったくあてはまらない」などの4〜5段階で聴取する「SAマトリクス」が基本です（図8.5.2）。

　因子分析の成否は、調査票で決まります。図8.5.1の場合、教科が「国語、英語、社会」だけだと理系の潜在因子は抽出されません。調査票を作成する段階でどのような潜在因子を抽出したいかを想定しておく必要があります。

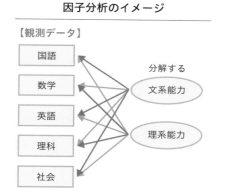

因子分析のイメージ	主成分分析のイメージ
【観測データ】	【観測データ】
国語　数学　英語　理科　社会　→　分解する　文系能力　理系能力	国語　数学　英語　理科　社会　→　合成する　総合評価
✓ 直接観測できない潜在因子を抽出する	✓ 多くの変数から少数の総合指標を合成する

▶ 図8.5.1　因子分析、主成分分析のイメージ

Q.シャンプーを購入する際、以下の事柄はそれぞれどのぐらいあてはまりますか。

→	非常にあてはまる	ややあてはまる	どちらとも言えない	あまりあてはまらない	まったくあてはまらない
特売のときに買う	○	○	○	○	○
安い商品は品質に不安を感じる	○	○	○	○	○
値段が高いほうが効果があると思う	○	○	○	○	○
愛用しているメーカー・ブランドがある	○	○	○	○	○
信頼できるメーカー・ブランドの商品を買う	○	○	○	○	○
より効果の高い商品を常に探している	○	○	○	○	○
新しい商品が出ると、とりあえず使ってみる	○	○	○	○	○
添加物を確認してから買う	○	○	○	○	○
薬用や低刺激の商品を買う	○	○	○	○	○
・・・	○	○	○	○	○

▶ 図8.5.2　因子分析の質問形式

●「最尤法、プロマックス回転」を使うと、解釈しやすいケースが多い

　因子分析を実施する際は、潜在因子間の「相関関係の有無」を設定する必要があります。潜在因子間の相関関係がない（＝直交回転）と仮定する場合は「主因子法、バリマックス回転」、潜在因子間の相関関係がある（＝斜交回転）と仮定する場合は「最尤法、プロマックス回転」で因子分析を実施します。現実の世界では、潜在因子間の相関がないことは考えにくく、斜交回転のほうが綺麗な結果になることが多いです。

● 潜在因子の名称は「因子負荷量」をもとに分析者が命名する

　因子分析の基本的なアウトプットは、「因子負荷量行列」です（図8.5.3）。表内の数値（因子負荷量）とは、各項目の因子への影響度を表します。因子負荷量は、「－1～1」の値を取り、絶対値が大きいほど、因子との関連性が強いことを意味します（厳密には、1を超えることがあります）。各因子の名称は、因子負荷量が高い項目をベースに、分析者が命名していきます。

●「納得感のある潜在因子」になるために、何度も試行錯誤する

　実務で活用しやすい潜在因子を選ぶためには「統計的な基準」と「実務基準」の両方を意識することが重要です。筆者の実務経験では、統計的な基準だけの場合、「因子がまとまり過ぎており、もう少し分解できないか」と感じるケースが多いです。

　最適な因子数を選ぶステップは、「統計的な基準」で因子数の当たりを付けてから、「実務基準」を踏まえて最終決定していきます（図8.5.4）。統計的な基準には、（1）固有値が1以上、（2）累積寄与率が50％以上、（3）スクリープロット（固有値をグラフ化した図。右下がりの曲線状を描く）で急激に値が落ち込む1つ前、があります。固有値とは、各因子が何個の項目をまとめたものかを表した数値です。累積寄与率とは、抽出した因子で、全体の何％を説明できたかを意味します。累積寄与率が50％前半～60％を目安に、固有値が1未満の因子も含めて試行錯誤します。

　統計的な基準で、因子数の当たりを付けた後は、複数の因子分析結果を比較して「実務的に使いやすいか」「潜在因子に違和感ある項目が残っていないか」といった実務基準をもとに最終決定します。

	因子					
	1	2	3	4	5	6
新しい商品が出ると、とりあえず使ってみる	0.80	0.26	-0.00	0.10	0.04	0.02
周囲で流行っている商品を買う	0.73	0.30	0.06	0.09	0.16	0.01
新しい商品の情報は常にチェックしている	0.71	0.04	0.08	0.01	0.09	0.08
新しい商品は、試供品などで試してから買う	0.31	0.03	0.01	0.08	0.09	0.08
自分の髪に合う商品を常に探している	0.04	0.96	0.31	-0.02	0.05	0.05
自分の髪質・タイプ向けの商品を買う	0.04	0.73	0.31	-0.02	0.05	0.05
より効果の高い商品を常に探している	0.30	0.62	0.15	-0.06	0.13	0.03
信頼できるメーカー・ブランドの商品を買う	0.13	0.07	0.71	0.01	0.16	0.09
有名なメーカー・ブランドの商品を買う	0.31	0.13	0.67	0.15	0.25	-0.14
愛用しているメーカー・ブランドがある	-0.10	-0.10	0.55	-0.04	-0.00	0.06
特売のときに買う	0.07	0.31	0.05	0.86	0.02	-0.10
安いときに買い置きする	0.01	0.07	0.14	0.63	-0.05	0.02
迷ったときは割安なほうを選ぶ	0.10	0.01	-0.22	0.47	0.05	-0.06
詰め替え用の商品を買う	0.10	0.10	-0.22	0.47	0.05	-0.06
値段が高いほうが効果があると思う	0.10	0.10	0.02	0.07	0.83	-0.06
値段の高い商品を使うことにステータスを感じる	0.27	0.27	0.13	0.02	0.68	0.01
安い商品は品質に不安を感じる	-0.03	-0.03	0.12	-0.08	0.55	0.09
添加物を確認してから買う	0.05	0.05	0.06	-0.05	0.01	0.90
薬用や低刺激の商品を買う	0.02	0.02	0.02	-0.07	0.04	0.71
因子寄与	4.14	2.29	1.69	1.59	1.50	1.09
累積寄与率	10.7	21.2	29.8	38.0	46.2	53.9

【因子1】
　新商品採用度
【因子2】
　自分の髪向け商品探索度
【因子3】
　メーカー・ブランドこだわり度
【因子4】
　価格敏感度
【因子5】
　価格による品質推定度
【因子6】
　成分・薬用重視度

▶ 図8.5.3　因子分析の基本アウトプット（因子負荷量行列）

統計的基準で
因子数のあたりをつける

✓ 固有値が1以上
✓ 累積寄与率が50%以上
✓ スクリープロットで急激に値が
　落ち込む1つ前

実務的基準で
因子数を決定する

✓ 実務的に使いやすいか
✓ 潜在因子に違和感ある項目が
　残っていないか

**固有値が1未満も試行して、因子数を少しだけ広くすると、
実務的に解釈しやすい結果になりやすい**

▶ 図8.5.4　最適な因子数を選ぶステップ

● モデルの説明力を高めるには「複数の因子に影響する項目」に注目する

　因子分析のモデルの説明力は「累積寄与率」で判断します。累積寄与率は50％前半〜60％で落ち着くことが多いです。

　モデルの説明力を高めるには、各項目が潜在因子の抽出にどのくらい説明できたかを表す「共通性の推定値」に着目します。この値が小さい項目が削除候補になります。それ以外では、全ての潜在因子に対する因子負荷量が低い／高い項目を削除します。ただし、項目を削除すると違和感がある結果になる場合は、実務基準を重視して残すことを検討します。

●「因子得点を集計する、セグメンテーションする」ことで価値が生まれる

　潜在因子を抽出しただけでは、因子分析の価値は半減します。因子分析を実施すると、対象者別に各因子をどの程度持っているか（強いか）といった「因子得点」が算出されます。因子得点を年代別やターゲット別などで集計・分析することで、マーケティング上の重要な知見が得られます。因子得点は、平均：0、標準偏差：1に標準化されており、絶対評価ではなく、相対評価で判断していきます。

　図8.5.5に、女性を対象としたシャンプーに対する意識で、年代別の因子得点の結果を掲載しています。年代が若いと、自分の髪に合うシャンプーを求めて新商品を購入する傾向が強く、価格で品質の良さを推定する「価格の品質推定機能」が働きやすいことがわかります。

　一方、30〜40代は、過去の購入経験から価格の品質推定機能が低下し、価格意識が強くなります。50〜60代になると、価格ではなく、成分・薬用を重視して、特定メーカーを愛用する傾向が見られます。

　因子得点をもとに、対象者をセグメンテーションすることも可能です（図8.5.6）。特定の潜在因子の因子得点から対象者を分類し、クロス軸に設定することがあります。また、複数の因子得点をもとにクラスター分析を実施し、対象者をセグメンテーションすることも多く実施されています。

● 潜在因子の「影響度」を知りたいときは、「重回帰分析」と組み合わせる

　因子分析を行うと、多くの変数を少数の潜在因子に縮約することができます。実務上、ここで間違えやすいのは、「第1因子が一番重要！」と認識して

しまうことです。

「たまたま」多くの項目で相関があったため第1因子になっただけです。国語、英語、社会、数学から因子分析を実施すると「文系能力」、国語、数学、物理、化学の場合は「理系能力」が第1因子になります。潜在因子の重要度を知りたい場合は、重回帰分析などと組み合わせることが必要です。

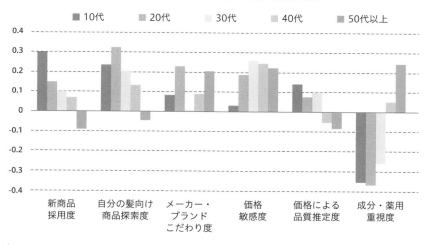

シャンプー意識における年代別の因子得点比較

▶ 図8.5.5 「因子得点」をクロス集計して傾向を分析する

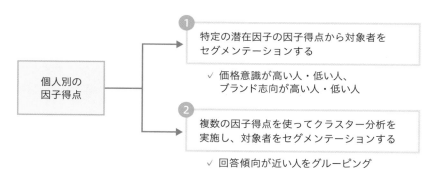

▶ 図8.5.6 因子得点をもとに「対象者をセグメンテーションする」

クラスター分析
（変数の分類・縮約）

類似度が高いグループに分類する解析手法

　クラスター分析（クラスタリング）とは「類似度が高いグループに分ける分析手法」を言います。クラスターとは「群れ」という意味です。クラスター分析では、同じクラスター内の分散（ちらばり）が小さく、クラスター間の分散（ちらばり）が大きくなるように分けていきます。

● 実務的には「非階層クラスター分析」の利用が多い

　クラスター分析には「階層クラスター分析」と「非階層クラスター分析」があります。図8.6.1に示すように、階層クラスター分析は、デンドログラムと呼ばれるクラスターの統合過程を表現した図を描くことができるクラスター分析です。デンドログラムをもとに、いくつのグループに分けるかなどを検討できる一方で、分類したい個体が200を超えると計算が難しくなるため、実務ではあまり使われていないのが現状です。

　一方、非階層クラスター分析は、最初に何個のクラスターに分類したいかを決めて、個体を分類する分析手法です。個体数が多いときに適しています。分類する手法として「K-means」が有名です。また、クラスター分析に用いる変数は「データの標準化」をしてから分析を実施します（図8.6.2）。

　クラスター分析を単体で実施することがありますが、因子分析と非階層クラスター分析を組み合わせて活用することも多く、マーケット（ライフスタイル）セグメンテーションと呼ばれることがあります。

● アンケートでクラスター分析をするときは「調査票設計」が重要

　アンケートでクラスター分析をする場合は、因子分析と同じく、商品・サービスに対する意識・態度を「非常にあてはまる～まったくあてはまらない」などの4～5段階で聴取する「SAマトリクス」が基本になります。

また、クラスター分析を実施すると、全ての項目が高い人（≒関与度が高い人）、全ての項目が低い人（≒関与度が低い人）といったクラスターが形成され、本当にニーズで分かれているのか疑問に感じることがあります。これを回避するためには、項目の表現を「ポジティブな表現」を中心に、「ネガティブな表現」も入れ込むことがポイントです。

 たくさんあるカメラをどのように分類する？

階層クラスター分析

✓ デンドログラムと呼ばれるクラスターの統合過程を表現できるクラスター分析
✓ 分類したい個体が少ないときに適する

非階層クラスター分析

✓ 最初に何個のクラスターに分類したいかを決めておき、個体を分類する
✓ 個体数が多いときに適する
✓ 代表的な分類手法に「K-means」がある
✓ 単位が違ったり、金額の大小が大きい場合は、データの標準化を実施する

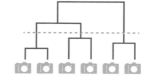

▶ 図 8.6.1　階層クラスター分析、非階層クラスター分析

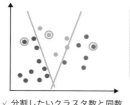

✓ 分割したいクラスタ数と同数のサンプルをランダムに抽出
✓ 各データを3つのサンプルからの距離を計算し、最も近い距離のグループにまとめる

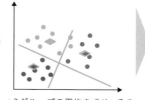

✓ 3グループの平均を求め、そのスコアを各集団の「重心」とする
✓ 重心からの距離を対象者ごとに計算し、最も近い距離にある重心と同じグループにまとめる

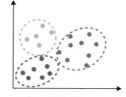

✓ 左記を繰り返して、これ以上の変化が起こらない状態まで計算を繰り返す

▶ 図 8.6.2　非階層クラスター分析の実施イメージ

●「筋のあるセグメンテーション」を判断するには？

　クラスター分析を実施した方から、「複数のクラスター分析結果を抽出したが、採用するクラスターをどのように決定していけばよいかわからない」といった声をよく聞きます。

　その際は、図8.6.3に示すように、（1）各クラスターのボリュームが一定以上存在する、（2）クラスターごとでニーズが異なる、（3）クラスターごとに効果的な施策を打ちやすい（考えやすい）、（4）各クラスターに到達できるメディア（媒体）がわかりやすい、などから評価していきます。

　特に、ニーズが明確に分かれていることが重要です。クラスター間でニーズが分かれていない場合、全てのクラスターで同じ訴求メッセージになり、クラスター分析した意味がなくなります。

● 様々なデータ尺度に対応できる「潜在クラス分析」

　クラスター分析は、量的データでの分析が基本です。アンケートの場合、商品・サービスに対する意識・態度、重視点などを4〜5段階尺度で聴取し、量的データとして分析するパターンが多いです。一方、実務においては、「年代」「年収」などの人口動態的変数、「利用金額」「利用経験」「利用頻度」「利用シーン・使い方」などの消費者行動変数を含めてセグメンテーションしたいシーンが多くあります。それらの変数を加味することで、顧客ニーズが反映されやすくなるためです。

　そのときは、様々なデータ尺度・形式をもとにセグメンテーションできる「潜在クラス分析」を活用します。図8.6.4に、潜在クラス分析の実施イメージを掲載しています。（1）カテゴリー関与度（カテゴリーの利用金額、商品・サービスに対する意識・態度など）、（2）顧客ニーズ（利用きっかけ、使用目的、重視点など）、（3）商品・サービスの利用経験（使用ブランドなど）、などをもとに潜在クラス分析を実施すると、顧客ニーズを反映した結果になりやすいです。

　筆者は、非階層クラスター分析よりも潜在クラス分析を利用することが多いです。潜在クラス分析のほうが顧客ニーズを踏まえたセグメンテーションがしやすく、変数の抜き差しなどの柔軟性が高いためです。

▶ 図 8.6.3　クラスター分析のセグメント有効性の評価視点

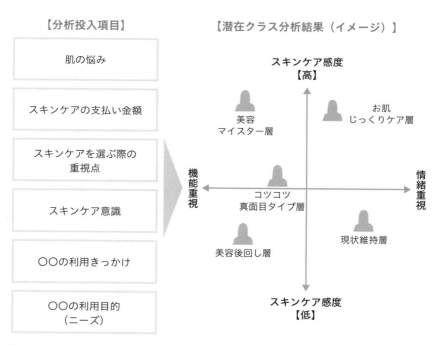

▶ 図 8.6.4　多様なデータ尺度からセグメンテーションできる潜在クラス分析

第 8 章　【STEP4】データ分析の幅を広げる「統計解析」

コレスポンデンス分析、MDS（変数の分類・縮約）

2次元に縮約する「コレスポンデンス分析」「MDS（多次元尺度構成法）」

多くの変数を2次元空間にプロットする分析手法として、「コレスポンデンス」「MDS（多次元尺度構成法）」があります。両者の違いは、クロス集計表をプロットするのが「コレスポンデンス分析」、項目間の類似度などでプロットするのが「MDS（多次元尺度構成法）」です。

◉ クロス集計を2次元で表現できる「コレスポンデンス分析」

コレスポンデンス分析とは「複数ブランドのポジションの違いを可視化する分析手法」です。主要ブランドのイメージを2次元空間にプロットし、自社と競合関係にあるブランドを把握する、市場にホワイトスペース（空白地帯）がないかを検討するなどの活用例が多いです。

図8.7.1に、コレスポンデンス分析のアウトプット例を掲載しています。特徴があるブランドは原点から遠くに、特徴がないブランドは原点付近にプロットされます。軸の名称はイメージの分布から分析者が命名します。

モデルの説明力を示す「寄与率」は、2次元の合計である累積寄与率で80～90％になることが多いです。イメージ項目が多過ぎると、50～60％に落ち込むことがあります。その場合は、ブランド間でスコア差（偏差）が小さいイメージを削除して説明力を高めていきます。

コレスポンデンス分析は、クロス集計（年代別×ブランド利用率、年代別×購入重視点など）があれば実施できます。クロス集計で、年代ごとに傾向が異なるときは、コレスポンデンス分析を実施してみましょう。

◉ 項目間の類似度からプロットする「MDS（多次元尺度構成法）」

MDS（多次元尺度構成法）とは「項目（例：ブランド）同士の類似度が整理されたデータから、ポジショニングマップを作成する分析手法」です。何

らかの類似性や関連性、親近性、距離感などを表現した対戦データがあれば、分析することが可能です。ブランドの併用率が代表例です（図8.7.2）。

筆者は、競合理解の文脈で、MDSを活用することが多いです。現在の利用ブランドがなかったとき、同じニーズ・目的を満たすブランドを複数選んでもらい、MDSをもとにブランド間の競合関係を把握しています。

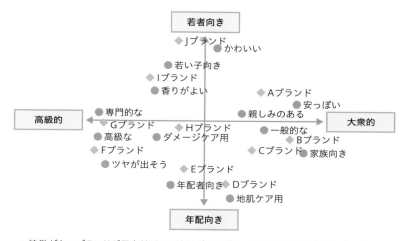

✓ 特徴がないブランドが原点付近に、特徴があるブランドが遠くになるようにプロット
✓ 軸は分析者が命名する（奇麗に付けられない場合は、命名しない場合もある）

▶ 図8.7.1　コレスポンデンス分析のアウトプット例

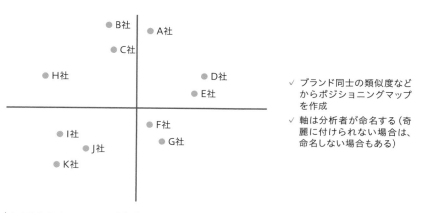

✓ ブランド同士の類似度などからポジショニングマップを作成
✓ 軸は分析者が命名する（奇麗に付けられない場合は、命名しない場合もある）

▶ 図8.7.2　MDS（多次元尺度構成法）のアウトプット例

重回帰分析（予測・
キードライバーの発見）

目的変数に影響を与える説明変数を明らかにする解析手法

　重回帰分析とは「目的変数に対する説明変数の影響度を算出する分析手法」です。重回帰分析は、説明変数（独立変数）を「原因」、目的変数（従属変数）を「結果」と仮定し、その関係を数式で表す数理モデルとして表現されます。説明変数が複数あるため、「重回帰分析」と呼ばれます（図8.8.1）。

● 重回帰分析は、幅広いシーンで活用されている

　図8.8.1の分析例に示すように、重回帰分析は幅広いシーンで実施されています。売上高や顧客満足度、購入金額といった目的変数に対して、それぞれの説明変数に、目的変数への影響度を表す「回帰係数」が重み付けられます。この回帰係数から目的変数に影響がある説明変数（＝キードライバー）を発見していくのが重回帰分析の主な目的です。

　アンケートで実施する場合は、図8.8.2に示すように、総合満足度（目的変数）、個別評価項目（説明変数）ともに、満足度などの4〜5段階評価で聴取するのが一般的です。

　また、重回帰分析の回帰式をもとに、説明変数のデータが得られたときの目的変数の予測、特定の変数を改善したときの効果をシミュレーションすることが可能です。マーケティング施策（広告、配荷率など）が売上や利益にどのぐらい貢献したかを分析するMMM（マーケティング・ミックス・モデリング）も、重回帰分析がベースになっています。

● 重回帰分析は「量的データ」が基本も、様々な応用パターンがある

　重回帰分析は、目的変数、説明変数ともに量的データでの分析が基本ですが、応用パターンがあります。目的変数を質的データ（購買有無の予測など）で分析したいときは、ロジスティック回帰分析を活用します。

【重回帰分析のモデル式】

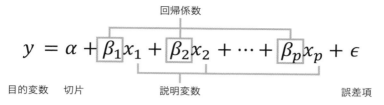

$$y = \alpha + \boxed{\beta_1} x_1 + \boxed{\beta_2} x_2 + \cdots + \boxed{\beta_p} x_p + \epsilon$$

目的変数　切片　　　　　　　　説明変数　　　　　　　　　　　誤差項

【重回帰分析の分析例】

目的変数	説明変数
売上高	マーケティング施策（内容量、価格設定、広告費用、配荷率など）
売上高	広告施策（テレビCM、デジタル広告、新聞広告、店頭広告など）
顧客満足度	マーケティング施策（製品性能、デザイン、営業対応、価格、サービスなど）
購入金額（量）	人口動態的変数（性別、年齢、年収、同居家族人数など）

▶ 図8.8.1　重回帰分析のモデル式・分析例

Q.現在お使いの掃除機について、以下の項目はどの程度満足していますか。

→	非常に満足	やや満足	どちらとも言えない	やや不満	非常に不満
掃除機の大きさ	○	○	○	○	○
デザイン性	○	○	○	○	○
ゴミの吸引力の強さ	○	○	○	○	○
ゴミの吸引力の持続性	○	○	○	○	○
掃除機の使いやすさ	○	○	○	○	○
フィルター交換のしやすさ	○	○	○	○	○
・・・	○	○	○	○	○
総合的な満足度	○	○	○	○	○

説明変数
（個別評価項目）

目的変数
（総合評価）

▶ 図8.8.2　重回帰分析の質問形式（満足度調査の場合）

●「決定係数」で、回帰式のあてはまりの良さを評価する

　重回帰分析の解析結果は「決定係数」「回帰係数」「P値」に注目します。図8.8.3の「スマートフォンの満足度」に関する重回帰分析結果（Excelで分析を実施、数値はダミー）で説明します。

　決定係数（R2。ExcelではR2）とは、求めた回帰式のあてはまりの良さを示す指標です。求めた回帰式で全体をどの程度説明できているかを表し、「0～1」の値を取ります。決定係数0.6の場合は、回帰式で全体の60%が説明できたことを意味します。

　なお、重回帰分析では、説明変数を増やすほど、決定係数（R2）が高くなります。そのため、説明変数の数の影響を除外した「自由度調整済み決定係数（Excelでは補正R2）」をもとに評価していきます。

●「回帰係数」「P値」で、個々の説明変数の有効性を評価する

　回帰係数とは、他の影響を一定としたときの各説明変数の目的変数に対する影響度を表しています。絶対値が大きいほど影響度が高いです。重回帰分析であることを強調する場合は「偏回帰係数」と呼ぶこともあります。

　重回帰分析で求めた偏回帰係数は、説明変数間のばらつきや単位が異なるため、偏回帰係数同士の比較はできません。偏回帰係数を比較したい場合は、データを標準化してから重回帰分析を実施し、「標準偏回帰係数」を求めることが必要です。ちなみに、データを標準化しても、決定係数やP値は標準化前と同じ値になります。Excelでは「標準偏回帰係数」の代替値として「t値」を活用することもあります。

　P値（有意水準5%）は、個々の説明変数が目的変数の「原因」として適切かどうかを評価する指標です。一般的に、P値が0.05未満であれば、その説明変数は目的変数に対して「関係性がある」と判断します。P値が0.05以上の説明変数は、目的変数の「原因」としては「関係がない」と判断し、P値が大きい説明変数は重回帰分析から除外する候補になります。

● 説明変数間に強い相関がある場合は「多重共線性」が発生しやすい

　説明変数の回帰係数やP値を確認すると、論理的には考えにくい符号や係数、P値になっていることがあります。本来、正の影響であると想定される

説明変数が負の影響になっている、もしくは、目的変数に関係していると想定される説明変数のP値が0.05を大きく上回っているようなケースです。

　図8.8.3の「スマートフォンの満足度」の重回帰分析結果を再度見てみましょう。P値を見ると、「デザイン」と「カラー」が総合満足度に影響しない結果になっています。普通に考えると、どちらかは目的変数に影響していると推測されます。これは「デザイン」と「カラー」の間に強い相関があり、多重共線性（マルチコ）と呼ばれる現象が発生していることが原因です。

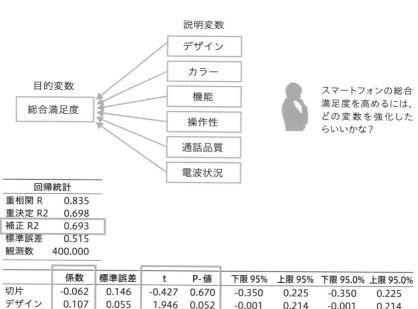

回帰統計	
重相関 R	0.835
重決定 R2	0.698
補正 R2	0.693
標準誤差	0.515
観測数	400.000

	係数	標準誤差	t	P-値	下限 95%	上限 95%	下限 95.0%	上限 95.0%
切片	-0.062	0.146	-0.427	0.670	-0.350	0.225	-0.350	0.225
デザイン	0.107	0.055	1.946	0.052	-0.001	0.214	-0.001	0.214
カラー	0.053	0.054	0.995	0.321	-0.052	0.158	-0.052	0.158
機能	0.253	0.036	6.971	0.000	0.182	0.325	0.182	0.325
操作性	0.315	0.030	10.652	0.000	0.257	0.373	0.257	0.373
通話品質	0.167	0.032	5.248	0.000	0.105	0.230	0.105	0.230
電波状況	0.125	0.025	4.989	0.000	0.076	0.175	0.076	0.175

▶ 図8.8.3　重回帰分析の解析結果（Excelから一部抜粋）

◉「多重共線性」が発生する原因は？

　なぜ、多重共線性（マルチコ）が発生するのでしょうか？ これを理解するには、重回帰分析の前提を知る必要があります。回帰係数（偏回帰係数）は、他の影響を一定としたときの各説明変数の目的変数に対する影響度でした。そのため、重回帰分析の説明変数は、互いに独立である（＝相関関係がない）ことを前提にしています。説明変数間の相関が強く、この前提が崩れるときに多重共線性（マルチコ）が発生しやすくなります（図8.8.4）。

◉「多重共線性」が発生している場合は、変数除外もしくは新変数を作る

　図8.8.5の上段に、説明変数同士の相関係数（相関行列）を掲載しています。「デザイン」と「カラー」の相関係数が0.8を超えており、これが多重共線性（マルチコ）の原因であると推測されます。SPSSやRなどの統計ソフトでは、多重共線性（マルチコ）の度合いを示すVIFという指標でチェックすることができます。VIF＝10は、相関係数0.95程度に相当するため、VIFが10を超えるような場合には、2つの相関が非常に強いと判断します。

　多重共線性（マルチコ）が発生している場合、（1）相関が強い説明変数のうち、片方の説明変数を除外する、（2）相関が強い説明変数で、主成分分析を実施して合成変数を作成する、などの対応を取ることが必要です。

　今回のケースでは、「カラー」よりも「デザイン」を優先して重回帰分析を再度実施したところ、全ての説明変数でP値が0.05を下回る結果になっています（図8.8.5の下段）。このように、重回帰分析を実施する際は、説明変数同士の相関関係を意識することが重要です。

◉「ステップワイズ法」をもとに、少ない説明変数でのモデル式を目指す

　重回帰分析は、説明変数の数ができる限り少なく、決定係数が高い回帰モデルが理想です。説明変数が増えるほど、多重共線性（マルチコ）が発生する可能性が高まるためです。

　説明変数を絞っていく際は「ステップワイズ法」を活用することが多いです。これは、説明変数と目的変数の関連度を有意確率などのスコアで算出し、高いスコアを示した説明変数を優先的に選択していく方法です。ステップワイズ法には「変数増加法」「変数減少法」などの種類があります。

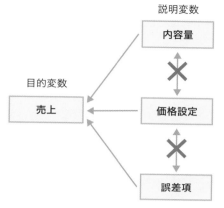

説明変数

✓ 重回帰分析は、説明変数を足し算した数理モデルである。

✓ そのため、説明変数間の相関はない（＝独立している）との仮定を置いている。

✓ 説明変数間に強い相関があると、うまく計算できないことが生じる。これを「多重共線性（マルチコ）」という。

✓ マルチコが発生している場合は、片方の変数を削除するか、統合した変数を作成して重回帰分析を実施する。

▶ 図8.8.4　多重共線性（マルチコ）が発生する背景

【説明変数間の相関行列】

	デザイン	カラー	機能	操作性	通話品質	電波状況
デザイン	1					
カラー	0.847	1				
機能	0.472	0.411	1			
操作性	0.370	0.383	0.572	1		
通話品質	0.238	0.242	0.419	0.311	1	
電波状況	0.314	0.279	0.425	0.329	0.494	1

「デザイン」と「カラー」の相関係数は0.847と高いのか。これが多重共線性の原因かな。

【カラーを除いた重回帰分析結果】

	係数	標準誤差	t	P-値	下限95%	上限95%	下限95.0%	上限95.0%
切片	-0.035	0.144	-0.247	0.805	-0.318	0.247	-0.318	0.247
デザイン	0.151	0.032	4.664	0.000	0.087	0.214	0.087	0.214
機能	0.251	0.036	6.921	0.000	0.180	0.322	0.180	0.322
操作性	0.319	0.029	10.907	0.000	0.262	0.377	0.262	0.377
通話品質	0.169	0.032	5.325	0.000	0.107	0.232	0.107	0.232
電波状況	0.125	0.025	4.971	0.000	0.075	0.174	0.075	0.174

▶ 図8.8.5　重回帰分析は「説明変数間の相関関係」を意識する

●「ダミー変数」を作って、重回帰分析を使いこなそう

　重回帰分析は、目的変数、説明変数ともに量的データが基本です。ただし、「年代」「購入頻度」「施策の実施有無」などの質的データも組み込んで影響度を把握したいシーンが多くあります。その場合は、ダミー変数を用いることで、説明変数に質的データを組み込むことができます。

　図8.8.6に、年代のダミー変数の例を掲載しています。ダミー変数を作成しないで重回帰分析を実施すると、年代が高い人のほうが優れていると認識されてしまいます。そこで、その年代に該当する場合は「1」、該当しない場合は「0」のデータを作成します。最後に、説明変数間の相関をなくすため、基準となる変数（全て0になる変数。図8.8.6では10代）を削除します。

目的変数が質的データのときは「ロジスティック回帰分析」を用いる

　重回帰分析は、目的変数が量的データのときに活用する分析手法です。目的変数が「ある行為の実施有無」「ある商品・サービスの利用意向有無」などの質的データの場合は、重回帰分析は適用できません。図8.8.7に示すように、重回帰分析は、目的変数を「数値」による線形モデルとして想定しているため、確率が100%を超えることがあるからです。

　目的変数が「質的データ（購入する／購入しない、保有する／保有していない）」のときは、ロジスティック回帰分析を活用します。ロジスティック回帰分析とは「特定の行為をする確率は何%、YES／NOの確率を予測したいときに活用する分析手法」を言います。消費者へのキャッシング融資で、申込者の属性や借入状況など（説明変数）から、契約希望額の返済確率（目的変数）のモデル式を作り、審査するか否かに活用するなどが代表例です。

　ロジスティック回帰分析では、他の説明変数の影響を一定としたときに「ある説明変数が1増加したときに、目的変数が何倍上昇するか」を表すオッズ比をもとに、説明変数の影響度を把握します。また、ロジスティック回帰分析では、「○○である確率の予測値」が算出されます。例えば、予測値が0.5以上は○、0.5未満は×と判定し、実際のデータと組み合わせることで、分類の正解率や再現率などの精度を把握することができます（10.3参照）。

【一般的なローデータ】

回答者番号	年代
1	1
2	3
3	4
4	2
5	6
6	5
7	3
8	1

※データの意味
1：10代
2：20代
3：30代
4：40代
5：50代
6：60代

一般的なローデータのまま、重回帰分析の説明変数に投入すると、統計ソフトは「60代が最も優れている」と解釈します

10代を基準（全て0）に、他の年代を「1,0」のダミー変数を作成

回答者番号	10代	20代	30代	40代	50代	60代
1	0	0	0	0	0	0
2	0	0	1	0	0	0
3	0	0	0	1	0	0
4	0	1	0	0	0	0
5	0	0	0	0	0	1
6	0	0	0	0	1	0
7	0	0	1	0	0	0
8	0	0	0	0	0	0

10代の列を削除し、説明変数に追加して重回帰分析を実施すると、10代を基準とした影響度の強さを把握できます。

▶ 図8.8.6　ダミー変数化の作成ステップ

年収と高級車の保有／非保有の関係を明らかにするために回帰分析をしたい

重回帰分析	ロジスティック回帰分析
目的変数は「数値」で線形モデルを想定しており、確率が100%を超えることがある	目的変数を「保有している確率（0〜100%）」のS字カーブの曲線としてモデル作成する。確率が1を超えることはない

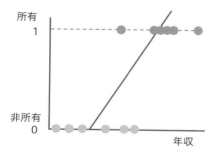

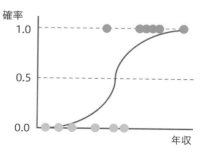

▶ 図8.8.7　重回帰分析とロジスティック回帰分析

決定木分析（予測・
キードライバーの発見）

多様なデータから、
目的変数に影響を与える要因を探る手法

　決定木分析とは「目的変数に影響する説明変数を探索し、樹木状のモデルを作成する分析手法」です。決定木分析は、（1）様々なデータ尺度（名義尺度、順序尺度、比率尺度など）を説明変数に設定できる、（2）クロス集計を繰り返すことなく、説明変数を組み合わせて目的変数に影響する要因を理解できる点が特徴です。図8.9.1のように、目的変数が綺麗に分かれる直線を描いていく手法で、説明変数を組み合わせて傾向を把握できます。

　一方、対象者を樹木状に分類していくため、決定木分析を実施する際は、サンプルサイズを大きくする必要がある点に注意が必要です。

● 「特定顧客の特性把握」「成功パターンの探索」で活用しよう

　決定木分析は、結果を解釈しやすいことから、初期分析や説明に重きを置くシーンで活用されています。活用シーンとして、（1）新商品・サービスの有望顧客、既存商品のロイヤル顧客などの「特定顧客の特性把握」、（2）利用金額の増加に結び付きやすい組み合わせ、価格プレミアムを醸成するイメージの組み合わせといった「成功パターンの探索」などがあります。

　図8.9.2に、顧客との取引が増える（＝売上成長率）パターンを抽出するために、決定木分析を用いた例を掲載しています。説明変数を組み合わせることで、行動パターンが具体化しやすくなります。また、不満点を目的変数に置くことで、不満につながる行動パターンも抽出できます。

　対象者を分割する手法には、CHAID（多分岐が可能）、CART（2分岐のみ）などがあります。サンプルサイズが少ないときは、CARTを中心に試行錯誤していきます。また、ツリーが深くなるにつれて、サンプルサイズが小さくなり、誤差が発生しやすくなるため、ツリーの深さを深くし過ぎないように調整することがポイントです。

新商品の利用意向層と非利用意向層を分ける基準を知りたい

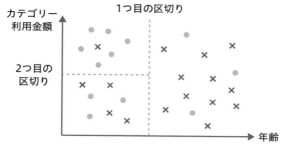

カテゴリー
利用金額

1つ目の区切り

2つ目の
区切り

年齢

● 利用意向層
✕ 非利用意向層

✓ 利用意向層と非利用意向層の
割合が大きく分かれる直線で
分割する

✓ 分割の基準には、カイ二乗統
計量、ジニ係数などがある

✓ この分け方の流れが樹木状
（ツリー）の分岐点になる

▶ 図 8.9.1　決定木分析の分割イメージ

 顧客との取引額が増える（＝売上成長率）パターンを知りたい

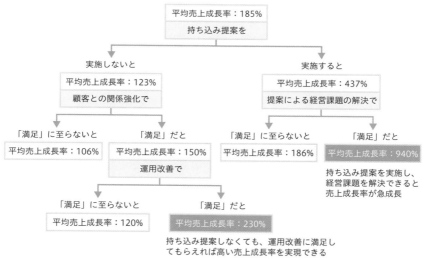

平均売上成長率：185%
持ち込み提案を

実施しないと
平均売上成長率：123%
顧客との関係強化で

実施すると
平均売上成長率：437%
提案による経営課題の解決で

「満足」に至らないと
平均売上成長率：106%

「満足」だと
平均売上成長率：150%
運用改善で

「満足」に至らないと
平均売上成長率：186%

「満足」だと
平均売上成長率：940%

持ち込み提案を実施し、
経営課題を解決できると
売上成長率が急成長

「満足」に至らないと
平均売上成長率：120%

「満足」だと
平均売上成長率：230%

持ち込み提案しなくても、運用改善に満足し
てもらえれば高い売上成長率を実現できる

▶ 図 8.9.2　決定木分析のアウトプット例

8.10 コンジョイント分析（予測・キードライバーの発見）

トレードオフを加味した選好度がわかる解析手法

コンジョイント分析とは「トレードオフを加味した消費者の購買行動の把握、シミュレーションができる分析手法」です。新商品・サービス開発における最適なスペック探索で活用されることが多いですが、価格変更時のシェアシミュレーションなどにも活用できます。

◉ コンジョイント分析は「消費者の行動パターン」から「本音」を探る

コンジョイント分析は、消費者の行動パターンから消費者が求める本音を引き出そうとする点に特徴があります（図8.10.1）。新商品開発では、アンケートで「○○を購入する際に何を重視しますか？」と質問し、「有名なブランドである」「○○機能がある」「価格が安い」などの選択肢を提示・聴取することが多いです。ただし、いずれの重視度も高くなり、「高機能で低価格な商品が求められている」といった現実不可能な結論になりがちです。

一方、コンジョイント分析では、属性と水準から仮想の商品案を作成し、その評価から消費者の選択基準（どの属性をどのぐらい重視し、どの水準が望まれるか）を判断します。仮想の商品案を評価する中で、「価格は安いほうがいいけど、それよりも○○機能が大事」などのトレードオフを意識して回答させる点が特徴です。

◉ コンジョイント分析の実施ステップ

図8.10.2に、コンジョイント分析の実施ステップを掲載しています。出発点は、製品を構成する「属性」と、各属性の「水準」の設定です。その後、仮想の商品案（コンジョイントカード）を作成して、アンケートを実施します。分析では「レンジ（相対的重要度）」と「部分効用値」を算出し、既存商品と新商品／リニューアル商品のマインドシェアの比較・シミュレーションを通じて、最適な商品・サービスのスペックを探索していきます。

コンジョイント分析は、属性と水準が増えると商品案の数が大きく増加します。属性と水準の増加に対応して「CBC」「ACBC」などの手法が開発されています。前者は実際の購入場面を想定した手法、後者は耐久消費財などじっくり考えて購入する商品を決定する商材に向いている手法です。

よくあるアンケート	コンジョイント分析
部分から全体へ積み上げる	全体から部分へ分解する

〇〇を購入する際に何を重視しますか？

- ✓ 有名なブランドである
- ✓ 画面サイズが小さい
- ✓ メモリ容量が大きい
- ✓ バッテリー駆動時間が長い
- ✓ 価格が安い
- ✓ ……

以下のノートパソコンで買いたい順位は？

商品案1	商品案2	商品案3
ブランド：〇〇	ブランド：☆☆	ブランド：〇〇
OS：Core i5	OS：Core i7	OS：Core i3
メモリ：8GB	メモリ：4GB	メモリ：8GB
重さ：約1.3kg	重さ：約2.8kg	重さ：約1.4kg
画面：13インチ	画面：15インチ	画面：10インチ
…	…	…
価格：69,800円	価格：89,800円	価格：49,800円

高機能で低価格な商品が求められている

行動分析から何を重視しているかを推定
どの水準まで必要かも理解できる

そんな製品を開発できたら
苦労しないよ。

大事なのは「価格」と「重さ」なのか。
価格は「〇〇円」を超えると厳しく、重さは「〇〇kgまでは許容範囲」なんだな。

**トレードオフを考慮した選択行動から消費者自身も
気付いていなかった選択行動の傾向を抽出できる**

▶ 図8.10.1　コンジョイント分析のアプローチ

1 「属性」「水準」を設定する
2 仮想の商品案を決める
3 アンケートでデータ収集する
4 「レンジ」「部分効用値」を算出する
5 自社商品、競合商品のマインドシェアを算出する
6 スペック変更によるシミュレーションを行う

▶ 図8.10.2　コンジョイント分析の実施ステップ

(1) コンジョイント分析の出発点は「属性・水準表」の作成

　コンジョイント分析の出発点は、製品を構成する「属性」と、各属性の「水準」の設定です（図8.10.3）。属性とは「ブランド・価格・機能・性能といった商品の構成要素」、水準とは「属性の具体的なレベル（ブランドA、ブランドBなど）」を言います。

　属性は、（1）商品の選好に重要で、対象者が客観的に判断できる属性を選ぶ、（2）各属性がなるべく独立している属性を選ぶことが重要です。コンジョイント分析は、パソコンや金融サービスなど、スペック（物理的・機能的属性）」が明確かつ重要である商材が向いており、「甘さ」「可愛さ」など、対象者で解釈が異なる商材には向いていません。

(2) 属性・水準をもとに、仮想の商品案を作成する

　属性・水準を設定した後は、仮想の商品案を作成します。仮に、4属性・各2水準の場合、$2 \times 2 \times 2 \times 2$で計16通りの組み合わせが考えられます。16通りの全てを対象者に評価してもらうと、回答負荷が大きくなります。

　そこで、実験計画法で用いられる直交表をもとに、提示パターンを絞り込みます。直交表とは、属性とその水準が均等に現れる実験条件を決めるために作られた表を言います。4属性・各2水準の場合、8つの商品案を聴取すると、全ての組み合わせを調べなくても評価ができます。ただし、水準数が増えると商品案が増加するため、CBCでの実施が現実的です。

(3) レンジ、部分効用値から「何を」「どのぐらい」重視するかを推定する

　商品案を作成した後は、アンケートで商品案の選好度（魅力度、購入意向など）を聴取します。聴取方法には、順位付け法（商品の順位を付ける）、評定尺度法（7段階などで聴取）があります。データが集まった後は、統計ソフトもしくはExcelで重回帰分析（ダミー変数化が必要）を実施します。

　分析結果は「レンジ（相対的重要度）」と「部分効用値」の2つです。レンジとは、属性の選好への重要度を100%構成比で表したもので、どの属性がどのくらい重要であるかがわかります。部分効用値とは、各水準の選好への影響度（魅力度）を表したもので、水準がどのぐらいを超えると、魅力度が大きく上昇するか／低下するかなどを把握できます（図8.10.4）。

◉ **(4) スペックを変更させて「マインドシェア」をシミュレーションする**

　最後は、最適な商品・サービスのスペック探索です。最初に、属性・水準
から既存製品（自社、競合）のスペックを再現し、部分効用値の合計から既
存製品のマインドシェアを算出します。その後、自社商品のスペックを変更
させてシェアの変化を確認し、最適なスペックを探索していきます。

	水準1	水準2	水準3	水準4	水準5
ブランド	A社	B社	C社	D社	E社
剤形	カプセル	シロップ剤	錠剤	微粒	
服用頻度	1日1回	1日2回	1日3回		
内包量	3日分	4日分	5日分	6日分	8日分
メッセージ	早く効く	胃に優しい	水なしで飲める	持続する	家で休もう
価格	1,400円	1,600円	1,800円	2,000円	

▶ 図8.10.3　属性・水準のイメージ（例：風邪薬）

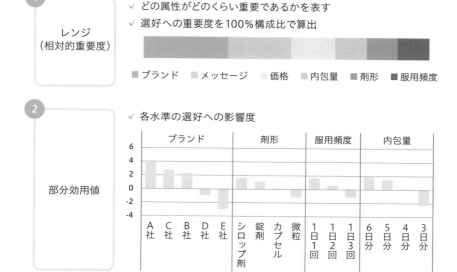

▶ 図8.10.4　コンジョイント分析の解析結果（レンジ、部分効用値）

知っておくと便利な
分析手法

当たり前品質、魅力的品質を判別する
「Better-Worse分析」

消費者が感じるニーズ（ベネフィット）や機能には、「あって当たり前」「なくても仕方ないが、あると嬉しい」などの種類があります。品質要素の分類手法として開発された狩野モデルを活用したBetter-Worse分析は、未充足ニーズの探索、新製品開発の着想を得るのに有効な分析手法です。

具体的には、商品・サービスの品質要素ごとに「機能設問」と「逆機能設問」を聴取します。その後、機能設問と逆機能設問を掛け合わせて、顧客の求める品質を「当たり前品質」「一元的品質」「魅力的品質」に分類し、2次元空間にプロットすることで、各品質の位置づけを把握します（図8.11.1）。

実務では、機能設問と逆機能設問だけだと、品質要素自体の重要度が不明であるため、品質要素ごとの重要度も聴取すると活用しやすくなります。

商品・サービスに対する「価格観」がわかる「PRICE2」

消費者に受け入れられる価格帯（価格感度）を測定する手法に、「PSM分析」があります。図8.11.2に示す4つの価格を聴取することで、「上限価格」「下限価格」「妥協価格」「理想（最適）価格」を求める手法です。

PSM分析は、価格を「点」で捉えており、各価格が実現不可能なときに対策が打てない／それ以外の価格設定における受容性がわからないなどの問題点があります。マクロミルでは、PSMを改良し、商品・サービスに対する価格の幅、需要が落ち込む価格がわかる手法として「PRICE2」を提供しています。

PRICE2は、PSMと聴取方法は同じですが、（1）商品・サービスへの価格観が「幅」でわかるため、価格変更時の受容性が把握できる、（2）消費者の受容性が急減する価格がわかる点が特徴です。受容性が急減する手前に価格設定することで、売上を最大化させる価格を検討しやすくなります。

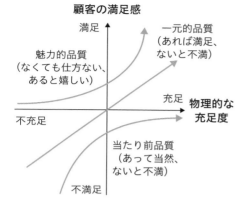

顧客の満足感

魅力的品質
（なくても仕方ない、
あると嬉しい）

満足

一元的品質
（あれば満足、
ないと不満）

充足

物理的な
充足度

不充足

当たり前品質
（あって当然、
ないと不満）

不満足

個々の品質（ニーズ）を
以下の2問で聴取

<機能設問>
もし、〇〇が良かったならば、
どう感じますか？

<逆機能設問>
もし、〇〇が悪かったならば、
どう感じますか？

<選択肢>両方とも共通
気に入る　　　　　仕方ない
当然である　　　　気に入らない
何とも思わない

▶ 図8.11.1　狩野モデルによる品質分類（Better-Worse分析）

　新商品に対する消費者の価格観を知りたい

Q1. いくらくらいから「**安い**」と感じますか？
Q2. いくらくらいから「**高い**」と感じますか？
Q3. これ以上高いと「**高すぎて買えない**」と思う価格はいくらくらいですか？
Q4. これ以上安いと「**品質に不安を感じる**」価格はいくらくらいですか？

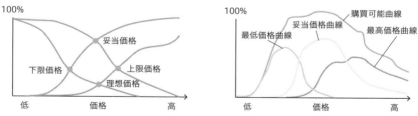

PSM分析

PRICE2

価格感度を「点」で捉える

100%

妥当価格

下限価格　　　上限価格
理想価格

低　　　価格　　　高

価格感度を「幅」で捉える

100%

購買可能曲線

妥当価格曲線

最低価格曲線

最高価格曲線

低　　　価格　　　高

　消費者は商品・サービスを「〇万円から☆万円ぐらい」と価格帯で判断する。
PRICE2は、価格観が幅でわかり、受容性が急激に落ち込む価格がわかる。

▶ 図8.11.2　消費者の価格感度を測定する「PSM分析」「PRICE2」

一緒に売れる商品を分析する「アソシエーション分析」

アソシエーション分析とは「商品Ａを買った人は、商品Ｂも買う確率が高いといった併売パターンを発見する分析手法」です。スーパーの購買行動をもとに、どの商品が一緒に購買されるかの分析が多いことから「バスケット分析」とも言われます。アマゾンのレコメンデーションでも有名です。

アソシエーション分析の指標には「支持度（サポート）」「信頼度（コンフィデンス）」「リフト値」の３つがあります（図8.11.3）。最初に、２つの商品の同時購買が起こる確率である「支持度」から発生確率が高いパターンに絞り込みます。その後、商品Ａと商品Ｂの関連性の強さを「信頼度」で把握し、商品Ｂ単体の影響を除外した、商品Ａの購買が商品Ｂの購買を持ち上げる効果を「リフト値」として算出します。

支持度が高い（＝発生確率が高い）パターンの中で、リフト値が高い（＝購買を促進する効果が高い）ルールを発見し、関連販売やセット販売などのプロモーションに活用していきます。

ブランド選好に影響する要因を抽出する「選好回帰分析」

ブランド選好に影響を与える要因を抽出したい、ブランドの改善点を把握したいときには、選好回帰分析が活用できます。選好回帰分析は、因子分析と重回帰分析を組み合わせた分析手法です（図8.11.4）。

具体的には、主要ブランドについて、(1) パーセプション（知覚イメージ）を4～5段階評価（非常にあてはまる～まったくあてはまらない）、(2) 選好度（好意度、購入意向など）の２つを聴取します。ブランド数が多い場合、回答負荷が大きくなるため、注意が必要です。

最初に、因子分析を実施して、少数の潜在因子（次元）に縮約します。その後、重回帰分析を用いて各次元の選好度（＝重要度）を測定します。

分析結果から、(1) 選好度が高い次元で、競合よりも上回っている／劣っている次元をもとに「自社ブランドの強み・弱みの明確化」、(2) 選好度の高い次元で既存ブランドをポジショニングし、空白地帯を探索する「ホワイトスペースの探索」などに活用していきます。

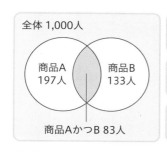

支持度 （サポート）	商品Aと商品Bの同時購買が起こる 確率は？ 83 ÷ 1000 = 8.3%
信頼度 （コンフィデンス）	商品Aを買った人のうち、何人が 商品Bを買ったか？ 83 ÷ 197 = 42.1%
リフト値	商品Aの購買が商品Bの購買を どのくらい持ち上げているか？ 42.1% ÷ 13.3% = 3.17

▶ 図 8.11.3　アソシエーションルールの結果指標

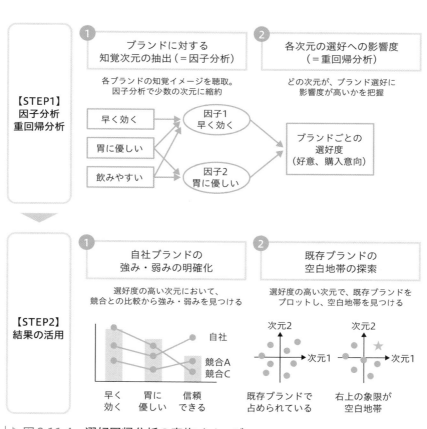

▶ 図 8.11.4　選好回帰分析の実施イメージ

複雑なロジックや仮説をパス図で表現する「共分散構造分析」

　ビジネスでは、商品・サービスの売上が減少した要因、ロイヤルティの形成要因など、複数の要因が絡みあう事象を解明したいシーンがあります。そのようなときは、共分散構造分析（構造方程式モデリング、SEM）を活用することができます。

　共分散構造分析とは「市場や生活者にまつわる複雑な仮説やロジックを、パス図によってシンプルにモデル化し、モデル内での関係性のつながりを検証することができる分析手法」です。複数の因子分析や重回帰分析を織り交ぜたようなモデルを、1つにまとめて分析することができます。

　図8.11.5は、ダイエット飲料の魅力に与える要因として、「味の好み」「CM評価」「ダイエット効果」がどのように影響を与えているかを分析したイメージです。それぞれの要因を因子分析で「潜在因子」として抽出し、各潜在因子と魅力の関係を重回帰分析で判断しています。

　分析の結果を見ると、「CM評価が、味の好みとダイエット効果に影響を及ぼしている」「ダイエット効果よりも味の好みのほうがダイエット飲料の魅力に与える影響度が大きい」ことがわかります。

文章データから特徴を抽出する「テキストマイニング」

　テキストマイニングとは「大量の文章データから有益な情報を抽出する分析手法」を言います。自然言語処理を活用して、文章を形態素解析（品詞分解）し、キーワードの出現頻度や関係性を分析します。

　形態素とは「意味を持つ言葉の最小単位」であり、形態素解析を通じて、自然言語の文章を形態素に分割します。その後、「主語」と「述語」、「修飾語」と「被修飾語」の関係など、文節間の関係を調べて文章の構造を把握する構文解析を実施します（図8.11.6）。

　分析結果として、出現頻度が高い単語を大きさで図示する「ワードクラウド」、単語間の共起性をネットワーク図で表示する「共起ネットワーク」、特徴量の含有量（代表スコア）でランキングを作成する「文章ランキング」などが活用されています（図8.11.7）。

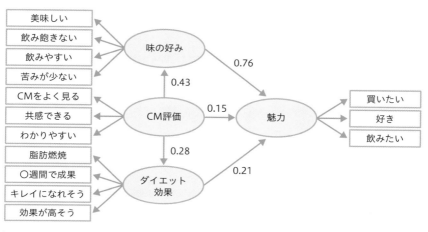

▶ 図8.11.5　共分散構造分析のアウトプット例（誤差変数は非表示）

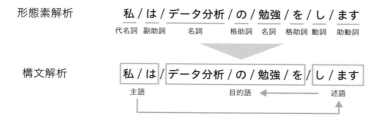

▶ 図8.11.6　形態素解析、構文解析のイメージ

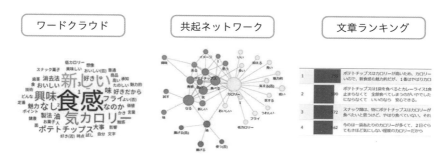

▶ 図8.11.7　テキストマイニングのアウトプット例

推測統計
（全体像、統計的推定）

得られたデータから母集団の状況を推測する

データ分析では、分析対象となる母集団から一定の標本（サンプル）を抽出し、得られたデータをもとに分析することが一般的です（＝記述統計）。一方で、データ分析者が本来知りたいことは、「得られた分析結果が母集団にもあてはまるかどうか？」ということです。標本のデータから母集団の状況を推測していく手法を「推測統計」と言います。

◉ 標本（サンプル）は「確率生成装置から一定の確率で生成されたデータ」

推測統計では、母集団を確率分布と仮定し、標本のデータはその確率分布から一定の確率に基づいて得られた実現値であると捉えます（図8.12.1）。

図8.12.2に、代表的な確率分布を掲載しています。確率分布の理解は、（1）なぜ、その事象が生じたのか、（2）今後どのような事象が起こりそうかを予測することにつながります。

森岡毅氏、今西聖貴氏は、著書『確率思考の戦略論 USJでも実証された数学マーケティングの力』[1]において、負の二項分布（NBDモデル）を拡張したデリシュレーNBDモデルは「カテゴリーの中の全てのブランドの購入率と購入回数、ブランド・スウィッチを予測分析するのに役立つ」、ガンマ・ポアソン・リーセンシー・モデルは「相対的にどのブランド、どの施設、どの時期に資源を集中すべきかを教えてくれます」と指摘しています。

◉ データ分析では「統計的推定」と「仮説検定」を理解する

推測統計は、「統計的推定」「仮説検定」の分析が中心です。両者は正規分布のどこに焦点を絞るかの違いで、表裏一体の関係です（図8.12.3）。

統計的推定とは「母集団の特性値を標本のデータから統計学的に推測する手法」、仮説検定とは「母集団に関するある仮説が統計学的に成り立つか否かを、標本のデータを用いて判断する手法」を言います。

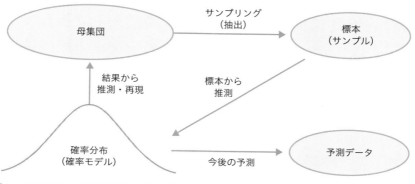

▶ 図8.12.1 　推測統計と確率分布の関係

分布	特徴	例
正規分布	理論的な確率分布。母集団から無作為に抽出する場合、サンプルサイズが大きくなるほど正規分布に近づく	・身長、体重、IQスコア ・月の平均気温
二項分布	何かを行った場合に生じる結果が2つしかない試行をn回繰り返す場合にあてはまる分布	・視聴率調査
ポアソン分布	二項分布で、施行回数nが非常に大きく、かつ、まれな現象である場合にあてはまる分布	・大量生産された製品の不良品数 ・航空事故の発生件数

▶ 図8.12.2 　代表的な確率分布

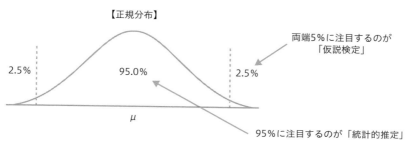

▶ 図8.12.3 　「統計的推定」と「仮説検定」の関係

統計的推定には「点推定」と「区間推定」がある

　統計的推定とは「母集団の特性値（平均や分散など）を標本のデータから統計学的に推測する手法」です。統計的推定には、(1) 点推定（母集団の平均値など1つの値を推定する）、(2) 区間推定（母集団の平均値を幅で推定する）の2種類あります。本書では、利用頻度が高い「区間推定」について説明していきます。

　なお、統計的推定は、正規分布を前提に置いています。その背景には「大数の法則」と「中心極限定理」があります。大数の法則とは「サンプルサイズが大きくなれば、標本平均は母平均に近づく」という法則です。一方、中心極限定理とは「母集団がどのような分布であっても、無作為抽出されたサンプルサイズが大きいとき、標本平均の分布は正規分布に近似する」という定理です。サンプルサイズが十分に大きいときは、正規分布に従うと仮定して、統計的推定や仮説検定が行われています（図8.12.4）。

●「区間推定」は95％で含まれる幅を推定する

　区間推定は「母平均や母比率を、ある幅を持って推定すること」を言います。推定する区間を「信頼区間」と呼び、慣習的に「95％信頼区間」を用いることが多いです。

　図8.12.5に、母平均、母比率の信頼区間の算出式、事例を掲載しています。母平均の算出式は、サンプルサイズが十分に大きいことを想定して「1.96」にしています。サンプルサイズが100前後のときは「2」に設定すると概ね問題ありません（厳密には、t分布表から算出する必要があります）。

　母平均を算出するときは「標本平均」「標準偏差」「サンプルサイズ」、母比率を算出するときは「標本平均」「標本比率」「サンプルサイズ」が必要になります。それぞれの算出式から「95％の信頼限界」（信頼区間の両端の数値）が得られます。分析結果は「95％の確率で母平均は、〇〇～△△の間に含まれると推測される」と記載します。

　筆者は、母平均、母比率の信頼区間の公式をExcelで作成し、大事な数値は信頼区間を確認しています。また、必要な数値を入力すると、信頼区間を算出してくれるサイトもありますので、積極的に活用しましょう。

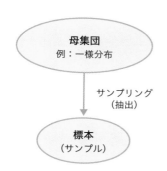

【大数の法則】

サンプルサイズが大きくなるほど、
標本平均は母平均に近づく

【中心極限定理】

サンプルサイズが十分に大きい場合、
標本平均の分布は正規分布になる
（母集団の分布は関係ない）

統計的推定や仮説検定を行う際の基礎となる考え方

▶ 図8.12.4 「大数の法則」と「中心極限定理」

母平均の
区間推定

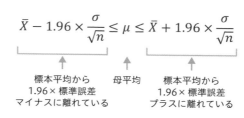

$$\bar{X} - 1.96 \times \frac{\sigma}{\sqrt{n}} \leq \mu \leq \bar{X} + 1.96 \times \frac{\sigma}{\sqrt{n}}$$

標本平均から　　母平均　　標本平均から
1.96×標準誤差　　　　　　1.96×標準誤差
マイナスに離れている　　　　プラスに離れている

※母分散が未知の場合、1.96の値が変わる（t分布表をもとに値を入れ替え）。
サンプルサイズが大きい場合は「1.96」になる。サンプルサイズが小さい場合
は「2」と設定して概ね問題ない

母比率の
区間推定

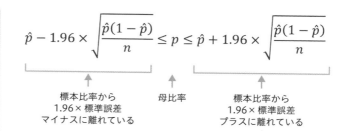

$$\hat{p} - 1.96 \times \sqrt{\frac{\hat{p}(1 - \hat{p})}{n}} \leq p \leq \hat{p} + 1.96 \times \sqrt{\frac{\hat{p}(1 - \hat{p})}{n}}$$

標本比率から　　母比率　　標本比率から
1.96×標準誤差　　　　　　1.96×標準誤差
マイナスに離れている　　　　プラスに離れている

例：男女20〜69歳の500人を対象に、自社商品の認知率を聴取した。
100人が「知っている」と回答した場合、認知率を信頼度95%で推定する
→標本比率（$\hat{p}$）：0.2（20%）、サンプルサイズ（n）：500をもとに算出
→認知率：16.5〜23.5%（95%信頼区間）

▶ 図8.12.5 統計的推定（区間推定）の公式・イメージ

有意差検定（仮説検定）

検定は「データ解釈の主観性を押さえる手段」

　データ分析を進めていくと、図8.13.1に示すように、分析軸間のスコア差について「差がある」と言い切っていいか悩むことがあります。

　その際は、有意差検定（仮説検定）をもとに、統計的に見て「有意差」があるかどうかを判断します。検定はサンプリング誤差早見表（図7.3.3）と連動しており、サンプルサイズが大きいと、少しのスコア差で有意差がつきます。検定はサンプルサイズが小さいときに活用する手法です。

● 検定は統計用語ではなく、「イメージで理解する」

　図8.13.2に、検定の実施ステップを掲載しています。帰無仮説、検定統計量など、難しい用語が並びます。ここでは、統計的な厳密さよりもわかりやすさを重視して、イメージをもとに説明していきます。

　検定の出発点は、図8.13.3の左図のように「2つの分析軸にはスコア差がない」と仮定します。これを帰無仮説（本当は捨てたい仮説）と言います。検定では、「関東と東海の間にはスコア差がない」という仮説自体が間違いであり、「関東と東海の間にはスコア差がある」という結論を導いていくアプローチを取ります。

　次に、東海を固定して、関東のスコアを高くしています。分布が右に移動するほど、両者は差がある状態に近づいていきます。では、どこまで右に行くと「関東と東海に差がある」と言えるのでしょうか? それは「東海のスコアが関東よりも高い逆転現象を100回中何回許容できるか」で決まります。この逆転を許容する回数を「有意水準」と言います。慣習的に100回中5回が多く、有意水準5%（信頼度95%）と言います。100回中5回は間違える可能性があるため、有意水準は「危険率」とも言われます。

　図8.13.3の右図では、関東が②のときは逆転現象が100回中5回未満になるため、「関東のほうが東海よりも高い」と結論づけます。一方、①の場合

は、逆転現象が100回中5回以上になるため「差がない」となります。この場合は「今回の結果からは差があるかわからない」と表現します。

	サンプルサイズ	自社ブランド認知率
関東	100	25.0%
東海	100	20.0%

「関東のほうがブランド認知率が高い」と言っていいのかな？誤差の範囲かな？

▶ 図 8.13.1　仮説検定が発生するシーン

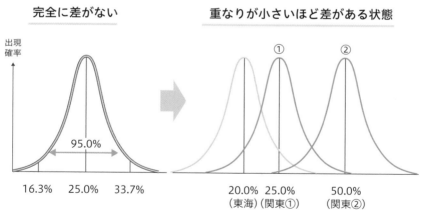

1　帰無仮説を設定する　　2　有意水準を設定する　　3　データを収集する

4　検定統計量を計算する　　5　臨界値（有意水準）と比較する　　6　仮説の結論を導く

▶ 図 8.13.2　仮説検定の実施ステップ

完全に差がない　　　　　重なりが小さいほど差がある状態

出現確率

①　②

95.0%

16.3%　25.0%　33.7%　　20.0%　25.0%　50.0%
　　　　　　　　　　　　（東海）（関東①）（関東②）

関東と東海の分布が完全に重複　　分布の重なりが小さいほど「差がある」状態に近づく

東海と関東の逆転現象（関東よりも東海が高い）が100回中5回より低い場合、「関東のほうが東海よりも統計的にスコアが高い」と判断

▶ 図 8.13.3　仮説検定のイメージを掴む

主要な調査会社が提供する無料集計ソフトには、検定機能が搭載されています。マクロミルが提供する「QuickCross（クイッククロス）」をもとに、検定のアウトプット例を見ていきましょう。

図8.13.4に、年代別に見たサブスクの現在利用率を掲載しています。年代別に「a～f」の記号があり、この記号が付いていると有意水準5％でスコアが高いことを意味します。「音楽配信」を見ると、10～20代と30代以上で利用率に違いがあり、50代と60代でも統計的に有意差があることがわかります。また、「洋服」では、20～30代と40～50代では、現在利用率は1pt程度の違いですが、サンプルサイズが大きいため、有意差が付いています。

検定は全ての設問で行うのが理想ですが、意思決定に影響を及ぼす設問で実施することが多いです。重要な設問は「このスコア差は、統計的に有意であるのか？」と質問を受けることが多いため、事前に検定を行いましょう。

「何を検定したいか」で、検定手法が変わる

有意差検定には、多くの種類があります。本書では、母集団が正規分布に従うことを仮定した検定手法（パラメトリック検定）、利用頻度が高いカイ二乗検定を説明します。母集団が正規分布に従わないときの検定手法（ノンパラメトリック検定）は、専門書を参照してください。

どの検定を適用するかを検討する際は、「分析したい対象」と「分析条件」を考えます（図8.13.5）。グループ間（分析軸間）の比率を検定したい場合は「Z検定」を用います。平均値の場合は、比較したいグループ数で検定方法が異なります。2つのグループ間（分析軸間）の平均値を検定したい場合は「t検定」、3つ以上のグループ間（分析軸間）の平均値を検定したい場合は「分散分析」を活用します。また、グループ間（分析軸間）の度数を検定したい場合は「カイ二乗検定」を用います。

上記に加えて、t検定では「対応関係の有無」も確認する必要があります。「対応関係なし」とは、お互いに関連のない独立なグループ（例：男性と女性）の平均値を比較することです。一方、「対応関係あり」とは、同じ人が商品Aと商品Bを評価した際に、それぞれの平均値を比較することです。

以下の「サブスクリプション」のうち、あなたが現在利用しているものをすべてお選びください。

有意水準：5%		全体	音楽配信	動画配信	電子書籍	ゲーム	雑誌	洋服	スーツ
全体		(10400)	18.5	35.8	5.9	4.2	3.1	1.0	0.7
年代別	18〜19歳　a	(320)	38.8 CDEF	45.0 DEF	5.3	8.8 DEF	1.6	1.9 EF	1.9 EF
	20〜29歳　b	(1605)	39.7 CDEF	51.6 ACDEF	8.1 DEF	9.6 CDEF	3.9 EF	2.2 DEF	1.7 DEF
	30〜39歳　c	(1845)	21.4 DEF	43.7 DEF	9.5 ADEF	6.4 DEF	4.6 ADEF	1.8 DEF	1.0
	40〜49歳　d	(2396)	14.8 EF	33.3 EF	5.9 EF	3.5 EF	3.3 F	0.7 F	0.7 EF
	50〜59歳　e	(2180)	11.7 F	27.9	3.8	1.7 F	2.3	0.6 F	0.2
	60〜69歳　f	(2054)	7.5	26.2	3.3	0.5	1.9	0.1	0.0

✓ 記号がある場合は、その記号の軸よりも有意に高いことを意味します。記号がない場合は「今回は差が見られなかった」と解釈します。

✓ 同じスコア差でも、サンプルサイズや比率が異なると結果も異なります。

✓ 意思決定に影響を与える設問は、検定を実施して、根拠をもって説明できるようにしましょう。

▶ 図8.13.4　仮説検定のアウトプット例・読み方

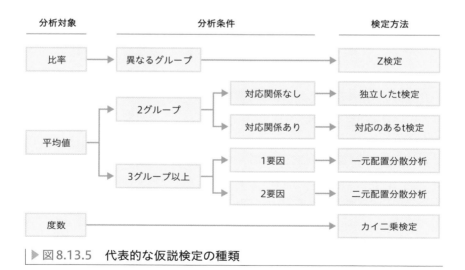

▶ 図8.13.5　代表的な仮説検定の種類

●「平均値」の差を検定するt検定は、対応関係の有無に気を付ける

　t検定は、2つのグループ間の平均値の差を検定する手法です。図8.13.6の左側に「男女の利用金額（対応関係なし）」、右側に「リニューアル前後の利用金額（対応関係あり）」を検定した結果（Excel）を掲載しています。

　検定結果では、有意水準である「P（T <= t）両側」に着目します。有意水準には「両側」と「片側」があり、男女の利用金額のように、どちらのグループの金額が高いか不明な場合は「両側」を活用します。一方、右側のリニューアル前後の利用金額のように、リニューアル後のほうが高いことが想定される場合は「片側」を活用します。悩んだときは「両側」をもとに判断するのが無難です。

　図8.13.6では、それぞれ「男女で通話料金に差があるとは言えない（今回の結果からは判断できない）」、「リニューアル前後の利用金額に違いがあり、リニューアル後の購買金額のほうが高くなっている」との結論になります。

　t検定は、Excelの「分析ツール」で実施できますが、3つの種類があります。図8.13.7に、使い分け方法を掲載しています。対応関係なしのt検定は、事前に2つのグループの等分散を検定するF検定を実施して、適切な手法を選ぶようにしましょう。

●「有意水準」だけでなく、「効果量」で効果の大きさを確認する

　検定結果における「有意水準」には注意が必要です。それは、（1）サンプルサイズが大きくなるほど、有意水準は小さくなりやすい、（2）有意水準は帰無仮説が棄却されたかどうかがわかるだけで、その効果の大きさまではわからない、という点です。

　2つのグループ間の平均値の差の「大きさ」を知りたい場合は、サンプルサイズの影響を除外した、効果の大きさを表す「効果量」を確認することが大事です。平均値の効果量では「Cohenのd」が有名です。Cohenのdとは「2つのグループ間の平均値の差を、標準偏差で割って標準化した値」を言います（図8.13.8）。

　Cohenのdの値（絶対値）を活用することで、サンプルサイズの違いを考慮した効果の大きさを把握することができます。なお、Cohenのdは0.8を超えると効果が大きいと判断します。

男女の利用金額（対応関係なし）	男性	女性
平均	771	902
分散	203872	275117
観測数	47	53
プールされた分散	241675	
仮説平均との差異	0	
自由度	98	
t	-1.326	
P(T<=t) 片側	0.094	
t 境界値 片側	1.661	
P(T<=t) 両側	0.188	
t 境界値 両側	1.984	

リニューアル前後の利用金額（対応関係あり）	リニューアル前	リニューアル後
平均	2628	2980
分散	1563005	1444815
観測数	100	100
ピアソン相関	0.97	
仮説平均との差異	0	
自由度	99	
t	-11.42	
P(T<=t) 片側	0.00	
t 境界値 片側	1.66	
P(T<=t) 両側	0.00	
t 境界値 両側	1.98	

▶ 図 8.13.6　t検定の結果（Excelの出力結果）

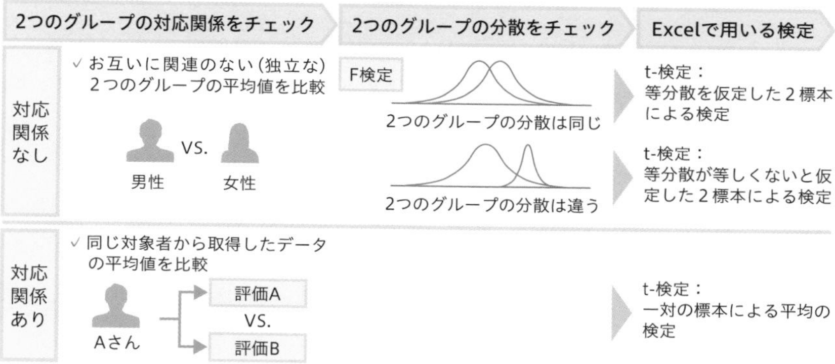

2つのグループの対応関係をチェック	2つのグループの分散をチェック	Excelで用いる検定

対応関係なし	✓ お互いに関連のない（独立な）2つのグループの平均値を比較 男性 vs. 女性	F検定 2つのグループの分散は同じ	t-検定：等分散を仮定した2標本による検定
		2つのグループの分散は違う	t-検定：等分散が等しくないと仮定した2標本による検定
対応関係あり	✓ 同じ対象者から取得したデータの平均値を比較 Aさん → 評価A vs. 評価B		t-検定：一対の標本による平均の検定

▶ 図 8.13.7　t検定の選び方（Excel）

● 効果量「Cohenのd」

✓ 2つのグループ間の平均値の差を、標準偏差で割って標準化した値
✓ 効果量の大きさの評価

0.2	0.5	0.8
小	中	大

$$d = \frac{|\overline{x_1} - \overline{x_2}|}{s_c}$$

$$s_c = \sqrt{\frac{n_1 s_1^2 + n_2 s_2^2}{n_1 + n_2}}$$

$\bar{x}$ ：標本平均
s_c ：標準偏差
s^2 ：分散
n ：サンプルサイズ

効果量を算出することで、サンプルサイズが違う場合の効果の大きさが把握できる

▶ 図 8.13.8　効果の大きさを知りたいときは「効果量」を見る

● 二元配置の分散分析では「交互作用」に注意する

　3つ以上のグループの平均値の差を比較したいときは「分散分析（ANOVA）」を用います。分散分析はいくつの要因（因子）を比較するかで、「一元配置の分散分析」「二元配置の分散分析」などに分かれます。

　一元配置の分散分析は、1つの要因の水準間の平均値の差を比較する検定手法です。商品A、商品B、商品Cの満足度の比較などが代表例です。検定結果が有意の場合は、どの水準間で差があるかを確認する「多重比較」を実施する必要があります。

　二元配置の分散分析は、2つの要因を組み合わせた平均値の差を比較する検定手法です。ポテトの新商品開発において、「食感（シュートリングポテト、クリスピーポテト）」と「味付け（普通味、コンソメ味）」の2要因×2水準の4種類の満足度を比較するなどです。二元配置の分散分析では、図8.13.9に示すように、各要因の単独効果（＝主効果）だけでなく、2つの要因の組み合わせで生じる効果（＝交互作用）を考慮する必要があります。

　図8.13.9の下段に、「職種（2水準）」と「リスク志向（2水準）」の組み合わせと仕事の成果における主効果、交互作用の代表例を掲載しています。

　多くのパターンで、交互作用が発生しています。これはデータ分析においても、重要な示唆を含んでいます。クロス集計では、1要因（＝変数）だけでなく、2要因を組み合わせたクロス軸を設定することが重要です。重回帰分析では、交互作用が想定される場合は、交互作用を説明変数に入れ込むことで、単独の変数では見えなかった効果を分析することができます。

● クロス集計で活用される「カイ二乗検定」

　カイ二乗検定は、クロス集計における検定手法です。ただし、1人の回答が複数セルに存在していないことが前提条件です。具体的には、実際の集計結果（観測度数）と、2つの項目に全く関係がない状態（期待度数）の集計結果を算出し、両者がどれだけかけ離れているかについて、カイ二乗検定（CHISQ.TEST）を実施し、有意かどうかを判定します。

　図8.13.10に、ABテストによる、コンバージョン人数によるカイ二乗検定の結果を掲載しています。2つの施策には有意差があり、施策Bの効果があると判断することができます。

✓ 要因が2つの二元配置の分散分析は、各要因の単独効果(=主効果)だけで
なく、2つの要因の組み合わせで生じる効果(=交互作用)を考慮する

| 全体の効果 | = | 要因1の効果 | + | 要因2の効果 | + | 交互作用 | + | 残差 |

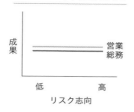

主効果なし、交互作用なし

成果

営業
総務

低　　　　　高
リスク志向

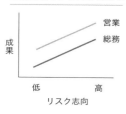

主効果あり、交互作用なし

成果

営業
総務

低　　　　　高
リスク志向

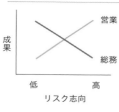

主効果なし、交互作用あり

成果

営業

総務

低　　　　　高
リスク志向

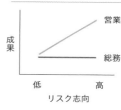

主効果あり、交互作用あり

成果

営業

総務

低　　　　　高
リスク志向

▶ 図8.13.9　二元配置の分散分析は「交互作用」をチェックする

【実際のクロス集計(=観測度数)】

		コンバージョン		
		あり	なし	計
施策	A施策	50	9,950	10,000
	B施策	75	9,925	10,000
	計	125	19,875	20,000

↔

【関係がないと仮定したクロス集計(=期待度数)】

		コンバージョン		
		あり	なし	計
施策	A施策	63	9,938	10,000
	B施策	63	9,938	10,000
	計	125	19,875	20,000

*Aグループ×あり
=125×(10,000/20,000)=62.5

CHISQ.TEST(実測値範囲,期待値範囲) = 0.025

▶ 図8.13.10　カイ二乗検定の実施イメージ

統計的因果推論
（正しく効果を測る）

....

「正しく効果を測る」ことの難しさ

　ビジネスにおいて「施策の効果を測る」ことは重要です。施策の評価を正しく測定することで、過去の施策との比較ができ、次のアクションへの示唆が得られるためです。アンケートでも広告効果測定、キャンペーン効果測定などが多く実施されています。

　アンケートの広告効果測定では、広告投下前後の「事前（プレ）調査」と「事後（ポスト）調査」におけるブランド態度・購入経験のスコア差分から効果を測定するのが理想です。一方で、費用面などの理由から、事後（ポスト）調査だけを実施し、「広告接触者」と「広告非接触者」のスコア差分から広告効果を検証するケースが多く見られます（図8.14.1）。

　実は、広告接触者と広告非接触者のスコア差分から広告効果を検証する場合、正しく効果を測定できていないことが指摘されています。

●「セレクションバイアス」が効果を大きく見せてしまう

　因果推論とは、「実験データや観察データから得られた不完全な情報をもとに、事象の因果効果を統計的に推定していくこと」を言います。

　因果推論の観点では、先ほどの広告接触者と広告非接触者のスコア差分による効果測定の場合、「因果効果（施策による効果）」に加えて、「セレクションバイアス（施策以外の効果）」が混ざっている点が問題になります。

　セレクションバイアスとは「比較する2グループの潜在的な傾向が違うことが原因で発生するバイアス」を言います。広告効果測定の場合、性別、年代、メディア利用時間、カテゴリーへの関与度などがセレクションバイアスを発生させる要因になります（図8.14.2）。

　上記の結果、広告効果測定調査の多くのケースにおいて、広告を実施した効果が過大に評価されることが生じます。セレクションバイアスがある中で、有意差検定を実施しても意味がなくなります。

【理想】

事前調査と事後調査の調査対象条件、設問などを揃えて、結果の差分から効果を測定する

✓ 調査を2回実施すると、コストがかかるな……

✓ 比較してスコア差がつかないと、立場的に困るな……

【よくある現実】

事後調査のみ実施し、広告接触者と広告非接触者の差分から効果を測定する

✓ 広告非接触者よりも広告接触者のほうがブランド評価が高いです！

▶図8.14.1　広告効果測定の「理想」と「よくある現実」

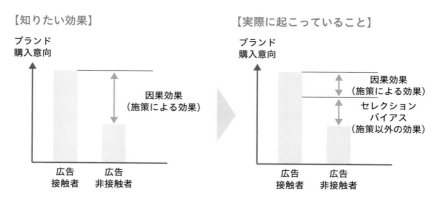

因果効果（施策による効果）とセレクションバイアス（施策以外の効果）が
混ざっており、正しい効果を測定できていない可能性がある

▶図8.14.2　「因果効果」と「セレクションバイアス」

● 理想は「ランダム比較試験（RCT）」。でも、現実的には難しい

　正しい因果効果を測定するための条件を、服薬を例に説明します。服薬の因果効果を測定する場合、1人の人が薬を飲む／薬を飲まない場合の効果を比較できることが理想です。この差が薬の「因果効果」になります。ただし、1人の人が一度薬を飲むと、飲まなかった場合の効果を測定することができません。これを「因果推論の根本問題」と言います。

　また、タバコの喫煙効果を測定するために、タバコを吸う人／吸わない人でグループ分けして分析しようとしても、健康意識や生活習慣などの交絡因子（第3因子）が混じってしまうため、因果効果を正しく推定できないことがあります。これが「セレクションバイアス」です。

　このような問題を解消する1つの方法が「ランダム比較試験（RCT）」です（図8.14.3）。ランダム比較試験とは「対象者をランダムに割付することで、因果効果を正しく評価する手法」を言います。薬の投与の場合は、あるグループには薬を投与（＝処置群）し、別のグループには偽薬を投与（＝対照群）して効果を測定します。マーケティングの世界でも、ABテストとして実施されています。アンケートでも、自宅に試作品を郵送して一定期間使用した後に、商品評価するHUT（ホームユーステスト）では、異なるグループ間で試作品を評価する際は、各グループの同質性を重視します。

　ただし、広告やキャンペーンでは、施策の実施前に、対象者をランダムに割付することができず、施策実施後の観察データで効果を測定することになるため、ランダム比較試験を適用できないといった制約があります。

● 因果推論をもとに「セレクションバイアス」を取り除く

　因果推論とは、比較するグループの同質性を高めることで、セレクションバイアスを取り除き、因果効果を測定していくアプローチです。

　広告接触者など施策を実施したグループ（処置群）、広告非接触者など施策を受けなかったグループ（対照群）の両方に影響を与える交絡因子（第3の要因）を同質化し、比較可能な2グループに調整することで、その差分である「平均因果効果」を算出していきます。交絡因子の調整を通じて、セレクションバイアスを取り除き、因果効果だけを残そうとするのが因果推論の基本的なアプローチです（図8.14.4）。

316

ランダム比較試験（RCT）

対象者をランダムに割付することで、因果効果を正しく評価していく手法

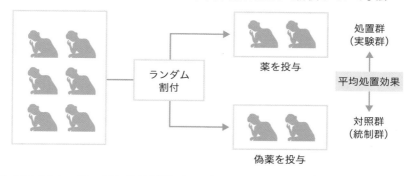

▶図8.14.3　ランダム比較試験（RCT）

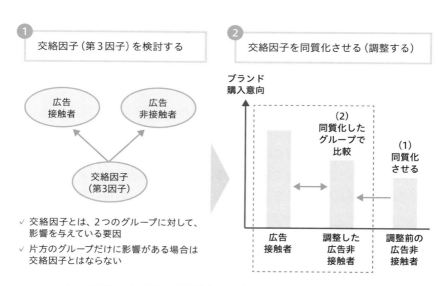

① 交絡因子（第3因子）を検討する

② 交絡因子を同質化させる（調整する）

ブランド
購入意向

(2)
同質化した
グループで
比較

(1)
同質化
させる

広告
接触者

調整した
広告非
接触者

調整前の
広告非
接触者

広告
接触者

広告
非接触者

交絡因子
（第3因子）

✓ 交絡因子とは、2つのグループに対して、影響を与えている要因
✓ 片方のグループだけに影響がある場合は交絡因子とはならない

2つのグループの両方に影響を与える交絡因子（第3因子）を同質化して
比較可能な2グループに調整することで、因果効果を推定していく

▶図8.14.4　因果推論の基本的なアプローチ

●「共変量」のデータ入手状況で、アプローチ方法が異なる

　図8.14.5に、観察データを調整するためのアプローチを整理しています。(1) 同質化させたい交絡因子が「共変量」として入手できるか、(2) 処置前後の結果が入手できるか、が分岐点になります。共変量とは、広告接触などの処置の有無、KPI（ブランド態度、購入意向、購入経験など）以外に取得できるデータを言います。広告効果測定では、性別、年代、居住地、カテゴリー関与度などが該当します。

● 共変量が入手できるときは「傾向スコア分析」「回帰分析」を使う

　共変量となるデータが入手できる場合は、「傾向スコア分析」「回帰分析」をもとに、2つのグループの同質化の処理を実施します。

　傾向スコア分析では、ロジスティック回帰分析を用いて、複数の共変量を1つの指標に統合します（図8.14.6）。回帰式（予測モデル）から、個々の対象者が処置群（広告接触者）になる確率を算出します。この確率を「傾向スコア」と呼びます。この傾向スコアをもとに、傾向スコアの分布が同じになるように処置群と対照群を重み付けする、傾向スコアが近い人同士をマッチングさせるなどを行い、2グループの同質化を図ります。

　回帰分析による効果測定は、交絡因子を説明変数に追加して回帰分析を実施します。回帰分析から得られる回帰係数は、他の説明変数の影響を一定とした場合のそれぞれの説明変数の目的変数に対する影響度を表します。そこで、この回帰係数を因果効果とするアプローチです。どの変数を説明変数に入れるかはバックドア基準で決定します。

● 処置前後の結果が入手できるときは「差の差分法」を用いる

　アンケートの場合、共変量が入手できることが多いですが、共変量が入手できず処置前後の結果が入手できるときは、「差の差分法」が有効です。

　具体的には、図8.14.7に示すように、処置群の「ポスト」（施策実施後）と「プレ」（施策実施前）の結果の平均値の差を取ります（＝差分①）。次に、対照群の「ポスト」と「プレ」の結果の平均値の差を取ります（＝差分②）。最後に、差分①と②の差を取ることで、施策の効果を測る方法です。2つの差分の差分を取ることから、「差の差分法」と呼ばれています。

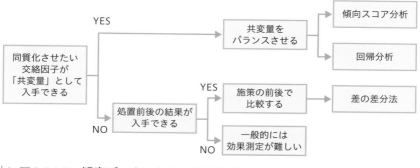

▶ 図8.14.5　観察データにおける因果推論アプローチ

▶ 図8.14.6　傾向スコア分析のイメージ

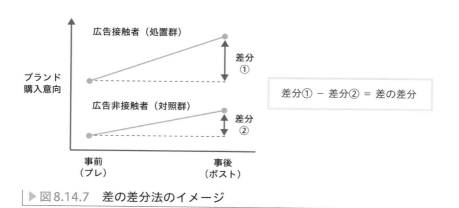

差分① − 差分② = 差の差分

▶ 図8.14.7　差の差分法のイメージ

「たかが推敲、されど推敲」。
自分を批判的に捉える

皆さんは、作成したレポートをどのぐらい推敲していますか？ 筆者は、周囲が驚くほど、作成したレポートを推敲します。今は減りましたが、赤ペンで推敲すると真っ赤になり、ブルーな気持ちになることも多かったです。

現在は、他のデータ分析者のレポートをチェックする機会が多いですが、（1）文章が読みにくい・わかりにくい、（2）視認性の改善余地が大きいレポートによく出会います。その度に、「勿体ない」と感じることが多いです。

文章を推敲すると「シンプルかつ構造化しやすくなる」

筆者が、レポートで「文章が読みにくい・わかりにくい」と感じるのは、（1）文章間の構造・関係性がわかりにくい、（2）一文一義になっていない（接続詞を多用している）、（3）言葉が重複して、冗長になっている、（4）同じ定義なのに、違う言葉が使われている、などの文章が多いです。

人間が文章を書くときは、無意識に冗長になりがちです。そこで、「この文章を読んだ相手がスムーズに理解できるか？」「もっとシンプルにできないか？」と、自分に批判的な立場から、ダメ出しする気持ちで文章を推敲しましょう。その結果、メッセージがシンプルになるだけでなく、自分が伝えたかったことがわかりやすく構造化されていきます。

真実の瞬間ならぬ「3週間後の真実」を意識して視認性を高める

第9章でも説明していますが、筆者は、良いレポートの絶対条件として「見やすいこと」を挙げています。これは分析依頼者の立場から考えるとわかりやすいです。分析依頼者は、データ分析を依頼してからレポート納品まで一定の期間が空きます。一定期間待ちに待った後、「どんな結果だったかな」との期待を胸に、Power Pointなどのファイルを開きます。そのとき、視認性が悪かったら（見づらいと思ったら）、どんな感情を抱くでしょうか？ レポートを読み続けたい気持ちを持続できるでしょうか？

筆者はこの瞬間を、真実の瞬間（顧客とスタッフが接した15秒が顧客満足度に大きく影響すること）を真似て、「3週間後の真実」と呼んでいます（マクロミルでは、調査終了から3週間ほどでのレポート納品が多かったためです）。データ分析者が時間をかけて作成したレポートの評価が、その一瞬に大きく影響されます。まずは「視認性の壁」を突破することが重要です。

第 9 章

【STEP5】
レポーティング
＆プレゼン

本章では、データ分析の最後のステップである
「【STEP5】分析結果＆結論をわかりやすく伝える」に
ついて説明していきます。「【STEP4】データの比較を
通じて解釈する」を通じて、データ分析で解くべき問
い（イシュー）に対する結論、提案の方向性が見えて
きました。ただし、どれだけ優れたデータ分析を行っ
ても、読み手にその価値が伝わらないと意味がありま
せん。本章では、PowerPointを想定したレポーティ
ング、プレゼンのポイントについて説明します。

良いレポートの条件とは？

レポート・プレゼンでよくある風景
「情報を詰め込みすぎて伝わらない」

　「【STEP4】データの比較を通じて解釈する」を通じて、今回のデータ分析で解くべき問い（イシュー）に対する結論、提案の方向性が見えてきました。ただし、どれだけ優れたデータ分析を行っても、読み手にその価値が伝わらないと意味がありません。

　データ分析者は、何度もクロス集計して結果を読み込んだ立場から、「集計・分析した過程をすべて掲載しよう」「この集計表は優先度が低いが、無難に掲載しておこう」など、レポートに情報を詰め込む傾向があります。

　そのレポートをもとに報告会を実施すると、初めて結果を聞く分析依頼者や関係者は「情報量が多くて、よくわからない」「なぜ、その内容がそこにあるの？」「結局、結論は何なの？」といった状況に陥りやすくなります（図9.1.1）。

　情報量の増加は注意力の散漫をもたらします。情報を詰め込みすぎると、視認性が悪化し、分析結果の理解度が低下します。分析依頼者が知りたい「分析目的・課題に対する結論とその根拠」に情報を絞る勇気が必要です。

● 良いレポート＝「見やすい」×「納得感のあるストーリー」

　本書では、良いレポートを「見やすいことを絶対条件に、納得感のあるストーリー展開がされているレポート」と定義します（図9.1.2）。

　レポートは「見やすいことが絶対条件」です。どんなに内容が良くても見にくいものは読まれないと認識し、不要な情報を削除します。

　また、レポートは「ストーリーがある」ことが重要です。解くべき問い（イシュー）に即して、相手の疑問に答えるようなストーリー展開になっていると、読み手（聞き手）のストレスが少なくなります。

　最後の条件は「分析に納得感がある」です。メッセージに即したグラフを

作成し、観察の So What? ができていることが大前提です。そして、洞察の
So What?（解釈・洞察）と今後の提案が連動していることが大事です。

- ✓ 集計・分析した過程をすべて掲載したほうがいいのでは？
- ✓ この集計表は優先度が低いけど、無難に掲載しておこう……

＜報告会＞

データ分析者

情報量いっぱいのレポート

- ✓ 情報量が多くて、よくわからない……
- ✓ なぜ、視点が違う内容がここにあるの？
- ✓ 結局、結論は何なの？

- ✓ 集計表が小さいのですが、ここのスコア
  を見ると……
- ✓ ちょっと話が変わりますが、こんな集計も
  してみました……

分析依頼者　　　　聴衆者

▶ 図 9.1.1　レポート作成・プレゼンでよくある風景

良い分析レポート ＝ 「見やすい」 × 「納得感のあるストーリー」

1　見やすい
- ✓ レポートは見やすいことが絶対条件
- ✓ 内容が良くても、見にくいものは読まれない
  と認識する

2　ストーリー がある
- ✓ 分析目的・課題に即したストーリーである
- ✓ 相手の疑問に答えるようなストーリーで、読
  み手のストレスが少ない

3　分析に納得感がある
- ✓ 適切なグラフをもとに、観察の So What? が
  できている
- ✓ 解釈・洞察を踏まえた提案になっている

▶ 図 9.1.2　良いレポートの条件

レポートの構成

「分析概要」「サマリー」「エグゼクティブサマリー」の3本柱

　図9.2.1の上段に、レポートの体系図を掲載しています。レポートは、(1) データ分析で明らかにすべき点を整理する「分析概要」、(2) 分析目的・課題に対する結果を提示する「サマリー」(複数ページから構成される)、(3) 結果のまとめ、今後に向けた提案を提示する「エグゼクティブサマリー」から構成されます。

　レポートの構成で意識すべきは、「分析目的・課題に応じて、サマリーの構成やページの順番が決まる」という点です。データ分析の経験が浅い場合、集計順や質問順などで構成してしまい、分析依頼者が知りたい順番と一致していないという勿体ない状況が多く見られます。

● レポート構成は「エグゼクティブサマリー」の位置が大事

　図9.2.1の下段に、レポート構成のイメージを掲載しています。レポートの体系図の流れがベースになりますが、「最初と最後にエグゼクティブサマリーを置く」ことがポイントです。

　エグゼクティブサマリーを最初に置く理由は、(1) 時間がない役職者がこの部分を読めば全体像を把握できる、(2) 最初に結論がわかると、残りのページを答え合わせのように聞くことができるため理解度が高まる、(3) 最初に結論を伝えているため、優先度が低いページの説明を割愛できる、などのメリットがあるためです。

　一方、後半のエグゼクティブサマリーは、冒頭と同じ「結果のまとめ」を用いて、参加者の頭を再整理します。データ分析者と参加者の前提を揃えた後に、「今後に向けた提案」を話すことで、提案の納得度が高まります。

　なお、分析概要のページ数が多い場合は、優先度が低いページ(データ定義など)をAppendixに移動するようにしましょう。

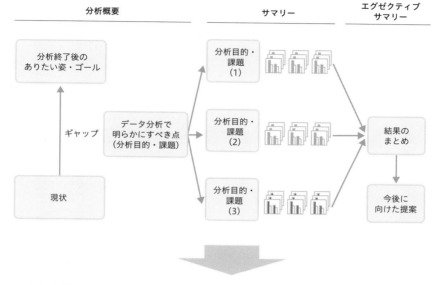

レポートの体系図

分析概要　　　　　　サマリー　　　　エグゼクティブ
　　　　　　　　　　　　　　　　　　　サマリー

分析終了後の
ありたい姿・ゴール

ギャップ

データ分析で
明らかにすべき点
（分析目的・課題）

現状

分析目的・
課題
（1）

分析目的・
課題
（2）

分析目的・
課題
（3）

結果の
まとめ

今後に
向けた提案

レポート構成

表紙	
目次	
分析概要	与件整理（ビジネス課題、分析目的・課題の整理）
	実施概要（アプローチ、対象者条件、対象者属性など）
分析結果	エグゼクティブサマリー（結果のまとめ）
	サマリー（分析目的・課題（1）に対応）※複数ページから構成
	サマリー（分析目的・課題（2）に対応）※複数ページから構成
	サマリー（分析目的・課題（3）に対応）※複数ページから構成
	エグゼクティブサマリー（結果のまとめ）※再掲
	エグゼクティブサマリー（今後に向けた提案）
	グラフ集
Appendix（調査画面・付随資料）	

・レポートの枚数が少ないときは、後半のエグゼクティブサマリーを前半に統合することもあります。

▶ 図9.2.1　レポートの体系図とレポート構成

レポートの作成（与件整理、ストーリーライン）

レポートの作成ステップ

　図9.3.1に、レポートの作成ステップを掲載しています（STEP4と一部重複しますが、全体を理解するために掲載しています）。

　レポート作成の出発点は「目的・仮説の再確認」です。図9.2.1の「分析概要」の構成要素である「現状」「分析終了後のありたい姿・ゴール」「データ分析で明らかにすべき点（＝分析目的・課題）」をもとに、「分析概要（与件整理）」を最初に作成します。

　分析概要の作成後は、集計結果をもとに「仮説検証・深掘り」を実施し、「ストーリーライン」を固めます。その後、ストーリーラインに沿って「チャート（グラフ・図解）」を作成し、「サマリー」「エグゼクティブサマリー」を仕上げます。最後に、「推敲」してレポートを完成させます。

「与件整理」の書き方次第で、その後の精度が決まる

　良いレポートの条件に「ストーリーがある」と説明しました。ストーリーの成否を決めるのは、「与件整理」で記載する「分析目的・課題」です。レポートの作成途中に作成する方が多いですが、最初に作成すべきです。

　与件整理は「分析実施の背景」と「分析目的・課題」の2つのブロックから構成されます（図9.3.2）。

　分析実施の背景では、（1）現状（業績、部署／担当者ミッション）、（2）問題・ギャップの発生状況、（3）今回のデータ分析で実現したい姿・ゴール（分析結果の活用シーン）、を記載して現状を整理します。

　分析目的・課題では、問題・ギャップを埋めるために、データ分析で明らかにすべき点を記載します。この書き方がポイントです。「○○分析（例：顧客特性分析）」と記載する方が多いですが、間違っています。分析は手段であり、何を明らかにすべきかが曖昧になりがちです。問い（イシュー）を疑問

形で考えながら「○○の明確化」「○○の検証」「○○の把握」などと体現止めで表現します。

「分析目的・課題」への答えが「エグゼクティブサマリーの結論」になります。エグゼクティブサマリーの「テーマ」を想像しながら、複数の切り口に分解することが重要です（図9.6.3参照）。この書き方次第で、その後の流れが決まります。

▶ 図9.3.1　分析結果＆結論をわかりやすく伝えるステップ

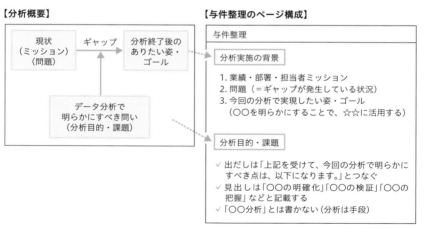

▶ 図9.3.2　「分析概要」と「与件整理のページ構成」

「結論」を考えて、「ストーリーライン」を固める

　分析概要の作成が終わった後は、集計結果をもとに、分析目的・課題に対する仮説を検証していきます。詳細は7.11で説明していますが、目的を強く意識し、データとデータをつなぎ合わせながら、頭に絵が描けるまで観察のSo What? を積み上げることが重要です。その後、洞察のSo What? を通じて、分析目的・課題に対する仮の結論を固めます。

　仮の結論が固まった後は、結論を説明していくための「サマリーのストーリーライン」を作成します。図9.3.3に示すように、サマリーは、分析目的・課題に対する結果を複数ページで説明していくものです。具体的には、縦の論理を意識して、各ページの「タイトル」「結論」「チャートイメージ」を作成していきます。このタイミングで、エグゼクティブサマリーで伝えたい内容も書き出しておくと、この後の作業がスムーズになります。

　サマリーのストーリーラインを作成する際は、（1）自分がプレゼンするシーンを想定して作成する、（2）聞き手との会話（自分が説明したときに、相手が抱く気持ち・評価）を想像しながら作成する、（3）接続詞（なので、かつ、つまり、一方で）の部分でページを分割する、ことを意識すると奇麗な流れになりやすいです。

● 根拠の説明は「帰納法」もしくは「演繹法」でストーリー展開する

　問い（イシュー）に対する結論の根拠の展開方法は、「帰納法」もしくは「演繹法」を意識することが大事です（図9.3.4）。

　帰納法とは「複数の事実・根拠等を並べて、結論を導き出す推論法」を言います。ここでは、3Cの観点から整理しています。演繹法とは「前提となるルールに、物事をあてはめて、あてはまるか、あてはまらないかで結論を導き出す推論法」を言います。図9.3.4では、「空→雨→傘」を想定した「事実→解釈・洞察→行動・提案」の展開例を掲載しています。

　ストーリーラインを作成するタイミングで、帰納法・演繹法をもとに、論理が破綻していないか（依頼者が疑問を持たないか、反論を受けないか）を意識します。最初から帰納法・演繹法で整理するのではなく、論理のチェック用として活用し、必要に応じて修正していくのがポイントです。

サマリースライド例

主要ブランドのファネル比較

自社は「店頭接触率の歩留まり」に
課題がある

自社	認知	店頭	購入
競合A			
競合B			

主要ブランドのイメージポジション

自社は、競合と比べて、特徴的な
イメージは見られない

ポジショニングマップ

数表

サマリースライドの作成ステップ

ページタイトルを疑問形で考える
- ✓ 「〇〇はどうなっているのか?」と疑問形で考える
- ✓ レポートのタイトルは「体言止めもしくは名詞で終わる」
  - ×:売上の減少　〇:売上の推移

タイトルに対する「結論」を書く
- ✓ 疑問に対する結論を「事実ベース」で50文字以内を目安に文章にする
- ✓ 考察は、エグゼクティブサマリーで書くため、基本は入れない

「結論」をサポートするチャートを考える
- ✓ 結論の根拠となるチャート(グラフ・図解)を考える
- ✓ 比較方法に合わせたグラフを設定する

接続詞で次ページにつなぐ
- ✓ 自分がプレゼンをするシーンを想定して作成する
- ✓ 「なので」「一方で」「また、別の視点では」などの接続詞でページを分割する

▶ 図9.3.3　サマリーの「ストーリーライン」を作る

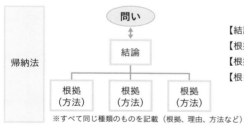

帰納法

【結論】自社は〇〇市場に参入すべきである

【根拠】〇〇市場は拡大が予想されている

【根拠】〇〇市場に参入している競合は少ない

【根拠】自社の技術は〇〇市場で非常に優位性がある

※すべて同じ種類のものを記載(根拠、理由、方法など)

演繹法

【結論】　　自社は〇〇市場に参入すべきである

【事実】　　〇〇市場は拡大が予想されているが、参入できる技術を持つ企業は自社以外に少ない

【解釈・洞察】〇〇市場に参入すれば、自社は大きなシェアをとれる可能性がある

【行動・提案】自社は〇〇市場に参入すべきである

※マッキンゼーの「空・雨・傘」のイメージ

▶ 図9.3.4　「帰納法」「演繹法」でストーリー展開する

レポートの作成 （グラフ・図解作成）

メッセージによって、採用するグラフの種類が変わる

　ストーリーラインを固めた後は、チャート（グラフ・図解）を作成します。図9.4.1に示すように、伝えるメッセージで採用するグラフが変わります。グラフは、(1) 比較方法からグラフを決める、(2) 軸・項目の順番を決める、(3) 色、補助線、オブジェクトで強調する、の3ステップで作成します。

● (1) 比較方法からグラフを決める

　比較方法が決まると、作成するグラフも決まります。比較方法には「構成要素比較」「項目比較」「時系列比較」「分布比較」「相関比較」の5つがあります（図9.4.2）。

　構成要素比較とは「構成比を比較する」ことです。基本は「積み上げグラフ」もしくは「横帯グラフ」を使います。円グラフは分析軸間の比較がしにくいため、基本的に使いません。

　項目比較とは「独立したデータを比較する」ことです。項目名（選択肢）が長い／ランキングを見せたいときは「横棒グラフ」、数表とセットで使うときは「縦棒グラフ」が適しています。加えて、複数の軸があるときは、縦棒グラフと折れ線グラフの「複合グラフ」も有効です。

　時系列比較とは「時系列データを比較する」ことです。時間軸が長い／複数の軸を比較するときは「折れ線グラフ」、プロセスを表現するときは「縦棒グラフ」、構成比の時系列は「積み上げグラフ」が適しています。

　分布比較とは「データの出現頻度を比較する」ことです。「ヒストグラム（縦棒グラフ）」が基本ですが、複数の軸を比較したいときは「折れ線グラフ」を使うことがあります。

　相関比較は「2つのデータの相関を比較する」ことです。量的データ同士の場合は「散布図」、質的データがある場合は「折れ線グラフ」「積み上げグラフ」が活用しやすいです。

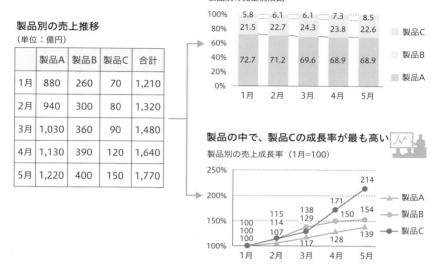

製品別の売上推移

（単位：億円）

	製品A	製品B	製品C	合計
1月	880	260	70	1,210
2月	940	300	80	1,320
3月	1,030	360	90	1,480
4月	1,130	390	120	1,640
5月	1,220	400	150	1,770

自社の売上高への貢献度が大きいのは製品Aである

製品別の売上構成比

	1月	2月	3月	4月	5月
製品C	5.8	6.1	6.1	7.3	8.5
製品B	21.5	22.7	24.3	23.8	22.6
製品A	72.7	71.2	69.6	68.9	68.9

製品の中で、製品Cの成長率が最も高い

製品別の売上成長率（1月=100）

製品A：100、107、117、128、139
製品B：100、114、129、150、154
製品C：100、115、138、171、214

▶ 図9.4.1　グラフは「メッセージに合わせて変わる」

	積み上げグラフ	横帯グラフ	縦棒グラフ	横棒グラフ	折れ線グラフ	散布図
構成要素比較（構成比を比較）	■	▤				
項目比較（独立データを比較）			▥	▦	▨	
時系列比較（時系列を比較）	▥		▤		✕	
分布比較（出現頻度を比較）			▦		◠	
相関比較（2つの相関を比較）	▥				✕	⁚

▶ 図9.4.2　比較方法をもとにグラフを決める

●（2）軸・項目の順番を決める

　グラフを作成した後は、図9.4.3に示すように、メッセージに合わせて軸や項目の順番を決めます。具体的には、自社→競合、認知度が高いブランド順に「分析軸の順番を変える」、スコアが大きい順に「項目（選択肢）を降順ソートする」、ロイヤル顧客と一般顧客の違いを見せるために「両者の差分（スコア差）が大きい順に降順ソートする」などがあります。

●（3）色、補助線、オブジェクトで強調する

　最後のステップは、強調すべき箇所を「色、補助線、オブジェクト」で目立たせます。図9.4.4に示すように、「色を付ける」「補助線を引く」「オブジェクトを入れる」を活用して、伝えたい内容を補強します。

　これらの強調がない場合、グラフのどこを見るか、どのように解釈するかは読み手次第になります。その結果、自分の主張とは異なる解釈を持たれる、優先度が低いところで反論されるなどの可能性が高くなります。

　（2）（3）のステップは、読み手の解釈を助けるだけでなく、スムーズなプレゼンには必要不可欠です。手間がかかる作業ですが、「神は細部に宿る」です。細かい部分まで意識しましょう。

●「主従関係を明確にする」ことで、グラフの視認性を高める

　グラフの視認性を高めるには、「主従関係」を明確にして、不要な情報を徹底的になくすことが重要です。具体的には、不要である／優先度が低い「背景色」「補助線」「罫線」をなくす・薄くすることで、自然にグラフや数値に目が行くようにします。

　図9.4.5の左側は罫線や補助線に目が行きますが、右側はグラフと数値に視線が行きやすくなります。筆者は「色や線も立派な情報である」とアドバイスすることがあります。それらを削除して「意図的に空白を作る」ことが視認性を高めるためのポイントです。

　「グラフの色」も主従関係を意識しましょう。プロセスを示すときは、左側から右側に「同系色の薄い色から濃い色」を設定します。また、棒グラフ（全体）と折れ線グラフ（クロス軸・分析軸）の複合グラフを使う際は、棒グラフの色が濃くなりすぎないように工夫します。

自社商品のイメージが高い項目を伝えたい

▶ 図9.4.3　メッセージに合わせて「軸・項目の順番を変える」

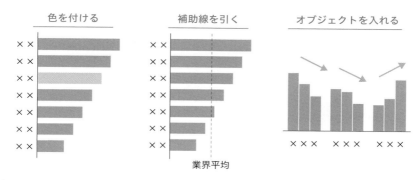

▶ 図9.4.4　色、補助線、オブジェクトで強調する

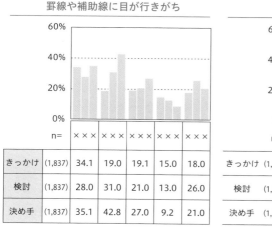

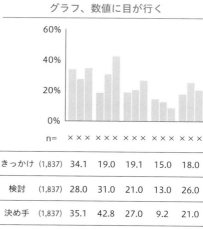

▶ 図9.4.5　「主従関係を明確にする」ことで、グラフの視認性を高める

●「目盛りの上限」を意識して、読み手を誤解・混乱させない

　読み手を誤解・混乱させないためにも、グラフの「目盛りの上限」は注意が必要です（図9.4.6）。

　図9.4.6の左側のように、最も高い数値が30％の棒グラフで、目盛りの上限を40％に設定した場合、人によっては70％のような感覚を持ってしまいます。「目盛りを確認すればわかるのではないか」「そのために数表があるのではないか」と思う方がいるかもしれませんが、読み手が誤解する可能性がある段階で失格です。読み手に間違ったメッセージを伝えないためにも、誤解のない範囲で上限を設定することが重要です。

　一方で、目盛りの上限を常に100％にすると、項目間の違いが見えにくくなります。筆者は、図9.4.6の右側のように、グラフで最も高い数値（例：30％）に20ptを加算して、その次にくる偶数の10％刻みの値（60％）を上限に設定することが多いです。これにより、誤解を減らせるだけでなく、凡例スペースの確保、空白へのオブジェクトの追加がしやすくなります。

● 数表にも「ハッチング」して、メッセージを補強する

　レポートには、グラフに加えて、数表を掲載することが多いです。数表にも強調すべき箇所をハッチングし、伝えたい内容を補強することが重要です。

　ハッチングには、（1）縦方向にハッチングする、（2）横方向にハッチングする、（3）特定の値の範囲でハッチングする、の3種類があります。

　図9.4.7に、横方向、縦方向にハッチングした例を掲載しています。縦方向へのハッチングは、全体（特定の行）を基準に、どのクロス軸（分析軸）のスコアが高い・低いかを伝えたいときに活用します。

　一方、横方向へのハッチングは、ブランドイメージなどの順位、プロセスごとの順位、時間帯などの順位など、行単位で大きさ（順番）を伝えたいときに活用します。

　Excelの「カラースケール」を使うと、自動的に数値の濃淡を表現できます。その一方で、色が多すぎて、どの部分が大事なのか、どこを見てほしいのかが曖昧になるケースも多く見られます。ハッチングも立派な情報です。Excelに任せるのではなく、データ分析者として、自分の明確な意思を持って設定することが重要です。

スコア上限と目盛り上限の値が近い

充電の減りが早い	画面が小さく見づらい	専用の充電器が必要	操作がしづらい	着け心地が悪い	精度が低い
30.1	22.2	19.9	18.8	18.1	15.1

✓ 30%を70%のように感じさせる可能性がある

スコア上限と目盛り上限の値を離す

充電の減りが早い	画面が小さく見づらい	専用の充電器が必要	操作がしづらい	着け心地が悪い	精度が低い
30.1	22.2	19.9	18.8	18.1	15.1

✓ 左側のような誤解を減らし、空白に凡例やオブジェクトを追加しやすくなる

▶ 図9.4.6 「目盛りの上限」を意識して、読み手を誤解・混乱させない

縦方向にハッチング

全体（特定の行）を基準に、ハッチングする
例：年代別に、サービス利用理由に違いがあるかを見る

n=30以上の場合

[比率の差]
全体 +10pt
全体 +5pt
全体 -5pt
全体 -10pt

	n=	利用に応じてポイントが貯まる	貯まったポイントを決済時に利用できる	不正利用された際に補償される	スマホで決済ができる	利用明細が即時で反映される	即時に利用したことが通知される	個人間送金や割り勘ができる
全体	(2,119)	58.7	54.5	51.3	45.1	34.1	29.4	17.8
15～19歳	(156)	48.7	44.2	44.2	56.4	24.4	32.7	32.7
20～29歳	(314)	57.3	50.0	43.0	48.4	30.6	26.4	30.6
30～39歳	(358)	58.1	57.8	43.9	47.5	35.2	25.1	17.6
40～49歳	(466)	60.9	57.3	51.5	46.4	32.6	30.5	14.4
50～59歳	(426)	60.8	53.5	57.3	46.2	35.2	30.3	14.3
60～65歳	(399)	59.1	56.6	60.9	33.3	40.1	32.3	9.8

（年代別）

行単位で、スコアが高い順にハッチングする
例：アルコール飲料の選び方に違いがあるかを見る

各項目ごとの順位
n=30以上の場合

1位
2位
3位

	n=	のどを潤すため	味がすっきりしているから	飲みやすいから	気軽に飲めるから	何杯も飲むため	甘いから	時間をかけてゆっくり楽しめるから	酔えるから	酔わずに済むから	料理と合うから
生ビール	(2,495)	49.7	21.8	31.7	32.6	15.4	1.8	3.3	8.0	2.1	17.1
ノンアルコールビール	(368)	21.2	9.8	16.0	20.7	10.3	5.7	6.0	1.0	30.2	6.3
ワイン	(1,452)	6.7	6.9	21.6	15.6	8.7	4.4	20.6	11.1	1.4	39.7
焼酎	(1,121)	8.5	10.2	21.5	19.5	13.4	2.2	17.7	17.4	3.0	17.3
日本酒	(1,175)	5.0	6.7	14.7	11.4	6.2	2.6	25.3	19.6	2.0	35.2
果実酒（梅酒など）	(1,166)	9.0	10.3	41.9	24.9	10.5	30.1	8.8	6.7	3.9	6.0
チューハイ	(1,629)	14.5	14.9	41.1	33.1	14.0	14.9	5.3	6.1	4.5	6.6
ハイボール	(1,054)	18.1	20.6	34.2	26.4	13.7	3.1	6.6	11.0	3.0	10.8

横方向にハッチング

▶ 図9.4.7 数表に「ハッチング」してメッセージを補強する

第9章 【STEP5】レポーティング＆プレゼン

4つの「図解パターン」を使いこなす

　レポートでは、図解を使って整理・表現することがあります。図9.4.8に示すように、図解は「連関図」「フロー図」「樹形図」「マトリクス図」の4つのパターンに分かれます。

　連関図は「物事の因果関係を説明する図解」です。3C分析で情報を整理する、特定の要因が複数の要因に影響を及ぼしている、因果関係のループを表現するときなどに活用します。

　フロー図は「物事の流れを説明する図解」です。データ分析のアプローチ、カスタマージャーニーなどを作成するときに活用します。

　樹形図は「上流から下流に向かって説明する図解」を言います。売上増加施策を「新規顧客の獲得」「既存顧客の維持」に分類し、それぞれ対応策を整理するときなどに活用します。また、未認知顧客からロイヤル顧客の顧客ピラミッドを作成し、それぞれ特徴を整理する使い方も多いです。

　マトリクス図は「縦横に意味を持たせて説明する図解」です。複数の施策案のポジティブ・ネガティブ評価の比較、ブランドのイメージポジション、自社と競合利用者の比較表などで活用します。

● エグゼクティブサマリーも「図解」で構造化する

　エグゼクティブサマリーは、文章による記述が多くなるため、読み手の負担が増える傾向があります。そのため、フロー図や樹形図などをもとに構造化することで、読み手の負担を軽減させることが重要です。

● 図解は「人間の感覚に逆らわない」ことが大事

　図解を作成するときは、人の視線（左上→右下）に沿って配置します。人間が資料を見るときは、図9.4.9の左側に示す矢印に沿って情報を把握するため、この流れに沿って配置していくのが基本です。

　また、人間は「距離が近いものを1つのグループとして認識する」という近接の要因を持っています。図9.4.9の右側に示すように、オブジェクト間の距離次第で、1グループもしくは2グループと表現することができます。図解は人間の感覚に逆らわないことが大事です。

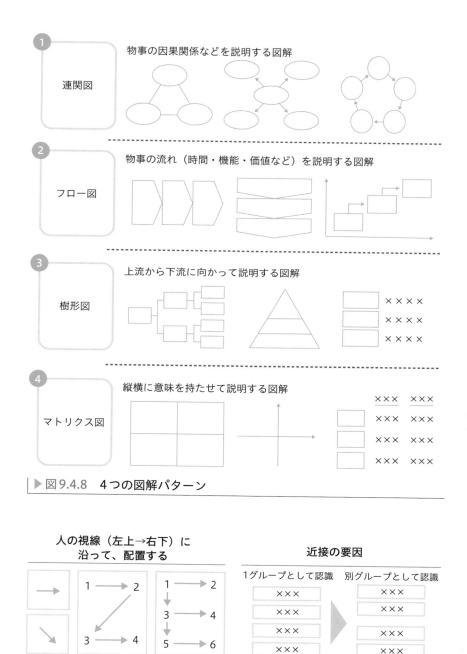

① 連関図　物事の因果関係などを説明する図解

② フロー図　物事の流れ（時間・機能・価値など）を説明する図解

③ 樹形図　上流から下流に向かって説明する図解

　× × × ×
　× × × ×
　× × × ×

④ マトリクス図　縦横に意味を持たせて説明する図解

　× × ×　× × ×
　× × ×　× × ×
　× × ×　× × ×
　× × ×　× × ×

▶ 図9.4.8　4つの図解パターン

人の視線（左上→右下）に沿って、配置する

1 → 2
3 → 4

1 → 2
↓
3 → 4
↓
5 → 6

近接の要因

1グループとして認識
　× × ×
　× × ×
　× × ×
　× × ×

別グループとして認識
　× × ×
　× × ×

　× × ×
　× × ×

▶ 図9.4.9　人間の感覚に逆らわない図解にする

9.5 レポートの作成 （サマリー作成）

サマリーページの「構成要素」を理解する

チャートの作成が終わった後は、「サマリー」を仕上げていきます（図9.2.1のレポート構成で、エグゼクティブサマリーに挟まれている部分です）。

図9.5.1に、サマリーページの構成要素・レイアウト、各要素の文章イメージを掲載しています。

ページタイトルは、このページで答えるべき「問い（イシュー）」です。「自社の市場浸透度はどうなっているのか？」など、疑問形で考えながら、スライド上は体言止めで記載します。

メッセージ（結論：Top Line）は、問いに対する「結論」です。観察のSo What? を意識し、事実ベースで、50文字以内を目安にまとめます。考察は、エグゼクティブサマリーで記載するため、基本的に書かないようにします。ただし、エグゼクティブサマリーで伝えたいポイントを余白などに書いておくと、この後の作業がスムーズになります。

コメント（結果）は、チャートから読み取れる事実を、数値や統計用語を踏まえて記載したものです。作成しないケースもありますが、チャートのどこを見るべきかの指針になるため、基本は書いたほうがよいでしょう。

チャート（グラフ・図解）は、メッセージに即して作ります。グラフは比較方法から適したものを採用し、詰め込み過ぎないようにします。

● サマリーページは「縦の論理」を意識して作成する

サマリーページは「縦の論理」を意識して作成することが重要です。「問い」に対する「結論」をメッセージ（結論：Top Line）で記載し、その根拠を「コメント」「チャート」で表現していきます（図9.5.2）。

筆者は「ページタイトルとメッセージ（結論：Top Line）を読むだけで、レポートの全体像が掴めることが理想。掴めない場合は、結論の書き方が悪い、もしくは1枚の情報量が多すぎる」と指摘することが多いです。

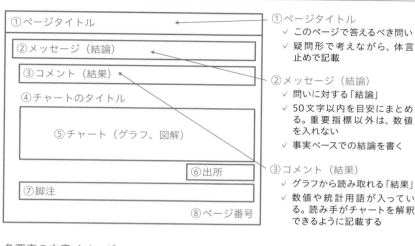

各要素の文章イメージ

【問い】自社の市場浸透度はどうなっているのか？

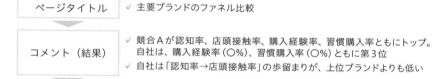

| ページタイトル | ✓ 主要ブランドのファネル比較 |

| コメント（結果） | ✓ 競合Aが認知率、店頭接触率、購入経験率、習慣購入率ともにトップ。自社は、購入経験率（○%）、習慣購入率（○%）ともに第3位
✓ 自社は「認知率→店頭接触率」の歩留まりが、上位ブランドよりも低い |

| メッセージ（結論） | ✓ 自社の習慣購入率は第3位。売上を上げるには「店頭接触率の歩留まりの改善」が必要である |

▶ 図9.5.1　サマリーページの構成要素

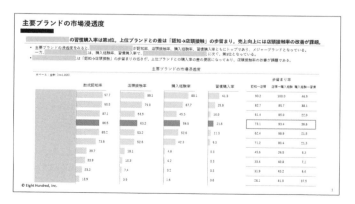

▶ 図9.5.2　サマリーページのイメージ

「メッセージ（結論：Top Line）」の書き方

　メッセージ（結論：Top Line）は、問いに対する「結論」です。時々、メッセージがなく、コメント（結果）だけを記載しているレポートを見かけますが、メッセージは書くべきです。その理由は、コメントは数行にわたるため理解に時間がかかるからです。読み手が知りたいのは、データ分析者が辿ってきた集計・分析過程ではなく、そこで抽出したメッセージです。

　メッセージは、観察のSo What? を意識して、事実ベースで記載し、1行（50文字以内）で収まるように書きます。筆者は、最初は1行を超える分量を具体的に書き、その後、不要な語句や重複箇所の削除、グルーピングや要約を通じて、1行に収めています。

　筆者の実務経験から、メッセージの書き方は、大きく、（1）並列型、（2）要素組み合わせ型、（3）全体（自社）＋詳細型、（4）全体（自社）＋別論点追加型、（5）全体（自社）＋課題・考察型、の5つに分類されます（図9.5.3）。最後の課題・考察型を書くときは、事実から確実に言えること（反論されにくいこと）を書くようにします。

　メッセージで意識すべき点は、「読み手が絵を思い浮かべられるように具体的に書く」「大事な数字をざっくり入れて、読み手がイメージしやすくする」「1文で書かない（文章を区切る）」ことです。メッセージの精度が、エグゼクティブサマリーの精度に比例していきます。

◉ わかりやすい文章とは「サーっと読めて、ポイントを得ている文章」

　筆者は、わかりやすい文章を「サーっと読めて、ポイントを得ている文章」と定義しています。図9.5.4に、わかりやすい文章を書くためのポイントを掲載しています。最も大事なことは「1文を短くして、1つの事柄に絞る」ことです。接続詞が多い文章は、説得力が高そうに見えますが、理解度を下げるだけです。また、主語と述語、修飾語と被修飾語を近づける、程度を表す形容詞は使わない、事実と解釈・考察は区別するなど、「誤解されない文章」を意識することが重要です。

　最初に書いた文章は、重複かつ冗長になりがちです。自分が書いた文章に「ダメ出しする」前提で、不要な語句や文章の削除、同じ言葉の括りだし、音読して詰まった部分を中心に修正していきます。

340

1 並列型

全体、セグメント、時系列の傾向を並べて記載する
- ✓ 年代が下がるほど「〇〇」、上がるほど「☆☆」が高まる傾向
- ✓ メインターゲットは「〇〇」、サブターゲットは「☆☆」

2 要素
組み合わせ型

複数の要素を組み合わせて、1つのストーリーを作成する
- ✓ ロイヤル顧客は「〇〇、☆☆、××」する傾向が強い□□志向層
- ✓ 自社購入者は「〇〇をきっかけに、☆☆を求めて購入する」層が多い

3 全体（自社）
＋
詳細型

全体（自社）の傾向を記載した後に、特徴があるセグメントを記載する
- ✓ 全体では「〇〇」「☆☆」が上位。特に、ヘビー層で「××」する傾向
- ✓ 自社購入者は「〇〇」「☆☆」が強い。高価格帯購入者は「××」の傾向

4 全体（自社）
＋
別論点追加型

全体（自社）の傾向を記載した後に、反対の動きをする特徴を記載する
- ✓ 全体では「〇〇」「☆☆」が減少している。一方、「××」は増加傾向
- ✓ 自社では「〇〇」「☆☆」が中心も、一部で「××」の傾向が見られる

5 全体（自社）
＋
課題・考察型

全体（自社）の傾向を記載した後に、課題や考察を記載する
- ✓ 自社の浸透度は「〇〇〇」「☆☆☆」。「×××」の改善が今後の課題
- ✓ 自社購入者は「〇〇〇」「☆☆☆」が中心。「×××」に伸びしろ

▶ 図9.5.3　メッセージ（結論：Top Line）の書き方パターン

1 簡潔な文章を書く

- ✓ 1文を短くして、1つの事柄に絞る

2 誤解されない
（わかりやすい）
文章を書く

- ✓ 主語と述語を近づける
- ✓ 漢字とひらがなの割合を「3:7」にする
- ✓ 個人で基準が異なる程度を表す形容詞は、原則使わない
- ✓ 「の」を3回以上連続して使わない

3 事実（ファクト）と
解釈・考察は
区別する

以下の2パターンのいずれかを使う
- ✓ 事実と解釈・考察のブロックを分ける
- ✓ 述語を使い分けて区別する
  例：事実「～である」、解釈・考察「～と考えられる」

4 文章を「推敲」する

- ✓ 不要な語句や文章を削除する
- ✓ 同じ言葉が繰り返される部分を括りだす
- ✓ 音読して詰まる箇所を改善する

▶ 図9.5.4　わかりやすい文章を書くポイント

レポートの作成（エグゼクティブサマリー、推敲）

エグゼクティブサマリーは「分析目的・課題に対する結論」

　エグゼクティブサマリーは、分析目的・課題に対する結論を整理し、解釈・洞察を踏まえて今後の提案を記載します。「エグゼクティブサマリー＝1枚」のイメージがありますが、数枚にまたがることが多いです。

　エグゼクティブサマリーは、このページを読んだだけで、レポートの全体像が掴めるように記載することが重要です。時々、サマリーの「メッセージ（結論：Top Line）」「コメント（結果）」をコピペしただけのエグゼクティブサマリーを見かけますが、ストーリー性・具体化を意識して、ゼロから書き上げることが大原則です。

● データ分析者の「解釈・洞察」を大事にする

　エグゼクティブサマリーは、【STEP4】で整理した「事実（空）→解釈・洞察（雨）→行動・提案（傘）」を意識して作成します。筆者は、この中で「解釈・洞察」が一番重要であると認識しています（図9.6.1）。

　解釈・洞察が大事な理由は、（1）分析依頼者は、全ての集計結果を見ているわけではなく、分析者が感じた「直感・想い」を知りたい傾向が強い、（2）解釈・洞察が幅広く深いほど、提案の方向性が豊富になる、（3）解釈・洞察などの「背景」が豊富だと、「○○も有効ではないか？」といった分析依頼者の発想が広がる、といった利点があるためです（図9.6.2）。

　データ分析者から「今後の提案がありきたりで悩んでいる」といった相談をよく受けます。データ分析したら、業界のプロである分析依頼者が思いもつかない提案（施策）が必ず出てくるわけではありません。「行動・提案」勝負ではなく、「解釈・洞察」勝負と考えましょう。解釈・洞察の幅広さ・深さがデータ分析の価値につながることが多いです。

　なお、解釈・洞察を考えるときは、集計結果のデータだけでなく、商品・

サービスの利用場面、店舗の陳列、現場担当者の状況などの1次情報、マーケティング知識をフル動員して考えることが重要です。

▶ 図9.6.1　エグゼクティブサマリーは「解釈・洞察」にこだわる

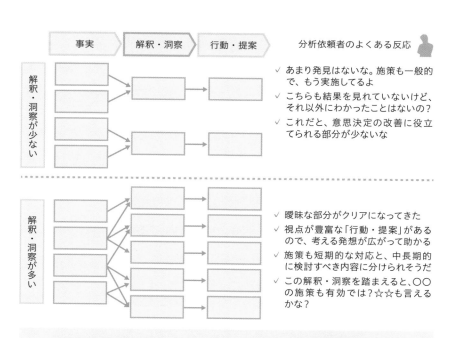

▶ 図9.6.2　「解釈・洞察」の幅・深さが「データ分析の価値」に影響する
　　　　　 （図7.11.11を再掲）

◉「結果のまとめ」をもとに、「今後に向けた提案」に結び付ける

　エグゼクティブサマリーは、（1）結果のまとめ、（2）今後に向けた提案、から構成されます。文章による記述が基本ですが、理解促進のために、ポイントを絞ったチャート（グラフ・図解）を掲載することもあります。

　結果のまとめは、図9.6.3に示すように、「テーマ」と「総括」「主たるファクトの整理」から構成されます。データ分析の分量が少ない場合は「テーマ」と「総括」だけの場合もあります。

　テーマには、与件整理で記載した「分析目的・課題」が入ります。分析目的・課題を記載し、疑問形で問い（イシュー）を想像することで、何に対する結論を書くべきかが明確になります。エグゼクティブサマリーを上手に書けない方は、テーマ設定に問題があることが多いです。

　テーマを書いた後は、「主たるファクトの整理」を作成します。具体的には、サマリーの「メッセージ（結論：Top Line)」「コメント（結果)」を集約し、分析目的・課題への答えを意識し、ストーリー化・具体化を意識してゼロから箇条書きで書き上げます。文章が冗長で困っている方は、なくても影響がない部分を思い切って削除し、何度も何度も推敲して要約していきましょう。1回で完璧に書けることはほぼありません。

　「主たるファクトの整理」を記載した後は、「総括」を記載します。主たるファクトの整理の中から、（1）分析目的・課題への直接的な結果、（2）解釈・洞察、今後の提案につながる要素を抽出して、「事実→解釈・洞察→行動・提案」を意識して書き上げます。

◉「今後に向けた提案」は、ビジネスフレームを意識して整理する

　今後に向けた提案は、「結果のまとめ」で記載することもありますが、（1）別ページで整理しないと読み手が理解できない、（2）今後の方向性を整理して提示したいときには別途作成します。その際は、ビジネスフレームや図解で理解を促進させることが重要です（図9.6.4）。

　今後に向けた提案は、「分析依頼者が採用できる可能性がある内容を書く」「短期視点だけでなく、中長期視点も意識する」ことが大事です。分析依頼者の状況を理解できていないと筋違いの提案になるため、事前に担当者と方向性を確認しておくことが望ましいです。

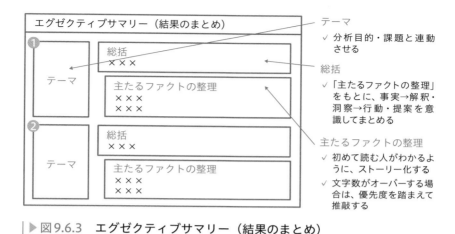

▶図9.6.3　エグゼクティブサマリー（結果のまとめ）

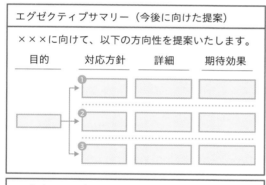

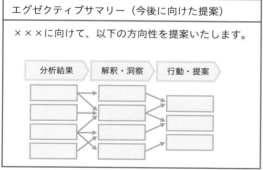

▶図9.6.4　エグゼクティブサマリー（今後に向けた提案）

● エグゼクティブサマリーは「目的に応じてパターンを使い分ける」

　図9.6.5に、エグゼクティブサマリーのイメージを掲載しています。

　作成パターンには、（1）文章だけで作成するパターン、（2）文章と図解を組み合わせるパターンがあります。データ分析のボリュームや目的に合わせて、説明しやすいものを使いましょう。また、レポート作成の最初のタイミングで、エグゼクティブサマリーの作成パターンを想像して、分析目的・課題を記載できるのが、データ分析者の理想です。

　（1）の文章だけで作成する場合は、「現状・課題」と「今後に向けた提案」を分けて書いたほうがわかりやすいです。両者を分けることで、「事実」と「解釈・洞察」を区別しやすくなります。

　（2）の文章と図解を組み合わせて作成する場合は、図9.6.5のように、「現状・課題」までを文章で整理し、「今後に向けた提案」をフレームや図解で表現する形式がわかりやすいです。提案では「空（事実）→雨（解釈・洞察）→傘（行動・提案）を意識すると、説得力が高まります。

　エグゼクティブサマリーのパターンを増やすためにも、ビジネスフレームの蓄積、様々なレポートを見ることが大事です。

● ポイントとなる部分は「太字＋下線」で強調する

　エグゼクティブサマリーは、ストーリー性を意識し、全体を要約するため文章が多くなります。その結果、味気なく見えることがあります。

　その際は、ポイントとなる部分を「太字＋下線」で強調することが大事です。強調することで、読み手の視線が集中して伝わりやすくなります。また、プレゼンの冒頭で「全体の結論」を簡潔に伝える際にも、強調した部分を中心に説明すると、わかりやすい説明になります（9.7参照）。

レポートが完成したら、「推敲」の時間は必ず作る

　レポートが完成したら、必ず推敲を行います。具体的には、口頭でプレゼンしてみることをお勧めします。自分が説明しにくい箇所、わかりにくいと感じた箇所が修正点です。これはプレゼン練習にもつながり、レポートとプレゼン両方の精度を高めることができます。

文章だけで作成するパターン

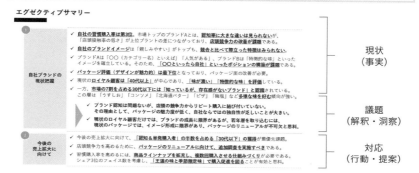

文章と図解を組み合わせるパターン

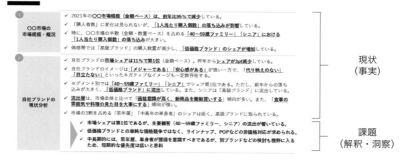

▶ 図9.6.5 エグゼクティブサマリーの作成パターン

「プレゼン」で結果を わかりやすく伝える

プレゼンは「明確な主張」と 「わかりやすい説明」が大事

レポート作成後は、依頼者に分析結果を報告します。プレゼンは「明確な主張」と「わかりやすい説明」で成果が決まります。前者は、レポートで表現されているため、本節では「わかりやすい説明」について説明します。

◉「わかりやすい説明」とは?

わかりやすい説明とは「聞き手の考える負担が少ない説明」を言います。そのためには、(1) 聞き手は「何も知らない」という前提で話す、(2) 話の地図 (全体像) を示す、(3) 迷子にならないように視線誘導する、(4) 聞き手が考える負担を減らすように話す、の4つが重要です (図9.7.1)。

聞き手は「何も知らない」という前提で、データ分析の土台にあたる分析概要を共有しましょう。また、人間は迷子になることを嫌います。今、どこを話しているかを明示し、聞き手の視線を誘導することが重要です。

◉ 結論をサンドイッチで説明することで、聞き手の頭を再整理する

データ分析のレポートは分量が多くなりやすいため、プレゼンは「SDS法」を活用すると効果的です。SDS法とは、最初に結論を伝え、次に詳細な説明をした後、最後にまとめを述べるプレゼン方法です (図9.7.2)。

最初の結論は、冒頭のエグゼクティブサマリー (結果のまとめ) をもとに「全体の結果は○○となっております。詳細は後ほどグラフで説明します」と主要な結果を伝えます。聞き手は、サマリーを見ていないため、文章の棒読みではなく、わかりやすく簡潔に話すことが重要です。

詳細は、ページの「どこを見てほしいか、その数字の意味合い、そこからわかること」を伝えた後、接続詞で次ページにつなぐことが大事です。

最後の結論は、「結果のまとめ」で参加者の頭を再整理します。分析者と参

加者の認識を揃えた後に、「今後に向けた提案」を説明します。依頼者に提案が響かない要因として、「データ分析者が考えた前提」と「分析依頼者がプレゼンで理解した前提」が揃っていないことがあります。分析依頼者はレポートの分量が多く、消化しきれていないのです。そのため、「結果のまとめ」の説明をおろそかにしないことが重要です。

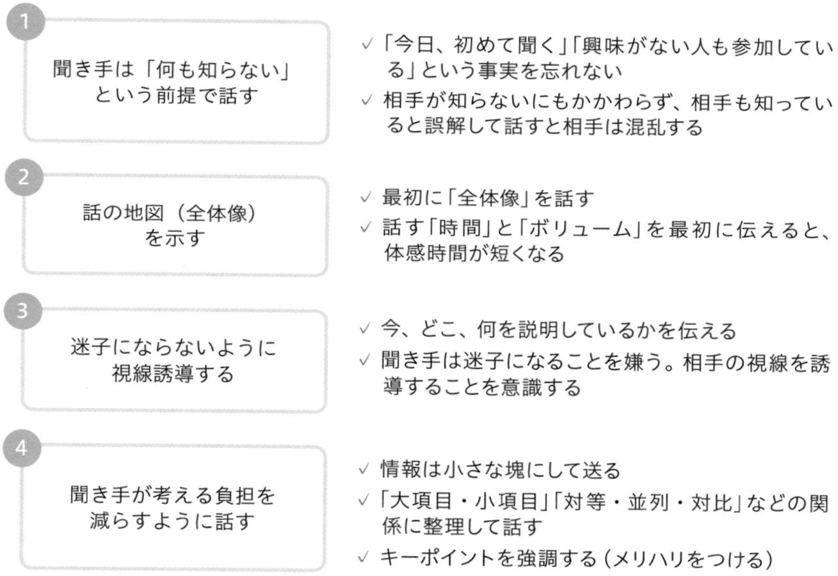

1
聞き手は「何も知らない」という前提で話す
✓「今日、初めて聞く」「興味がない人も参加している」という事実を忘れない
✓相手が知らないにもかかわらず、相手も知っていると誤解して話すと相手は混乱する
2
話の地図（全体像）を示す
✓最初に「全体像」を話す
✓話す「時間」と「ボリューム」を最初に伝えると、体感時間が短くなる
3
迷子にならないように視線誘導する
✓今、どこ、何を説明しているかを伝える
✓聞き手は迷子になることを嫌う。相手の視線を誘導することを意識する
4
聞き手が考える負担を減らすように話す
✓情報は小さな塊にして送る
✓「大項目・小項目」「対等・並列・対比」などの関係に整理して話す
✓キーポイントを強調する（メリハリをつける）

▶図9.7.1　わかりやすい説明のポイント

1
Summary（結論）
2
Details（詳細）
3
Summary（結論）
✓「結果のまとめ」でわかりやすく簡潔に話す
✓視線誘導を意識する
✓ページの「どこを見てほしいか、その数字の意味合い、そこからわかること」を伝えた後、次のページに接続詞でつなぐ
✓「結果のまとめ」で再整理・認識を揃える
✓「今後に向けた提案」でネクストアクションの議論をする

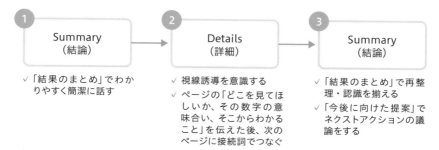

▶図9.7.2　SDS法を使ってプレゼンを行う

プレゼンは「事前準備がすべて」

筆者は、データ分析者への指導の一環で、報告会のリハーサルを実施することがあります。報告会のプレゼンは「再現性のあるスキル」です。経験が浅いデータ分析者でも、数回実施するとコツを掴む方が多いです。

プレゼンの経験が浅いデータ分析者には、（1）どこを話しているかわかりにくい、（2）データの数値だけを淡々と説明する、（3）ページ間のつながり・ストーリーが弱い、（4）結論に関係ない部分まで話して時間をオーバーする、（5）言葉のひげ（例：え～、あの～）が多く、自信なさげに見える、などの共通点があります。

これらが積み重なっていくと、聞き手の集中力が途切れ、睡魔が襲ってくるといった残念な結果につながりやすくなります。説明がひどいときは、ドラゴンクエストの敵を混乱させる呪文である「メダパニ」を引用して、「聞き手に、メダパニをかけてどうする」と指摘することがあります。

プレゼンの事前準備は「時間配分」「視線の流れ」「冒頭の暗記」が大事

では、何を意識して、プレゼンの事前準備をしたらよいでしょうか？ 筆者は、（1）時間配分を意識する、（2）視線の流れを準備する、（3）最初の数枚を暗記する、の3つを指摘することが多いです。

「時間配分」では、自分の持ち時間をあえて少なく設定します。例えば、60分の報告会であるとき、50分ぐらい話せると思っていると、痛い目に遭います。名刺交換、アイスブレーク、役職者の前振りなどで時間がなくなっていきます。そのため、40分で説明できるようにして、時間が余れば追加で話せるように準備しておくことが重要です。

「視線の流れを準備する」では、各ページのどこを話すかを事前に決めておきます。筆者は「バスガイドのイメージ」と伝えることが多いです。最初に、どこを見てほしいかを伝えて、それがどういう意味合いがあるのか、サマリーとどのように連動していくかを伝えることが重要です。

「最初の数枚を暗記する」では、プレゼンの冒頭4～5分程度、話す内容を丸暗記します。誰でもプレゼンの冒頭は緊張します。また、与件整理やエグゼクティブサマリーは案件ごとに話す内容が変わるため、想定よりも時間がかかってしまいがちです。冒頭を丸暗記することで緊張の壁を突破し、緊張がほぐれたところで、サマリーにつなげていくことが重要です。

第 10 章

AI・機械学習の
基礎理解

第9章までで、レポーティングを中心とした「意思決定支援」におけるデータ分析のステップを説明してきました。本章では、もう1つのデータ利活用である、業務システムの生産性向上を目的とする「モデル構築・業務自動化」について、AI・機械学習の基礎的な部分を説明していきます。データ分析に携わる者として、どのようなシーンでAI・機械学習を活用できそうか、その基本的な考え方も含めて理解しておきましょう。

10.1 AI（人工知能）の基礎概念

機械学習は、AI（人工知能）の1領域

　本章では、DX時代のもう1つのデータ利活用である、業務システムの生産性向上を目的とする「モデル構築・業務自動化」について説明します。

　最近のデータサイエンス関連の書籍は、AIや機械学習を取り扱うものが多く出版されています。それはデータサイエンスの主な研究領域が、ビッグデータを活用したAIの数理モデルを対象としているためです。データ分析に携わる者として、どのようなシーンでAIや機械学習を活用できそうか、その基本的な考え方も含めて理解しておくことが必要です。

● AIとは「人間の思考プロセスと同じような形で動作するプログラム全般」

　AI（人工知能）とは「人間の思考プロセスと同じような形で動作するプログラム全般」のことを言います（図10.1.1）。機械学習は、AIに包含される概念であり、「コンピュータにルールを学習させる仕組み」を言います。機械学習の中でも、多層のニューラルネットワークを用いた機械学習を「深層学習（ディープラーニング）」と呼びます。

　なお、AI＝機械学習ではありません。ルールベースを中心に、AIを構築することもあります。AIを用いた学習システム「atama＋」は、統計モデルを利用したルールベースでモデル構築した事例として有名です[*1]。

● 「CRISP-DM」が基本的な分析アプローチ

　モデル構築・業務自動化における分析アプローチは、「CRISP-DM」が基本です（図10.1.2）。

　最初に「ビジネス課題の理解」として、AIや機械学習で達成したい状態を明確化します。その後、「データの理解」「データの準備」「モデル構築」と進んでいきます。データの準備では、データクレンジング（欠損値処理、型変換、外れ値の除去など）や特徴量エンジニアリングなどが発生します。モデ

ルを構築した後は「評価」になりますが、データ不足の発覚、モデル精度の改善に向けたチューニングなどの「手戻り」が発生することが多いです。それを加味して、CRISP-DMはループ状になっています。運用に耐えうるモデルを構築した後は、業務システムに実装して展開していきます。

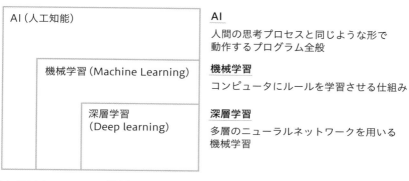

| AI | 人間の思考プロセスと同じような形で動作するプログラム全般 |

AI
人間の思考プロセスと同じような形で
動作するプログラム全般

機械学習
コンピュータにルールを学習させる仕組み

深層学習
多層のニューラルネットワークを用いる
機械学習

▶ 図10.1.1　AI、機械学習、深層学習

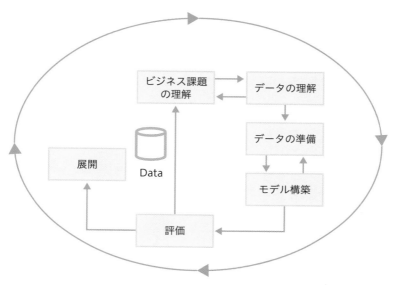

▶ 図10.1.2　モデル構築・業務自動化の分析アプローチ「CRISP-DM」

現在は「第3次AIブーム」。
深層学習手法の発展が契機

　現在は「第3次AIブーム」と呼ばれています。1950年代から、AIはブームと冬の時代を繰り返してきました（図10.1.3）。

　第1次AIブームは、1950年代後半～1960年代の「推論・探索の時代」です。コンピュータによる推論・探索が可能となり、特定の問題に対して解を提示できるようになったことがきっかけでした。一方で、当時のAIは、迷路の解き方や定理の証明などの単純な問題は扱えても、様々な要因が絡み合う問題は解くことができず、一転して冬の時代を迎えました。

　第2次AIブームは、1980年代の「知識の時代」です。専門家の知識をコンピュータに取り込み推論を行うエキスパートシステムが開発されました。ただし、必要となる全ての知識をコンピュータが理解できる内容に記述する必要がありました。知識間での矛盾や一貫性の欠如が発生し、またしても冬の時代に突入しました。

　第3次AIブームは、2010年以降の「深層学習と特徴表現学習の時代」です。ビッグデータを用いることで、AI自身が知識を獲得する「機械学習」が実用化されました。さらに深層学習（ディープラーニング）が登場したことで、幅広い業種においてAIの活用が進んでいます（図10.1.4）。

● 世界に衝撃を与えた「生成AI（Generative AI）」の登場

　2022年11月、OpenAIが公開した「ChatGPT」は、性能の高さから全世界で話題となりました。生成AIとは「事前に学習したデータを活用して、テキストや画像、動画、音声などのコンテンツを生成するAI」のことを言います。

　従来のAI（＝識別系AI）は、人間が用意した正解（教師）データをコンピュータが学習し、決められた行為の自動化（分類・予測）が中心でした。一方、生成AIは、AIが大規模なデータで事前に学習しており、正解（教師）データを与えなくても、オリジナルのコンテンツを創造できる点が特徴です。

　ChatGPTに代表されるテキスト生成では、大規模言語モデル（LLM）が活用されています。これは、ある単語の次に来る確率が高い単語をつなげて文章を作成するモデルです。文章やデータの意味を理解しているわけではない点に注意が必要です。

年代	関連出来事
第1次 AIブーム （推論・探索）	1950年代後半 〜1960年代	✓ チューリングテストの提唱（1950年） ✓ ダートマス会議で「人工知能」の言葉が登場（1956年） ✓ ニューラルネットワークのパーセプトロン開発（1958年） ✓ 人工対話システム ELIZA 開発（1964年）

冬の時代

✓ 初のエキスパートシステム MYCIN 開発（1972年）

| 第2次
AIブーム
（知識） | 1980年代 | ✓ 第五世代コンピュータプロジェクト（1982〜92年）
✓ 知識記述の Cyc（サイク）プロジェクト開始（1984年）
✓ 誤差逆伝播法の発表（1986年） |

冬の時代

✓ ディープラーニングの提唱（2006年）

| 第3次
AIブーム
（深層学習と
特徴表現学習） | 2010年以降 | ✓ 画像認識競技（ILSVRC）でディープラーニング圧勝（2012年）
✓ AlphaGoがプロ棋士に勝利（2015年）
✓ ディープラーニングの新たな手法「Transformer」の発表（2017年）
✓ OpenAIが「ChatGPT」を公開（2022年） |

▶ 図10.1.3　AI ブームの変遷

分野	活用例
製造（manufacture）	需要予測（demand forecast）による最適化など
流通（distribution）	倉庫の配置最適化など
金融（finance）	株価予測など
インフラ（infrastructure）	異常検知（Anomaly detection）など
マーケティング（marketing）	商品推薦（product recommendation）など
公共交通（public transportation）	配車の最適化など
ヘルスケア（health care）	健康状態の管理など
教育（education）	外国語発話聞き取り訓練など
スポーツ（sports）	戦略分析など

出典：北川 源四郎（編集）、竹村 彰通（編集）、赤穂 昭太郎、今泉 允聡、内田 誠一、清智 也、高野 渉、辻 真吾、原 尚幸、久野 遼平、松原 仁、宮地 充、森畑 明昌、宿久 洋『データサイエンス入門シリーズ 応用基礎としてのデータサイエンス AI×データ活用の実践』講談社（2023）＊2

▶ 図10.1.4　業種別のAI活用事例

10.2 機械学習の基礎概念

「教師あり学習」「教師なし学習」「強化学習」の 3つに分かれる

　機械学習には「教師あり学習」「教師なし学習」「強化学習」の3種類があります（図10.2.1）。8.4で説明した「多変量解析」と関連づけて説明します。

● 教師あり学習は「目的変数」と「説明変数」から予測モデルを作る

　教師あり学習とは、正解（教師）データである「目的変数」と、目的変数の特徴を説明する「説明変数（特徴量）」をもとに、精度の高い予測モデルを構築しようとする機械学習です（図10.2.2）。

　具体的には、正解（教師）が付いているデータを「訓練データ」と「検証データ」に分けます。そして、訓練データで学習モデルを構築し、検証データでモデル精度を評価します。構築したモデルをもとに、未知のデータに対して分類・予測を行うアプローチです。

　教師あり学習は、目的変数の違いから、（1）どのカテゴリーに所属するかを予測する「分類」、（2）連続値を予測する「回帰」、に分かれます。

　8.4で説明した多変量解析では、「予測・キードライバーを見つける」の重回帰分析、ロジスティック回帰分析、決定木分析などが含まれます。機械学習ではモデル実装が目的のため、「分類・予測」の要素が強まります。

● 教師なし学習は「データ構造から類似度が高いものをグルーピング」する

　教師なし学習とは、目的変数がなく、データ構造をもとに類似度が高いデータ同士を分類（グルーピング）する機械学習です。正解（教師）データがないため、グルーピングまでが主なタスクであり、機械学習で分類した結果に対して、人間が解釈をつける必要があります（図10.2.3）。

　8.4で説明した多変量解析では、「変数を分類・縮約して見通しを良くする」の主成分分析、因子分析、クラスター分析が含まれます。

教師あり学習	教師なし学習	強化学習
✓ 正解（教師）データをもとに未知のデータを「分類」「回帰」	✓ データ構造をもとに、類似するグループに分ける	✓ 報酬（価値）が最大化するように行動を繰り返す

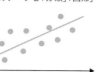 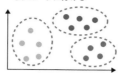 

▶ 図10.2.1　教師あり学習、教師なし学習、強化学習

● 正解が含まれたデータを学習させる方法。「分類」と「回帰」がある。

内容	【分類】 与えられたデータが、どのカテゴリーにあてはまるかを識別	【回帰】 様々な関連性がある過去の数値から未知の数字（連続値）を予測

ネコ	キリン
イヌ	ウサギ
ウマ	…

事例	主な学習アルゴリズム
✓ メールのスパム判定 ✓ ローンの審査 ✓ チャットボットによる問い合わせ対応 ✓ 消費電力予測 ✓ 売上予測 ✓ コールセンターの呼量予測	✓ 線形回帰/ベイズ線形回帰 ✓ ロジスティック回帰 ✓ 決定木（ランダムフォレスト） ✓ SVM（サポートベクターマシン） ✓ K近傍法 ✓ ニューラルネットワーク（DNN/CNN/RNN）

▶ 図10.2.2　「教師あり学習」の内容、事例、学習アルゴリズム

● 与えられたデータの構造やパターンを捉える方法。

内容	【クラスタリング】 与えられたデータを、類似度が高いグループに分類	【異常検知】 正常データからの外れ値や変化などの異常値を検出

事例	主な学習アルゴリズム
✓ レコメンド機能 ✓ 顧客の分類分けによるDM配信 ✓ 製造ラインにおける異常検知 ✓ 機械設備のセンサー認識 ✓ セキュリティシステム	✓ K-means ✓ One-Class SVM ✓ PCA

▶ 図10.2.3　「教師なし学習」の内容、事例、学習アルゴリズム

強化学習は「価値が最大化するような行動」を学習していくアプローチ

強化学習とは、試行錯誤を通じて「価値が最大化するような行動」を学習していく機械学習です。エージェントと呼ばれる対象が、環境の状態を観測して特定の行動を起こします。その行動に対して報酬がフィードバックされます。この行動と報酬を繰り返して、エージェントは将来にわたる価値を最大化するように学習していくアプローチです（図10.2.4）。

強化学習は、ボードゲーム（囲碁や将棋など）、自動運転、テキスト自動要約などに活用されています。深層学習（ディープラーニング）や計算能力の進歩により、目覚ましい成果を上げています。

「機械学習」と「多変量解析」の関係

機械学習と多変量解析は分析手法が重複しており、違いがわかりにくいと感じる方も多いと思います。両者は「目的」が異なります（図10.2.5）。

多変量解析は、人間が理解・判断できるように、データ間の関係性をシンプルに提示することが主な目的になります。「理解志向型モデリング」とも呼ばれます。一方、機械学習は、人間が理解できなくても、何かを予測・分類することに重点を置きます。特定のタスクをより良いコスパで達成することが主な目的になります。「応用志向型モデリング」とも呼ばれます。

機械学習は「なぜ、そのような結論になったのか」がわかりにくい

機械学習は、コンピュータにルールを学習させる仕組みであるため、どの説明変数（特徴量）が目的変数に影響しているかがブラックボックスになりやすいです。そのため、機械学習のモデル評価を分析依頼者に報告すると、「どの特徴量が影響しているのか？」「なぜ、そのような答えが出たのか？」と質問されると、説明しにくいのが現状です。

そのため、データサイエンスの基礎知識が乏しい人でも理解できるように、機械学習がどのように一定の結論に達したかを支援する「説明可能なAI（Explainable AI：XAI）」の開発が進められています。説明可能なAIは、データ分析だけでなく、AI導入への不信感の払拭にも貢献する動きです。

- 未来の価値（報酬）を最大化するように試行錯誤を繰り返し、最適な行動をするように学習

内容

（1）状態観測
（2）行動
（3）報酬

エージェント　　　　　　環境

事例	主な学習アルゴリズム
✓ ボードゲーム ✓ 自動運転 ✓ エレベーターの制御システム ✓ バラ積みロボット ✓ テキスト自動要約	✓ モンテカルロ木探索 ✓ DQN ✓ SARSA ✓ Q学習

▶ 図10.2.4　「強化学習」の内容、事例、学習アルゴリズム

多変量解析		機械学習

データを説明する
（理解志向型モデリング）

データ間の関係性をシンプルに提示し、
人間が理解・判断できるようにする

データを予測する
（応用志向型モデリング）

何かを予測・分類することに重きを置き、
特定のタスクをより良いコスパで達成する
（人間が理解できなくてもOK）

予測・キードライバーの発見　　教師あり学習

線形回帰分析、ロジスティック回帰分析、決定木分析

変数を分類・縮約して
見通しを良くする　　教師なし学習

クラスター分析（クラスタリング）、主成分分析、因子分析

▶ 図10.2.5　「機械学習」と「多変量解析」の関係

10.3 教師あり学習のモデル構築・性能評価

「教師あり学習」のモデル構築（アルゴリズム）

　教師あり学習において、モデルを構築するアルゴリズムには、（1）線形回帰分析、（2）ロジスティック回帰分析、（3）SVM（サポートベクターマシン）、（4）決定木分析（アンサンブル学習）、（5）K近傍法、（6）ニューラルネットワークなどがあります。

　本節では、「SVM（サポートベクターマシン）」「決定木分析（アンサンブル学習）」「K近傍法」を説明します（線形回帰分析、ロジスティック回帰分析は8.8参照）。

◉ SVMは「2つのクラスのマージン（距離）を最大化する手法」

　SVM（サポートベクターマシン）とは「2つのクラスを分割する境界線や超平面を決定する方法」を言います（図10.3.1）。

　SVMでは、2つのクラスの境界線に最も近いデータを「サポートベクトル」、境界線とサポートベクトルの距離を「マージン」と呼びます。そして、マージンが最大化する境界線や超平面を決定していきます。その結果、未知のデータに対して分類・予測することが可能となります。カーネル法を用いることで、非線形分離にも対応している便利な分析手法です。

◉ 決定木分析は「アンサンブル学習を活用して精度を高める」

　決定木分析とは「目的変数に影響する説明変数を探索し、樹木状のモデルを作成する分析手法」です（8.9参照）。変数を組み合わせることで、結果の解釈性が高くなる一方で、機械学習では高い精度が見込めないことが多いです。そこで、「アンサンブル学習」と組み合わせて高い精度を追求します。

　アンサンブル学習とは「複数の学習モデルを組み合わせて、より強力なモデルを構築する方法」を言います。決定木分析では、（1）決定木分析を並行して複数回実施し、結果を統合していく「ランダムフォレスト」、（2）初回

の決定木分析でうまく判別できなかった部分を、次の決定木分析で学習していく「XG Boost」「Light GBM」が活用されています（図10.3.2）。

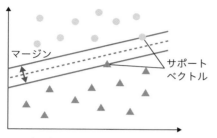
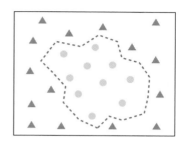

✓ マージンが最大になるように境界線を設定する　✓ カーネル法を用いることで、非線形分離も可能

▶ 図10.3.1　SVM（サポートベクターマシン）

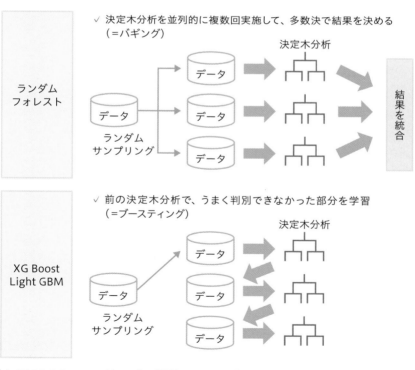

▶ 図10.3.2　アンサンブル学習のイメージ

◉ K近傍法は「距離が近いK個のデータから決定する手法」

　K近傍法とは「学習データと新規データの距離を計算し、距離が近いK個の学習データの多数決から分類を決定する方法」を言います。

　図10.3.3に示すように、K近傍法は、Kの数で結果が変わります。Kが小さすぎると局所最適に陥りやすく、大きすぎると不均衡データに対応しにくくなります。意図がない場合、K=5に設定することが多いです。

「過学習」「不均衡データ」に対処して汎化性能を高める

　学習したモデルが未知のデータにも適用できることを「汎化性能」と言います。教師あり学習の目的は、汎化性能を高めることです。その際、「過学習」と「不均衡データ」に注意が必要です。

◉「ホールドアウト法」「K分割法」で過学習を防ぐ

　過学習とは「訓練データだけに最適化されてしまい、未知のデータへの汎用性がない状態」を言います。過学習を解消するには、多くのデータ量を確保するだけでなく、データを分割してモデル検証する「交差検証法（クロスバリデーション）」を実施することが大事です。交差検証法の方法には「ホールドアウト法」と「K分割法」があります（図10.3.4）。

　ホールドアウト法とは「1つのデータセットを教師データと検証データに分けて、モデル構築と検証を行う方法」を言います。

　K分割法とは「学習データをK個に分割して、分割したデータの回数分（K回）のモデル構築と検証を繰り返す検証法」を言います。それぞれの検証結果の平均値を全体の結果として判断します。

◉「サンプルサイズを増やす」ことで、不均衡データに対処する

　不均衡データとは「データ構造に偏りがあり、正例または負例データの片方が極端に少ないデータ」を言います。不均衡データの場合、全てを「○」と判断しても正解率が高いといった状況が生じます。そこで、少数派のデータ比率に合わせて、多数派のデータを削除する「アンダーサンプリング」、多

数派のデータ比率に合わせて、少数派のデータを増やす「オーバーサンプリング」などの対応を行います。

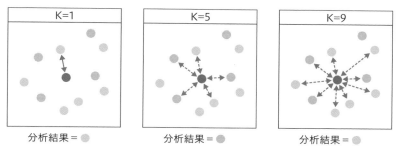

分析結果 = ●　　　　　分析結果 = ●　　　　　分析結果 = ●

距離の近い順に抽出したK個の学習データの多数決で分類を決定する

▶ 図10.3.3　K近傍法

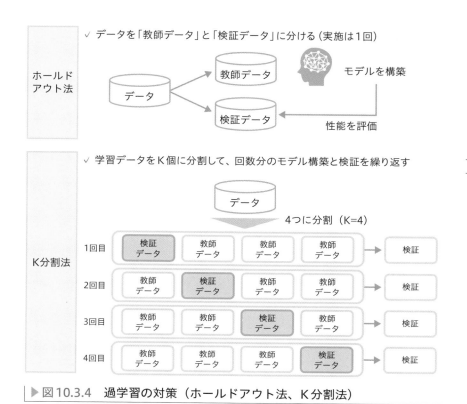

▶ 図10.3.4　過学習の対策（ホールドアウト法、K分割法）

教師あり学習のモデル性能評価

　教師あり学習では、正解と予測データの誤差をもとに、モデル性能を評価します。「回帰」と「分類」で評価するアプローチが異なります。

　連続値を予測する「回帰」では、「RMSE（二乗平均平方根誤差）」「MAE（平均絶対誤差）」などが活用されています。MAEとは、予測値と正解値の絶対値の誤差総和の平均です。RMSEは、MSEの正の平方根の値です。

　検証データで精度を検証し、誤差が0に近づくようにパラメータ（例：回帰モデルの回帰係数）、ハイパーパラメータ（分析者が設定するパラメータ）を調整していきます。

● 分類は「混合行列」「AUC」でモデル性能を評価する

　どのカテゴリーに所属するかを予測する「分類」では、混合行列をもとに「正解率」「再現率」「適合率」「F1値」を算出して、モデル性能を評価します（図10.3.5）。

　正解率とは「全体において正解した割合」を言います。正例（購入）と負例（非購入）の比率が大きく異なる不均衡データでは、全てを「非購入」としても正解率が高くなります。そこで、不均衡データでは、適合率と再現率の両指標の調和平均である「F1値」が活用されることが多いです。

　混合行列は、事前に閾値（しきい値）を決める必要があります。一方で、閾値を決めず、各対象者の購入確率を利用してモデル精度を評価する方法として「AUC」があります。AUCは、混合行列をもとに閾値を変化させて求めることができます。AUCは「0～1の値」をとり、ランダムのときは0.5、0.7～0.8は適度な精度、0.9以上は高精度と言われます。

● モデル精度を高めるには「内挿データ」のカバー率も意識する

　機械学習は、存在しているデータ（＝内挿）との整合性が高くなるようにモデルを学習します（図10.3.6）。そのため、内挿から外れているデータ（＝外挿）においては、モデル精度が担保されない点に注意が必要です。

　機械学習を行うときは、データ量だけでなく、データの範囲にも気を付ける必要があります。

		予測値	
		購入	非購入
正解値	購入	真陽性 (TP)	偽陰性 (FN)
	非購入	偽陽性 (FP)	真陰性 (TN)

$$再現率 = \frac{TP}{TP + FN}$$

✓ 正解値をどれだけ再現できているか？
✓ 見逃しを少なくしたい（病気の診断など）

$$正解率 = \frac{TP + TN}{TP + FN + FP + TN}$$

✓ 全体において正解した割合は？
✓ 極端なケースでは、すべて「非購入」としても正解率は高くなる

$$適合率 = \frac{TP}{TP + FP}$$

✓ 予測がどれだけ適合しているか？
✓ できるだけハズレを減らしたい（訪問営業のリストなど）

再現率と適合率はトレードオフ

$$F1値 = \frac{2 \times 適合率 \times 再現率}{適合率 + 再現率}$$

真陽性率（正解＜正＞に対する予測＜正＞の割合）と偽陽性率（正解＜負＞に対する予測＜正＞の割合）の閾値を変化させてROC曲線を作成し、ROC曲線の下側の面積であるAUCを求める

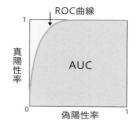

【AUCの判断目安】

✓ ランダム　　：0.5
✓ 低精度　　　：0.5 ～ 0.6
✓ 適度な精度：0.7 ～ 0.8
✓ 高精度　　　：0.9以上

▶ 図10.3.5　混合行列とモデル性能評価

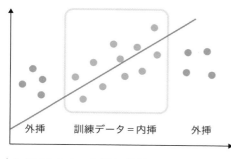

✓ 機械学習は、訓練データ（内挿）に合わせて学習する
✓ 外挿など、イレギュラーの数値には精度が担保しにくい

▶ 図10.3.6　内挿と外挿

10.4 深層学習（ディープラーニング）の基礎概念

深層学習（ディープラーニング）の仕組み

深層学習（ディープラーニング）とは「機械学習のうち、多層のニューラルネットワークを用いた機械学習」のことを言います。

深層学習の基礎となるのがパーセプトロンです。パーセプトロンとは、「単一のニューロン（神経回路）をモデル化」したものです（図10.4.1）。その構造はシンプルで、入力した数値に重みづけして合計値を算出します。その合計値が、活性化関数と呼ばれる非線形関数に入力・変形されて、最終的な出力結果になります。活性化関数とは「合計値を別の値に変形させる数式」を言います。現実の世界に合わせて、非線形の活性化関数（シグモイド関数、ReLU関数など）が活用されています。

◉ ディープラーニングは「隠れ層が2つ以上あるニューラルネットワーク」

パーセプトロンを何層もつなげていくと、入力層と出力層の間に「隠れ層」を持ったニューラルネットワークができます。隠れ層が2つ以上あるニューラルネットワークを「ディープラーニング」と言います（図10.4.2）。

ニューラルネットワークの精度を高めるためには「重み」を調整します。重みを調整するプロセスを「学習」と呼び、誤差逆伝播法と呼ばれる方法で、予測と正解データの誤差である損失関数の最小化を目指していきます。

◉「画像認識」「自然言語処理」「音声認識・合成」などで大活躍

深層学習（ディープラーニング）は、画像認識、自然言語処理、音声認識・合成などで広く活用されています。

画像認識では、画像から物体のパターン（特徴）を認識することで、物体検出などに活用されています。また、画像認識と自然言語処理を組み合わせることで、画像内の複数の物体同士がどのような状況にあるかを説明する文章を作成することも可能です。

自然言語処理では、形態素解析で文章を品詞分解した後に、文章の類似度（tf-idf、cos類似度）を算出することで、機械翻訳や文章要約、対話システムなどに活用されています。

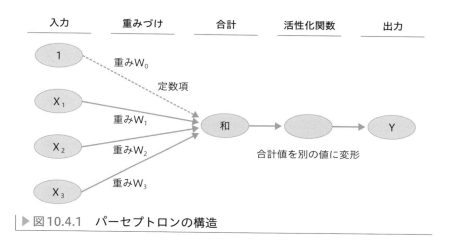

▶ 図10.4.1　パーセプトロンの構造

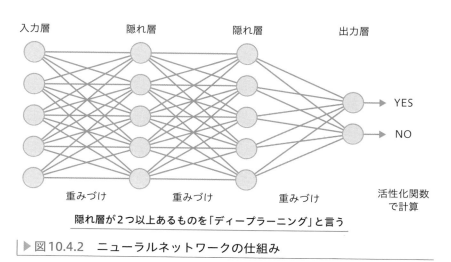

隠れ層が2つ以上あるものを「ディープラーニング」と言う

▶ 図10.4.2　ニューラルネットワークの仕組み

深層学習（ディープラーニング）を支える アルゴリズム

　ディープラーニングには、様々な改良版があります。代表的なものに、（1）画像認識に適した「畳み込みニューラルネットワーク（CNN）」、（2）時系列データに適した「再帰型ニューラルネットワーク（RNN）」、（3）画像生成に活用されている「敵対的生成ネットワーク（GAN）」、（4）次元削減に活用されている「自己符号化器（オートエンコーダ）」があります。

◉ 画像認識に適した「畳み込みニューラルネットワーク（CNN）」

　CNNとは、特に画像認識に応用するために改良されたニューラルネットワークです。自動運転技術にも活用されています。

　CNNは、主に「畳み込み層」「プーリング層」「全結合層」の3つの層から構成されています。最初の2つの層（畳み込み層、プーリング層）を何度も繰り返すことで、画像の複雑な特徴を抽出します。そして抽出された特徴を特徴量として「全結合層」で処理することで、画像がどのカテゴリーに所属するかの予測や分類を行うことができます（図10.4.3）。

◉ 時系列データに適した「再帰型ニューラルネットワーク（RNN）」

　RNNとは、時系列データの解析に応用するために改良されたニューラルネットワークです。RNNは、過去の情報を保持できるため、過去の入力を参考に「時系列データの次時点の値」を予測することができます。自然言語処理（テキストや音声データ）に活用されています。

◉ 画像生成に活用されている「敵対的生成ネットワーク（GAN）」

　GANとは「存在しないデータを生成できるアルゴリズムで、生成器と識別器からなる教師なし学習」を言います。

　図10.4.4に示すように、訓練データを学習した生成器が、あたかも実在しそうな画像などのデータを生成します。それに対して、識別器はその画像が訓練データもしくは生成器のいずれかのものかを識別します。この繰り返しを通じて、訓練データと識別がつかないデータを生成していくアプローチです。生成AIにも活用されています。

● 次元削減に活用されている「自己符号化器（オートエンコーダ）」

　自己符号化器とは、次元削減で活用されているニューラルネットワークです。図10.4.5に示すように、入力層と出力層のノード数と情報が同じで、中間層はそれよりも少ないのが特徴です。中間層は入力層よりも情報が失われる一方で、入力層と同じ内容を出力層で戻すように学習することで、次元削減を実現していくアプローチです。

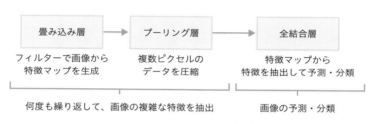

▶ 図10.4.3　畳み込みニューラルネットワーク（CNN）のイメージ

▶ 図10.4.4　敵対的生成ネットワーク（GAN）のイメージ

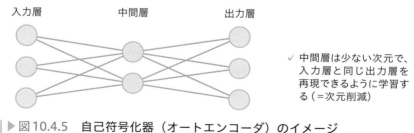

▶ 図10.4.5　自己符号化器（オートエンコーダ）のイメージ

おわりに

◉「データ発想」と「ビジネス発想」を意図的に切り替えよう

　本書は、「レポーティングを中心としたデータ分析」について説明してきました。そのカバー範囲は、分析手法や統計解析、ツール関連などを中心とするデータ分析の書籍よりも幅広くなっています。改めて、データ分析の実践には、幅広い知識・スキルが必要であることを認識してほしいと思います。実際、筆者が執筆のために読み直した書籍は、章ごとに大きく異なります。

　データ分析は「分析依頼者との共同作業」です。1人で全ての分野を完全にカバーする必要はありません。ただし、データ分析者として、「データ発想（手元にあるデータを起点に考えること）」と「ビジネス発想（課題を起点に考えること）」を、意図的に切り替えることが重要です。

　筆者は「主語を入れ替える」と呼ぶことが多いですが、この切り替えがスムーズにできるデータ分析者は周囲からの評価が高くなる傾向があります。

◉ データ分析の「守・破・離」を目指そう

　データの収集・蓄積が進み、分析環境が大きく進歩した現在において、データリテラシーと業績指標には「正の相関」が見られます。その一方で、多くのデータ分析者と接する中で、「データ分析が個人のセンスに依存している」と感じることが多々あります。個人のセンスに依存することなく、組織としてデータリテラシーの向上に取り組むことが必要です。

　筆者の好きな言葉に「守・破・離」があります。一般的に、仕事ができる人ほど「基本に忠実」であり、「再現性が高い」と言われます。まずは、本書を通じて、データ分析の「思考法」と「型」を身につける"守"を実践してほしいと思います。そして、組織や自身が置かれた状況に応じて、破（既存の型を破り、発展させること）、離（基本や応用を離れて、個性を発揮すること）へと発展させていただければと思います。

　データ分析の手引書として、本書を有効活用していただければ幸いです。

2024年2月　株式会社エイトハンドレッド　渋谷智之

370

参考文献

◉ 第1章　DX時代のデータ利活用

＊1　経済産業省「我が国のキャッシュレス決済額及び比率の推移（2022年）」
　　　https://www.meti.go.jp/press/2023/04/20230406002/20230406002.html

＊2　安宅 和人『シン・ニホン AI×データ時代における日本の再生と人材育成』ニューズ
　　　ピックス（2020）

＊3　Erik Stolterman, Anna Croon Fors. "Information Technology and the Good
　　　Life"(2004)
　　　https://static1.squarespace.com/static/6229a9d52df7f809c408b82f/t/63a3
　　　d51a9b63d42930fd3b43/1671681307111/EN_Stolterman.pdf

＊4　経済産業省『デジタルトランスフォーメーションを推進するためのガイドライン
　　　（DX推進ガイドライン）Ver. 1.0』（2018）

＊5　Erik Brynjolfsson, Lorin M. Hitt, Heekyung Hellen Kim "Strength in Numbers:
　　　How Does Data-Driven Decisionmaking Affect Firm Performance?" (2011)
　　　https://papers.ssrn.com/sol3/papers.cfm?abstract_id=1819486

＊6　クリックテック・ジャパン、IHS Markit『データリテラシー指標』（2018）
　　　https://www.qlik.com/ja-jp/-/media/files/resource-library/jp/register/
　　　analyst-reports/ar-the-data-literacy-index-jp.pdf?rev=-1

＊7　ガートナー、日本企業のデータ利活用に関する調査結果を発表
　　　https://www.gartner.co.jp/ja/newsroom/press-releases/pr-20210610

＊8　土屋哲雄『ワークマン式「しない経営」4000億円の空白市場を切り拓いた秘密』ダ
　　　イヤモンド社（2020）

＊9　内閣府『Society 5.0』
　　　https://www8.cao.go.jp/cstp/society5_0

＊10　数理・データサイエンス・AI教育プログラム認定制度検討会議『「数理・データサイ
　　　エンス・AI教育プログラム認定制度（リテラシーレベル）」の創設について（案）』
　　　（2020）
　　　https://www8.cao.go.jp/cstp/ai/suuri/r1_6kai/siryo1.pdf

◉ 第2章　「データ分析」ステップの全体像

＊1　河本 薫『会社を変える分析の力』講談社（2013）（講談社現代新書）

＊2　楠木 建『ストーリーとしての競争戦略』東洋経済新報社（2010）

● 第3章 【STEP1&2】解くべき問いの明確化・分析ストーリー作成

＊1 安宅和人『イシューからはじめよ 知的生産の「シンプルな本質」』英治出版（2010）

● 第4章 データ分析に必要なビジネス知識（前半）

＊1 P.F.ドラッカー、上田惇生 訳『現代の経営 下』ダイヤモンド社（2006）（ドラッカー名著集）

● 第5章 データ分析に必要なビジネス知識（後半）

＊1 アル・ライズ , ジャック・トラウト、新井喜美夫 訳『マーケティング22の法則』東急エージェンシー出版部（1994）

＊2 森岡 毅、今西 聖貴『確率思考の戦略論 USJでも実証された数学マーケティングの力』KADOKAWA（2016）

＊3 クレイトン・M・クリステンセン , タディ・ホール , カレン・ディロン , デイビッド・S・ダンカン、依田光江 訳『ジョブ理論 イノベーションを予測可能にする消費のメカニズム』ハーパーコリンズ・ジャパン（2017）

＊4 J.E.Brisoux,E.J Cheron "Brand Categorization and Product Involvement" Advance in Consumer Research（1990）

https://www.acrwebsite.org/volumes/7004/volumes/v17/NA-17

＊5 髙田 明、木ノ内 敏久『90秒にかけた男』日本経済新聞出版社（2017）

＊6 マーク・ジェフリー、佐藤純、矢倉純之介、内田彩香 訳『データ・ドリブン・マーケティング 最低限知っておくべき15の指標』ダイヤモンド社（2017）

＊7 橋本 陽輔『社長が知らない 秘密の仕組み 業種・商品関係なし！ 絶対に結果が出る「黄金の法則」』ビジネス社（2008）

＊8 加藤 希尊『はじめてのカスタマージャーニーマップワークショップ (MarkeZine BOOKS)「顧客視点」で考えるビジネスの課題と可能性』翔泳社（2018）

＊9 芹澤 連『"未"顧客理解 なぜ、「買ってくれる人＝顧客」しか見ないのか？』日経BP（2022）

＊10 バイロン・シャープ , アレンバーグ・バス研究所、前平謙二 訳、加藤巧 監訳『ブランディングの科学 誰も知らないマーケティングの法則11』朝日新聞出版（2018）

＊11 髙松 康平『筋の良い仮説を生む問題解決の「地図」と「武器」』朝日新聞出版（2020）

＊12 佐藤 義典『売れる会社のすごい仕組み 明日から使えるマーケティング戦略』青春出版社（2009）

◉ 第6章　【STEP3】データ収集・前処理

*1　政府統計の総合窓口「e-Stat」

　　https://www.e-stat.go.jp/

*2　統計ダッシュボード

　　https://dashboard.e-stat.go.jp/

◉ 第7章　【STEP4】データの比較を通じた解釈・考察

*1　西口 一希『たった一人の分析から事業は成長する 実践 顧客起点マーケティング（MarkeZine BOOKS)』翔泳社（2019）

*2　Dick, A.S. and K. Basu "Customer Loyalty; Toward an Integrated Conceptual Framework", Journal of the Academy of Marketing Science(1994)

*3　ハンス・ロスリング, オーラ・ロスリング, アンナ・ロスリング・ロンランド、上杉 周作, 関美和 訳『FACTFULNESS 10の思い込みを乗り越え、データを基に世界を正しく見る習慣』日経BP社（2019）

*4　トーマス・ウェデル＝ウェデルスボルグ、千葉 敏生 訳『解決できない問題を、解決できる問題に変える思考法』実務教育出版（2022）

◉ 第8章　【STEP4】データ分析の幅を広げる「統計解析」

*1　森岡 毅、今西 聖貴『確率思考の戦略論 USJでも実証された数学マーケティングの力』KADOKAWA（2016）

◉ 第10章　AI・機械学習の基礎理解

*1　atama plus株式会社

　　https://www.wantedly.com/companies/atamaplus/post_articles/338486

*2　北川 源四郎（編集）、竹村 彰通（編集）、赤穂 昭太郎、今泉 允聡、内田 誠一、清智也、高野 渉、辻 真吾、原 尚幸、久野 遼平、松原 仁、宮地 充、森畑 明昌、宿久 洋『データサイエンス入門シリーズ 応用基礎としてのデータサイエンス AI×データ活用の実践』講談社（2023）

索引

■ 数字

1次データ 170
2次データ 170
3C分析 116
3V 168
5Eモデル 162
5W2H 164
80対20の法則 212
95%信頼区間 304

■ アルファベット

ABC分析 212
ABテスト 316
AI 352
AIDMA 158
AISAS 158
AUC 364
Better-Worse分析 296
CART 290
CES 142
CHAID 290
CNN 368
Cohenのd 310
CPM分析 140
CRISP-DM 26, 352
CRM 140
CSポートフォリオ分析 216
CX 142
DX 22
EDA 178
e-Stat 174
F1値 364
GAN 368
GIGO 40
HUT 316
IoT 20
KBF 116
KGI 104
KPI 104
KSF 116
K近傍法 362
K分割法 362

LAND 200
Light GBM 361
LLM 354
LTV 140
MAE 364
MAR 180
MCAR 180
MDS 280
MECE 84
MNAR 180
NBDモデル 302
NPS 142
One-hotエンコーディング
.... 186
PEST分析 114
PICO 194
PLC 136
PPDACサイクル 26
PRICE20 296
PSM分析 296
P値 284
QCD 162
QuickCross 308
Quick & Dirty 148
RCT 228, 316
RFM分析 140, 212
RMSE 364
RNN 368
RTB 134
SAマトリクス 276
SDS法 348
SIPS 158
Society 5.0 30
So What? 238
STP 128
SVM 360
SWOT分析 114
Top Line 338, 340
t検定 308, 310
VIF 286
VRIO分析 116
XG Boost 361

Z検定 308
Zスコア 184, 188

■ あ行

アーリーアダプター 136
アーリーマジョリティ 136
アクティブリスニング 62
悪魔の弁護人 164
揚げ足取りプロセス 60
アソシエーション分析 298
アフターコーディング 230
アブダクション 154
アルゴリズム 360
アンサンブル学習 360
アンダーサンプリング 362
育成フェーズ 112
意識データ 170
意思決定 74
イシュー 54
異常値 184
一元配置の分散分析 312
一覧表 230
移動平均 220
イノベーター 136
イノベーター理論 136
色づけ 196
因果関係 226
因果推論 314, 316
因果推論の根本問題 316
インサイト 134
因子得点 274
因子負荷量 272
因子負荷量行列 272
因子分析 270
ウェイトづけ評価法 104
ウェイトバック集計 206
打ち手 104
売上構成要素 156
エージェント 358
エクストリーム顧客 210
エグゼクティブサマリー
.... 324, 326, 342, 346

演繹法 ……………… 72, 88, 328
エンコーディング ………… 186
応用志向型モデリング …… 358
オートエンコーダ ………… 369
オーバーサンプリング …… 363
オープンガバナンス ……… 174
オープンデータ …………… 174
重み ………………………… 366
折れ線グラフ ……………… 330

■ か行

回帰 ………………………… 364
回帰係数 … 266, 282, 284, 318
回帰代入法 ………………… 182
回帰分析 ……………… 266, 318
階級数 ……………………… 254
外挿 ………………………… 364
階層クラスター分析 ……… 276
回答反応個数 ……………… 188
カイ二乗検定 ………… 308, 312
カイ二乗統計量 …………… 264
買回品 ……………………… 122
過学習 ……………………… 362
学習 ………………………… 366
確証バイアス ……………… 244
加重平均値 ………………… 186
カスタマージャーニー …… 142
仮説 ………………… 148, 150
仮説検証型データ分析 …… 152
仮説検定 ……………… 302, 306
仮説構築型データ分析 …… 152
仮説思考 …………………… 148
画像認識 …………………… 366
活性化関数 ………………… 366
活動KPI …………………… 104
カテゴリー化 ……………… 186
カニバリゼーション ……… 131
空パケ ………………… 70, 102
間隔尺度 …………………… 176
観察的帰納法 ……………… 86
観察のSo What?
……………… 82, 234, 238
観測度数 ……………… 264, 312
感度の良い切り口 ………… 96
キードライバー …………… 282

機械学習 …………………… 352
幾何平均 …………………… 255
危険率 ……………………… 306
疑似相関 ……………… 224, 264
記述的分析 ………………… 76
記述統計 ……………… 252, 302
季節調整 …………………… 220
季節調整済みデータ ……… 220
季節変動 …………………… 220
期待度数 ……………… 264, 312
機能的ベネフィット ……… 120
帰納法 ……………… 72, 86, 328
帰無仮説 …………………… 306
キャズム …………………… 136
ギャップ …………………… 214
強化学習 …………………… 358
共起ネットワーク …… 231, 300
競合 ………………………… 120
教師あり学習 ……………… 356
教師なし学習 ……………… 356
協調フィルタリング ……… 22
共通性 ……………………… 269
共通性の推定値 …………… 274
共分散構造分析 …………… 300
共変量 ……………………… 318
寄与度 ……………………… 220
寄与率 ……………… 220, 280
切り口 ……………………… 66
区間推定 …………………… 304
クラスター分析 …………… 276
クラスタリング …………… 276
クラメールの連関係数 …… 264
クリエイティブ・ブリーフ
……………………………… 134
グルーピング ………… 84, 356
グループインタビュー …… 190
クロスSWOT分析 ……… 114
クロス軸 …………………… 200
クロス集計 …… 192, 194, 196
クロスセクション分析 …… 218
クロスバリデーション …… 362
訓練データ ………………… 356
経営視点 …………………… 48
傾向スコア ………………… 318
傾向スコア分析 …………… 318

傾向変動 …………………… 220
形態素 ……………………… 300
形態素解析 ………………… 300
ケース ……………………… 176
ケース数 …………………… 176
結果 ………………… 338, 340
結果KPI …………………… 104
欠損値 ……………………… 180
決定木分析 ………… 290, 360
決定係数 ……………… 266, 284
結論 ………………… 328, 338, 340
結論の仮説 ………………… 152
原因仮説を考える ………… 100
顕在ニーズ ………………… 119
現状仮説 …………………… 152
検証データ ………………… 356
検定 ………………………… 306
現場視点 …………………… 48
コアターゲット …………… 130
コインの裏返し …………… 100
効果量 ……………………… 310
広告効果測定 ……………… 314
交互作用 …………………… 312
交差検証法 ………………… 362
構成比 ……………………… 214
合成変数 …………………… 188
構成要素比較 ……………… 330
構造化データ ……………… 172
行動経済学 ………………… 126
行動データ ………………… 170
行動ロイヤルティ ………… 200
購買意思決定プロセス …… 122
後方移動平均 ……………… 220
項目比較 …………………… 330
項目分類 …………………… 230
交絡 ………………………… 226
交絡因子 ……………… 244, 264
交絡バイアス ……………… 244
顧客関係管理 ……………… 140
顧客生涯価値 ……………… 140
顧客体験 …………………… 142
顧客知覚価値 ……………… 162
顧客努力指標 ……………… 142
顧客ロイヤルティ ………… 200

コミュニケーション・コンセプト
…………………………… 134
コミュニケーション・プランニ
ング ………………………… 132
コメント ……………… 338, 340
コモディティ化 …………… 120
固有値 ……………………… 272
コレスポンデンス分析 …… 280
混合行列 …………………… 364
コンジョイント分析 ……… 292
コンテキスト ……………… 134

■ さ行

差 …………………………… 214
再帰型ニューラルネットワーク
…………………………… 368
再現率 ……………………… 364
最小二乗法 ………………… 266
最初の仮説 ………………… 150
最頻値 ……………………… 254
差の差分法 ………………… 318
サブイシュー …………… 42, 154
差分 ………………………… 214
サポートベクターマシン …… 360
サポートベクトル ………… 360
サマリー ……… 324, 326, 338
サマリーのストーリーライン
…………………………… 328
サマリーページ …………… 338
散布図 ……………………… 262
散布度 ……………… 222, 256
サンプリング誤差早見表
………………………… 204, 306
しきい値 …………………… 364
閾値 ………………………… 364
識別系AI …………………… 354
時系列視点 ………………… 48
時系列比較 ………………… 330
時系列分析 ………………… 218
次元圧縮 …………………… 270
次元削減 …………………… 270
自己相関 …………………… 220
自己符号化器 ……………… 369
支持度 ……………………… 298
市場環境分析 ……………… 114

指数 ………………………… 218
システム1 ………………… 124
システム2 ………………… 124
自然言語処理 ……………… 367
事前準備 …………………… 48
四則演算 …………………… 164
実験データ ………………… 172
質的データ ………………… 288
実務基準 …………………… 272
時点調整済LOCF法 ……… 182
斜交回転 …………………… 272
重回帰分析 ………………… 282
集計ベース ………………… 202
従属変数 …………… 266, 282
樹形図 ……………………… 336
主効果 ……………………… 312
主従関係 …………………… 332
主成分分析 ………………… 270
主たるファクトの整理 …… 344
循環変動 …………………… 220
順序尺度 …………………… 176
順序ラベル・エンコーディング
…………………………… 186
純粋想起 …………………… 230
純粋想起率 ………………… 138
情緒的ベネフィット ……… 120
消費者行動変数 …………… 128
商品・サービスの継続ループ
…………………………… 160
情報 ………………………… 40
将来の洞察 ………………… 246
初期仮説 …………………… 150
処置群 ……………………… 316
処方的分析 ………………… 76
処理集合 …………………… 124
人工知能 …………………… 352
人口動態的変数 …………… 128
深層学習 …………… 352, 366
診断的分析 ………………… 76
シンプソンのパラドックス 226
信頼区間 …………………… 304
信頼度 ……………………… 298
心理的変数 ………………… 128
水準 ………………………… 294
推測統計 …………… 252, 302

スイッチングコスト ……… 210
ステップワイズ法 ………… 286
ストーリーライン ………… 326
スピアマンの順位相関係数
…………………………… 264
正解率 ……………………… 364
正規分布 …………………… 222
成功パターンの探索 ……… 290
生成AI ……………………… 354
成長ベクトル ……………… 158
成長率 ……………………… 218
政府統計の総合窓口 ……… 174
セグメンテーション ……… 128
積極的傾聴 ………………… 62
絶対値 ……………………… 214
設定型問題解決 ………… 60, 90
設定法 ……………………… 104
説明可能なAI ……………… 358
説明変数 ……… 266, 282, 356
セレクションバイアス …… 314
選好回帰分析 ……………… 298
前後即因果の誤謬 ………… 244
潜在因子 …………………… 270
潜在クラス分析 …………… 278
潜在ニーズ ………………… 119
戦術フェーズ ……………… 112
全体集計 …………………… 192
選択肢オーバーフロー …… 126
選択バイアス ……… 206, 244
専門品 ……………………… 122
戦略仮説 …………………… 152
戦略ターゲット …………… 130
戦略の階層性 ……………… 50
戦略フェーズ ……………… 112
総括 ………………………… 344
相関係数 …………… 224, 262
相関比較 …………………… 330
相関分析 …………………… 262
想起集合 …………………… 124
増減率 ……………………… 218
相対的重要度 ……………… 294
属性 ………………………… 294

■ た行

ターゲットアプローチ …… 158

ターゲティング ･･････････ 130
第1次AIブーム ･･････････ 354
第2次AIブーム ･･････････ 354
第3因子 ･･････････ 244, 264
第3次AIブーム ･･････････ 354
第4次産業革命 ･･････････ 20
第一想起 ･･････････････ 230
大規模言語モデル ･･･････ 354
対照群 ･･････････････････ 316
大数の法則 ･･････････････ 304
態度変容モデル ･･････････ 158
タイトル ･･････････････ 328
態度ロイヤルティ ･･･････ 200
代表値 ･･････････ 222, 254
タイムシリーズ分析 ･･････ 218
対立概念 ･･････････････ 164
多次元尺度構成法 ･･･････ 280
多重共線性 ･･････････････ 285
多重代入法 ･･････････････ 182
畳み込みニューラルネットワーク
･････････････････････ 368
縦の論理 ･･････････････ 80
縦ハッチング ･･････････ 204
縦棒グラフ ･･････････････ 330
縦持ち ･･････････････････ 172
多変量解析 ･･････････ 268, 358
ダミー変数 ･･････････････ 288
ダミー変数化 ･･････････ 186
単一代入法 ･･････････････ 182
単回帰分析 ･･････････････ 266
探索型データ分析 ･･･････ 152
探索的データ分析 ･･･････ 178
知名集合 ･･････････････ 124
チャート ･･････････ 330, 338
チャートイメージ ･･･････ 328
中央移動平均 ･･････････ 220
中央値 ･･････････････････ 254
中心極限定理 ･･････････ 304
中分類の作成 ･･････････ 188
直交回転 ･･････････････ 272
直交表 ･･････････････････ 294
地理的変数 ･･････････････ 128
積み上げグラフ ･･････････ 330
ディープラーニング
･････････････････ 352, 366

ディシジョンツリー ･･････ 38
データ ･･････････････････ 40
データアナリスト ･･････ 26, 28
データ加工 ･･････････ 179, 186
データカタログ ･･････････ 173
データクレンジング ･･････ 178
データサイエンティスト
･････････････････････ 26, 28
データ尺度 ･･････････････ 176
データセット ･･････････ 176
データ鮮度 ･･････････････ 173
データ定義 ･･････････････ 172
データの前処理 ･･････････ 178
データの標準化 ･･････ 184, 188
データ爆発 ･･････････････ 20
データ品質の確認 ･･･････ 178
データ分析 ･･････････ 38, 40
データ方向の修正 ･･･････ 184
データ利活用 ･･････････ 26
データリテラシー ･･･････ 24
データリネージ ･･････････ 172
テーマ ･･････････････････ 344
適合率 ･･････････････････ 364
テキストマイニング ･･･ 230, 300
敵対的生成ネットワーク ･･･ 368
デジタルツイン ･･････････ 22
デシル分析 ･･････････ 140, 212
デプスインタビュー ･･････ 190
デリシュレーNBD ･･･････ 302
点推定 ･･････････････････ 304
問い ･･････････････････ 54
統計解析 ･･････････････ 252
統計ダッシュボード ･･････ 174
統計的推定 ･･････････ 302, 304
統計的な基準 ･･････････ 272
洞察的帰納法 ･･････････ 86, 240
洞察のSo What?
･････････････ 82, 234, 238
特徴量 ･･････････････････ 356
特定顧客の特性把握 ･･････ 290
独立変数 ･･････････ 266, 282
どこどこ分析 ･･････････ 96
度数分布表 ･･････････････ 254
トップ・オブ・マインド ･･･ 230
共食い ･･････････････････ 131

トライアドインタビュー ･･･ 190
トランザクションデータ ･･･ 178
トレンド ･･････････････ 218

■ な行

内挿 ･･････････････････ 364
なぜなぜ分析 ･･････････ 100
ニーズ ･･････････････････ 118
二元配置の分散分析 ･･････ 312
二乗平均平方根誤差 ･･････ 364
二峰性の分布 ･･････････ 222
入手可能集合 ･･････････ 124
ニューラルネットワーク ･･･ 366
認知的不協和 ･･････････ 122
ノンパラメトリック検定 ･･･ 308

■ は行

パーセプション ･･････････ 112
パーセプトロン ･･････････ 366
パーチェスファネル ･･･ 168, 214
バイアス ･･････････ 126, 244
背景の洞察 ･･････････ 246, 248
ハイパーパラメータ ･･････ 364
箱ひげ図 ･･････････････ 256
バスケット分析 ･･････････ 298
外れ値 ･･････････ 184, 224
発生型問題解決 ･･････ 60, 90
ハッチング ･･････ 196, 204, 334
パラメータ ･･････････････ 364
パラメトリック検定 ･･････ 308
バリュープロポジション ･･･ 116
パレートの法則 ･･････････ 212
汎化性能 ･･････････････ 362
ピアソンの積率相関係数 ･･･ 262
非階層クラスター分析 ･･････ 276
非構造化データ ･･････････ 172
ビジネスシステム ･･･････ 156
ビジネスプロセス ･･･････ 162
ヒストグラム ･･････ 254, 330
ビッグデータ ･･････････ 168
ビニング ･･････････････ 186
ヒューリスティック ･･････ 124
表記ゆれ ･･････････････ 184
表肩 ･･････････････････ 196
標準化 ･･････････ 188, 258

標準得点 ················ 188, 258
標準偏差 ······················ 256
表側 ····························· 196
表頭 ····························· 196
標本調査 ················ 204, 206
標本標準偏差 ·················· 256
比率尺度 ······················ 176
ビン ····························· 254
ビンの数 ······················ 254
不均衡データ ·················· 362
複合グラフ ···················· 330
プッシュ型 ············· 134, 135
歩留まり ······················ 214
負の二項分布 ·················· 302
部分効用値 ···················· 294
不偏分散 ······················ 256
ブランド・カテゴライゼーション
······························ 124
プル型 ························· 134
プレ ····························· 318
フレーミング効果 ····· 126, 245
フレームワーク ··············· 148
プレゼン ······················ 348
フロー図 ······················ 336
プロスペクト理論 ············· 126
分散 ····························· 256
文章ランキング ··············· 300
分析 ····························· 192
分析概要 ················ 324, 326
分析実施の背景 ··············· 326
分析ストーリー ··········· 64, 70
分析目的・課題 ··············· 326
分布比較 ······················ 330
分類 ····························· 364
平均因果効果 ·················· 316
平均絶対誤差 ·················· 364
平均値 ························· 254
ページタイトル ··············· 338
ベネフィット ··········· 120, 134
便益 ····························· 120
偏回帰係数 ···················· 284
変曲点 ························· 218
偏差値 ························· 260
変数 ····························· 176
偏相関係数 ············· 224, 264

変動係数 ······················ 258
変量 ····························· 176
ホームユーステスト ·········· 316
ホールドアウト法 ············· 362
ポジショニング ··············· 130
ポジショニングマップ ········ 130
補償型ルール ·················· 124
保身 ······························ 72
ビン ····························· 254
ポスト ··················· 314, 318
ホットデック法 ··············· 182
母平均 ························· 304
本丸データ ···················· 236

■ ま行

マーケティング ··············· 110
マージン ······················ 360
マインドシェア ··············· 230
マインドフロー ··············· 160
マクロ環境 ···················· 114
マスターデータ ··············· 178
マトリクス図 ·················· 336
マルチコ ······················ 285
ミクロ環境 ···················· 114
名義尺度 ······················ 176
メタデータ ···················· 172
メッセージ ············· 338, 340
目的変数 ········· 266, 282, 356
モデルの説明力 ··············· 269
最寄品 ························· 122
問題 ······························ 90
問題解決 ························ 90

■ や行

有意差検定 ············· 306, 308
有意水準 ··········· 306, 310
良い仮説 ······················ 150
良いレポート ·················· 322
欲 ································· 72
与件整理 ······················ 326
横帯グラフ ···················· 330
横の論理 ························ 80
横ハッチング ·················· 204
横棒グラフ ···················· 330
横持ち ························· 172
予測的分析 ····················· 76

■ ら行

ラガード ······················ 136
ランダム比較試験 ······ 228, 316
ランダムフォレスト ··········· 360
理解志向型モデリング ········ 358
リサーチャー ·················· 108
離散値 ························· 177
離散データ ···················· 177
リフト値 ······················ 298
リフレーミング ··············· 248
理由の仮説 ···················· 152
利用可能性ヒューリスティック
······························ 244
量的データ ···················· 176
累積寄与率 ············· 272, 274
レイトマジョリティ ··········· 136
レート・シェア分析 ·········· 216
レコード ······················ 176
レコード数 ···················· 176
連関図 ························· 336
レンジ ························· 294
連続値 ························· 176
連続データ ···················· 176
ローデータ ···················· 176
ロジカル ························ 80
ロジカル・シンキング ········· 78
ロジスティック回帰分析 ···· 288
ロジックツリー ················ 84
論拠 ······························ 98
ロングフォーマット ··········· 172
論点 ····························· 54

■ わ行

ワードクラウド ··············· 300
ワイドフォーマット ··········· 172
脇役データ ···················· 236

著者プロフィール

エイトハンドレッド

2022年7月、国内オンラインリサーチ業界のリーディングカンパニーである株式会社マクロミルのデータコンサルティング事業と、マーケティングコンサルティング事業を手掛ける株式会社SOUTHが統合して設立されたコンサルティング会社。マーケティングおよびデータ利活用に強みを持つ。コンサルタント、アナリスト、エンジニアがチームを組み、顧客企業の経営・事業戦略、組織設計・管理、システム・データベース構築、データ分析・利活用、施策の実行・検証まで一気通貫で支援。

・株式会社エイトハンドレッド
https://eight-hundred.com/

渋谷 智之（しぶや ともゆき）

株式会社エイトハンドレッド　シニアプリンシパル
大学院でマーケティング・流通論を専攻後、シンクタンクに入社。流通・サービス業を中心に、業界動向、企業の経営戦略の分析、白書執筆等に従事。インフォプラント（現：マクロミル）入社後は、日用消費財・耐久財・サービスなど幅広い業種にて、マーケティング課題の整理・リサーチ企画・設計・分析・レポーティングを一気通貫にて対応（MVP等多数受賞）。また、マーケティングプロセス毎のリサーチを整理した「リサーチハンドブック」を開発。JMA（公益社団法人日本マーケティング協会）のマーケター育成講座の「リサーチ講座」など、社内外での講師実績多数。現在は、マクロミルグループの株式会社エイトハンドレッドにて、企業のデータ利活用の推進、マーケティング戦略の立案支援、人材育成支援に従事。
中小企業診断士、JDLA Deep Learning for GENERAL 2019 #3
著書：『データ利活用の教科書 データと20年向き合ってきたマクロミルならではの成功法則』『Webアンケート調査 設計・分析の教科書 第一線のコンサルタントがマクロミルで培った実践方法』（翔泳社）

装丁・本文デザイン	坂井デザイン事務所
カバーイラスト	iStock.com/ivanastar
DTP	シンクス

データ分析の教科書
最前線のコンサルタントがマクロミルで培った知識と実践方法

2024 年 3 月 19 日　初版第 1 刷発行
2024 年 11 月 15 日　初版第 3 刷発行

著　　　者	エイトハンドレッド
	渋谷 智之（しぶや ともゆき）
発 行 人	佐々木 幹夫
発 行 所	株式会社翔泳社（https://www.shoeisha.co.jp）
印刷・製本	日経印刷株式会社

ISBN978-4-7981-8216-2　　　　　　　　　　　　　　　　Printed in Japan